JN049242

新**伊藤塾**
試験対策
問題集

ITO JUKU
SHIKENTAISAKU
MONDAISHU

論文

2

伊藤 真［監修］ 伊藤塾［著］

商法

弘文堂

はしがき

①　はじめに

『伊藤塾試験対策問題集　論文』シリーズの刊行が始まったのが2009年12月であったが，2012年12月までに行政法までの全７巻が揃い，以後10年近くもの間，大変多くの受験生に活用していただけたのは嬉しいかぎりである。

2020年４月１日に民法（債権法）およびその関連法の改正法が施行された。この民法の大改正は，民法はもちろんのこと，商法や手形法，民事訴訟法などの民事法分野における論述形式の答案作成に大きく影響することとなった。そのため，どのように書けばよいのか，どのように文章構成をすればよいのか，悩んでいる受験生も多いことだろう。そこで，この対策用のものを制作するとともに，これを機に，全科目を刷新することにした。

新版とするにあたり，前版を構成し直し，基本的な部分を重視し，更に答案の書き方がわかるようにした。たとえば，論述形式の答案を書いたことがない受験生であれば，本書の答案例のような答案を書けるようになるまでに時間を要するだろうから，第一段階では最低限どこまでが書ければよいのかわかるように太い色線でくくることとした。

また，シリーズに『伊藤塾試験対策問題集　予備試験論文』が2018年までに７科目を刊行したことから，これとの差別化を図り，より汎用性の高い問題を登載することとした。これによって，テキストや基本書等で得た知識を，どのように答案に表現すればよいのかが更にわかりやすくなったことだろう。論文式試験において，なかなか点数があがらない受験生に，また，法学部の定期試験対策に効果を発揮するのは間違いない。

なお，会社法に関しては，2019年末に会社法の一部を改正する法律が成立した（令和元年法律第70号）。この会社法改正は，実務的な事項に関する改正が多くを占めるため，試験対策用である本書の問題や解説に関わる部分はなかった。

かぎりある時間を有効活用し，重要度に応じたメリハリをつけた学習をするためにも，まずは本シリーズの問題を繰り返し解き，基本を固め，今後もめざす試験が突破できることを願っている。

【1】合格答案作成のテキスト

本シリーズは，論述形式で答案を作成しなければならない試験対策用のテキストである。一見，単なる問題集のようにみえるが，実は合格答案を書くノウ・ハウが詰まった基本テキストである。司法試験・予備試験，法科大学院入学試験，公務員試験，学年末試験など記述対策を必要とするすべての試験に役立つように作成した。いわば，『伊藤真試験対策講座』（弘文堂）の実践篇である。

法律の学習は，理解──記憶──表現という過程をたどる。理解を伴わなければいくら知識を丸暗記しても使い物にならない。また，いかに理解できていても記憶しておかなければ，問題は解けない。そして，どんなに知識をもっていてもそれをわかりやすく表現できなければ，結局，勉強は自己満足に終わり，試験でも合格後にもまったく役に立たない。理解と記憶と表現はそれぞれ別個の対策と努力が必要だからである。本書は，法律学習の最終仕上げの部分である，どう書くかという表現方法を訓練するためのテキストとなっている。

答案を書く際には，エッセイと違って，問題文というものがある。思いつきで書いたのでは答案にならない。問いに答えて，何を，どのような順番で，どの程度深く書くかを考えながら書く必要がある。しかも，時間と字数の制限のなかで，最大の効果をあげなければならない。

　そのためには，試験時間を有効に活用する必要がある。与えられた制限時間のなかで，その場でしかできないことに精一杯の時間を掛け，事前に準備できるものは徹底的に準備しておくという発想が必要なのである。これが，伊藤塾で行っているゴールからの発想という勉強方法の基本である。そして，その事前の準備として論証をあらかじめ十分に考え，書き方まで練って用意しておく。伊藤塾でよぶところの「論証パターン」を用意しておくのである。それが結果的に人と同じような論証になったからといって，気にする必要はない。自分が納得したものであれば，堂々と自分の論証として答案に書いてくればいい。要は，自分で理解し納得して書くことである。意味もわからず丸暗記で書いていたのでは合格できるはずもない。

　本書では，どの部分を事前に準備すればいいのか，どの部分を試験会場で考えて書かなければならないのかを示している。自分の頭でしっかりと考えた答案を作成する技術を学びとってほしい。

【2】答案作成のノウ・ハウ公開

　本書では，答案作成のノウ・ハウを公開している。初版から変わらないが，情報はだし惜しみせずに共有するというのが私の考えである。これは『伊藤真試験対策講座』を上梓したときから変わらない。もちろん，講義に比べて文章であるがために言葉が足りず，うまく伝えきれなかったところもあれば，ノウ・ハウの一部しか盛り込めなかったところもある。

　もっとも，伊藤塾の塾生であれば，初学者の段階から本書を利用することによって講義の効果が倍増するであろう。他校で勉強していたり，独学者であっても，本来は伊藤塾で私たちの講義を聴いてほしいところだが，本書を参考に自分の頭で考える訓練を続けていけば，必ず合格答案を書く力がついてくるはずである。重要なことは，一問一問，実際に手を動かして書いてみること，そして，自分でその結果を検証して考えてみることである。こうした地道な努力の積み重ねによって，合格者のだれもが書く力をつけてきたのである。ぜひ頑張ってほしい。

2 本書の特色

【1】本書の構成

　各問題は，問題文，解答へのヒント，答案例，そして，解説にあたる出題趣旨，論点，答案作成上の注意点，参考文献の7つのパートによって構成している。

　本書に掲載されている問題は，多くの試験で実際に出題されうる応用的な論点について，比較的短めの問題とその答案例を中心に収録している。問題文から論点を抽出し，規範を定立し，事実をあてはめるという答案作成の全般的な練習により，司法試験，公務員試験，大学の定期試験など記述対策を必要とするすべての試験に対応することができる。

　そして，本書の特色のひとつとして，重要部分が読者に一目でわかるように黒文字と色文字の2色刷りを採用した点がある。

　答案例においては，論証部分を色枠で囲い，規範部分を色文字にしてあるので，伊藤塾でいう「論証パターン」にあたる部分が一目でわかるようになっている。そのため，『伊藤真試験対策講

座』内の「論証カード」に掲載されている論証パターンの論述と比較して，答案においてはどのように実践的に用いられているかを確認するのも答案学習には効果があるだろう。

また，２色刷り部分を活用する方法として，たとえば，試験直前の最終チェックとして，色文字の規範部分や要件事実の部分だけをまとめて読み返したり，記憶用のカードに抜きだして整理したりする方法も有効であろう。これらばかりでなく，各自の工夫によって，学習効果を更に高める使い方をしてほしい。

【２】問題について

⑴ 伊藤塾オリジナル問題，旧司法試験の問題および現在の司法試験の問題の一部を改題したものを使用

伊藤塾では，創設当初から実施している全国公開論文答練から始まり，現在実施中のペースメーカー論文答練，コンプリート論文答練など，これまでに多くの答練を実施してきた。これらで出題した伊藤塾オリジナル問題のうち，学習に適切な問題を厳選して使用している。

次に，旧司法試験の問題は，現在の司法試験とは形式が異なるものの，司法試験を解くうえで必要な論点を学習するのに最適の教材である。そこで，旧司法試験の問題をアレンジし，かつ，伊藤塾オリジナル問題および現在の司法試験問題と合わせて商法の論点を網羅できるように厳選して使用した。

現在の司法試験の問題は，１回分を収録すると膨大な分量となって，基本を重視する本書にとって適切ではない。したがって，設問の一部を抜粋し，適宜要約したうえで掲載している。そうとはいえ，司法試験をめざす読者にとっては，本番の試験そのものであるから，みずからの勉強の終着点がどのくらいのレベルかを認識して，普段の勉強の指針としてほしい。

⑵ 重要度ランクを示した

法律の学習において，メリハリづけはきわめて重要である。各自の学習レベルに応じてマスターしておいたほうがよい問題が異なる。以下のめやすに従ってほしい。

ア 必ずおさえるべき問題 特A（A⁺と表記）ランク

法律の学習開始後，最初に取り組むべき問題であり，初学者，上級者を問わず，必ずしっかりと書けるようにしておかなければならない。

イ 基本的な問題 Aランク

法律の学習を始めて１年目であっても学習効果がある問題である。また，上級者は，基本であることを意識して書けるようにしておかなければならない問題である。公務員試験の記述対策としてはこのレベルで足りるであろう。

ウ 一歩進んだ応用問題 Bランク

司法試験の論文式試験などある程度のレベルの試験対策を念頭に，一歩進んで考えることを目的にしている問題である。このレベルの問題がマスターできれば，最低限合格の力はついてきている。

エ 更に進んだ応用問題 Cランク

未知の問題を解く訓練や，自分の頭で考える訓練の素材として有効である。多少，負荷をかけて勉強したいという人はぜひ挑戦してほしい。このレベルの問題を自分の頭で考えることによって，法律を使いこなすことが容易になってくるはずである。

【3】 答案例について

⑴ 答案例の内容を全面的に見直し，加筆・訂正することにより，更なる内容の充実を図った

このため，過去に本書掲載の問題を解いたことがある人にとっても有意義な学習が可能となった。

⑵ 流れのある答案となるように心掛けた

答案の善し悪しは流れで決まる。そこで，本書では接続詞を多用して，論理的な文章を心掛けている。合格答案のイメージづくりの参考にしてほしい。なお，接続詞の重要性は，野矢茂樹（著）『論理トレーニング』（産業図書），苅谷剛彦（著）『知的複眼思考法』（講談社）などでも指摘されているところである。

特に初学者は，初期にしっかりした答案のモデルに触れることが短期合格の秘訣である。おおいに参考にしてほしい。

また，答案の論理の流れも，できるだけ単純なロジックを心掛けた。単純明快でわかりやすい答案ほどレベルが高いと考えているからである。シンプルで読みやすい答案ほど評価が高い。そこで，論理の流れは次のように単純化している。これにより，理解が容易になり，さらに，理解した後の記憶の負担が劇的に減少する。ワンパターンとの批判もありうるであろうが，むしろパターン化したほうが，自分の考えを正確に伝えることができるし，問いに答えた答案を作りやすい。判決文のパターンをまねるべきである。

⑶ 積極的に改行して余白部分を作り，視覚的に読みやすい答案をめざした

答案は読んでもらうものである。採点者は1通にそれほど時間をかけられず，しかも，かなりの数の答案を読まなければならない。読み手の負担を軽減する方策をとることは，読み手に対する礼儀である。まず視覚的に読みやすい印象を与えることはきわめて重要なことだと考えている。

なお，問題によっては，模範答案として書くべき内容が盛りだくさんのものもある。そのような場合は，紙面との関係で，改行せずに1段落が長くなっている答案例もあるが，ご容赦願いたい。実際の試験において，決められた枚数の答案用紙に，答案例と同様の完成度が高い答案を書くのであれば，文字の大きさに十分配慮する必要がある。訓練して試験にのぞんでほしい。

⑷ 法的三段論法を意識したナンバリングにした

法律文書の基本は，法的三段論法であるといわれる。法的三段論法とは，論理学における三段論法を法律学に応用したものである。三段論法とは，大前提に小前提となる事実をあてはめて，結論を導く方法である。よくもちだされる例であるが，

　　　大前提：人間はいずれ死ぬ

　　　小前提：ソクラテスは人間である

　　　結　論：ソクラテスはいずれ死ぬ

というものである。一方，これが法的三段論法では，大前提が法規（条文や条文解釈から導き出される規範），小前提が具体的な事実，結論が法適用の結果となる。

　　　たとえば，

　　　大前提：人を殺した者は，死刑または無期もしくは5年以上の懲役に処する（刑法199条）

　　　小前提：AはBを殺した

　　　結　論：Aは，死刑または無期もしくは5年以上の懲役に処せられる

というかたちになる。ここまでが法的三段論法であるが，答案の流れをよくする便宜上，これから何を論ずるかを示してから法的三段論法に入ることが望ましい。この部分を問題提起という。

まとめると，答案は，問題提起──→規範定立──→あてはめ──→（問題提起に対する）結論といっ

たブロックがいくつも積み重なり，最終的に問いに答えるという構造になっていなければならない。

そこで，これらを意識していただくために，問題提起の部分，大前提として規範を立てる部分，小前提としてあてはめをする部分および結論部分とを意識的に改行して項目立てを分けている。特に初学者は，このナンバリングを参考に法的三段論法の書き方をマスターしてほしい。

⑸　右欄のコメント

法的三段論法を意識していただくため，問題提起，規範定立，あてはめ，結論の部分について右欄にコメントで記した。

ア　問題提起

法的三段論法の最初となる問題提起は，本来はどの論述をする際にも書かなければならないものである。しかし，本書では紙面のスペースの関係上，メインの論点でないところでは省略したところもあるため，ご容赦いただきたい。もっとも，本番の試験では時間の余裕があればきちんと記述することが望ましい。

イ　規範

法的三段論法の論証において，あてはめの帰結となるものである。いわゆる論証パターンのなかで，記憶しておくことが望ましい部分ではある。しかし，この部分を機械的に記憶するのは，本番で忘れたとき，未知の論点に遭遇したときに対応できなくなるためお勧めできない。規範は，本来は条文の文言や趣旨から導き出すべき法解釈の部分にあたるものであるから，どのようにこれらから導き出されるのかをしっかりと理解しておく必要がある。そして，この導出過程を理解しておけば，本番で忘れてしまったり，未知の論点に遭遇した時にも対処が可能となるであろう。

ウ　あてはめ

伊藤塾では創立当初から，あてはめの重要性を訴えてきた。具体的な問題を解決するために法律を使いこなすのだから，このあてはめ部分の重要性は明らかである。また，本試験では，問題文を見なければこの部分は書けないのだから，具体的に考えることができるかという本人の実力がそのまま反映される部分でもある。

まず，問題文の事実に評価を加えて認定するのが理想である（事実評価認定）。法的三段論法の特長は，このように小前提たる事実認定にも評価が入る点である。事実を自分がどうみるのかを指摘できればアピールできる。ただ，スペースの関係で評価を加えながら事実を認定した答案例もある。なお，事実を付け加えるのは厳禁である。

そして，あてはめを規範に対応させるべきである。規範定立したのに，それに対応させないのはあまりにもお粗末である。自分の定立した規範に従ってきちんとあてはめをすることである。これは自分の書いた文章に責任をもてということでもある。規範とは道具であって，あてはめがしっかりできることによって道具を使いこなしたことをアピールできるのである。

エ　結論

あてはめの後，問題提起に対応させて，三段論法の帰結を書くのが理想である。ただし，本書ではスペースの関係でできなかったものが多い点はご容赦いただきたい。

オ　形式的に問題文の問い掛けに答える

問題文の問い掛けに形式的に答えることは答案の基本であるが，意外にできていない人が多い。この点は各自の答案ですぐに検証できる部分なので，早い時期から気を遣い，問いに答えられるようにしたい。

問題文：「……は適法か。」

書き方：「以上より，……は適法である。」「違法である。」

悪い例：「以上より，……は許される。」「……は認められない。」など，問いに答えていない
もの

(6) **条文，定義，趣旨など基本事項の重要性を指摘した**

基本が大切だとはだれもがいうが，何についてどの程度気を遣うべきかは意外にはっきりした指針がない。本書では，何が基本かを意識して答案を作成しているので，基本の重要性を認識している人にはおおいに役立つはずである。

ア　条文

あたり前のこととして軽視されがちなのであるが，すべての出発点は条文である。条文を正確に示すことも実力のうちということを認識してほしい。条数だけでなく，項や前段・後段・本文・ただし書まで正確に引用する方法を参考にしてほしい。

たとえば，会社法でいうと，剰余金配当請求権（105条），1株1議決権の原則（308条1項），競業取引（356条）などの引用は不正確である。それぞれ，105条1項1号，308条1項本文，356条1項1号と正確に引用する必要がある。不正確な条文引用は減点事由となることを認識しておくべきであろう。

イ　定義

定義が不正確だと，採点者に対して，致命的な印象を与えてしまう。いわば不合格推定がはたらくといってもよいだろう。ただ，むやみに丸暗記するのではなく，定義のなかのどの言葉が本質的で重要なのかを意識して記憶するようにしてほしい。

ウ　趣旨

定義とならんで，あるいはそれ以上に重要である。法律の解釈は趣旨に始まり趣旨に終わるといってもよいほどよく使うので，理解して正確に表現しなければいけない要素である。

論点を論述する際には，趣旨から論証できると説得的になり，高い評価が得られるであろう。

(7) **判例（あるいは裁判例）は年月日を摘示することで，読者各自が検索しやすいようにした**

実務家登用試験において判例が重要なのはいうまでもない。試験までに時間があるときには，ぜひ判例集にあたってみてほしい。

(8) **答案例左側に，その問題で最低限書いてほしい部分を太い色線でくくった**

答案例のように，すべての解答が書けるようになるのが理想ではあるが，最初からすべてを解答するのは難しいだろう。そこで，答案例のなかでも最低限書いてほしい部分を明示した。

【4】解答へのヒント・出題趣旨・答案作成上の注意点

(1) **解答へのヒント**

本書は初学者であっても十分取り組むことのできるものであるが，それでも問題によってはまったく解答の見当もつかないものがあるかもしれない。そこで，問題文の下に解答へのヒントを示した。この部分は，解答にいたるまでの思考過程の端緒ともいえる部分であり，答案を書く際の参考としてほしい。

(2) **出題趣旨**

本問を出題した趣旨およびその重要性について記述した。これまでの司法試験での出題状況にも触れてあるので，参考にしてほしい。

⑶ **答案作成上の注意点**

　答案を書くにいたるまでの思考過程，答案を書くにあたって必要な知識などを記述している。法律の勉強は特に抽象論が多くなりがちであるため，具体例を示す，図表を多く用いるなど，具体的なイメージをつかめるように工夫した。

　また，本書の読者の多くが受験する試験が実務家登用試験であることをふまえ，判例，通説からの記述となるように心掛けた。判例はすべてに掲載書籍（『伊藤真の判例シリーズ』〔弘文堂〕，『判例百選』〔有斐閣〕がある場合は事件の番号）を記した。実務家登用試験である以上，判例の原文にあたることは大変有意義であるから，時間のあるときにぜひ一度目を通してほしい。

　なお，今後の勉強の便宜のために，問題毎の末尾に参考文献として，拙著『伊藤真試験対策講座』，『伊藤真の判例シリーズ』，『伊藤真の全条解説・会社法』（いずれも弘文堂）の該当箇所を示した。

【5】**論点および論点一覧**

　　①出題趣旨の下に，論点を付した。
　　②上記論点の一覧を巻頭に示した。

3 　本書の使い方

【1】**初学者**（まだ答案を書いたことがない，あるいは書き方がわからない人）

　まずは，答案のノウ・ハウを熟読し，しっかりと理解・記憶してほしい。

　そのうえで，Aランクの問題，なかでも，特Aランクの問題を先に解いてみてほしい。

　その際，いきなり答案構成をしたり，答案を書いたりすることは，非能率的で，およそ不可能である。まず，問題文と答案例を対照させて，どのように書いたらよいのかを分析してみる。

　また，条文，定義，趣旨などの基本事項がいかに重要であるかを認識してほしい。もちろん重要性を認識したら，カードを作るなどして繰り返し覚える努力を惜しまないこと。

　特AおよびAランクの問題を理解したら，次にB，Cランクも学習していく。

　答案作成の方法がわかったら，実際に答案構成をしてみるか，答案を書いてみるとよい。わかったつもりでいたところが，いざ書いてみようとすると記憶があいまいで書けないなど，自分の弱点が見えてくるはずである。弱点を突きつけられたとしてもそれに負けずに，一歩一歩確実にしていくことが今後の力となる。

　答案構成の見当もつかないような問題は，解答へのヒントを参考にするとよい。まずどのような点に着目すればよいかを把握することができるはずである。

　そして，一度答案構成をした問題および答案を書いた問題でも，何度か繰り返してやってみてほしい。それによって他の問題にも応用できる知識や答案の書き方が身についてくる。問題文の右上にCHECK欄を作ったのは，何回勉強したか自分で記録するためのものである。

【2】**中級者以上**（いちおう，答案を書いたことがあるが，本試験や答練でよい評価を得られない人など）

　まずは，問題を見て，答案を作成してほしい。少なくとも答案構成をしてほしい。その際に解答へのヒントを参照してもかまわない。実際に書いてみることによって，答案例などのコメントが現

実的なものとして印象に強く残るからである。次に，答案例と見比べて，どこが違っているかを確認する。

　たとえば，事実を引用せずに，いきなり「それでは，……であろうか。」などと問題提起をしていないか（「それでは」は，前の文章を受けないので，論理が飛躍する（論点外しをする）危険性が高い（「まず，前提として」も同じ）。もちろん，これらを使ってはいけないということではない。本当に「それでは」でつながるのか，本当に「まず，前提」なのかを自分でチェックしてみることである。

　また，抽象的な問題提起をしている，趣旨から論証できたのにできがよくなかった，あてはめと規範が対応していない，問いに答えていない，など自分の欠点を見つけ，改善すべきところを探る。こうして自分の書いた答案を添削するつもりで比較検討するのである。欠点のない人はいないのだから，それを謙虚に認めることができるかどうかで成長が決まる。

　そして，答案例や答案作成上の注意点から基本事項の大切さを読み取ってほしい。この点の再認識だけでもおおいに意味があると思う。答案作成にあたって，特別なことを書く必要はないということが具体的に実感できるであろう。ぜひ，基本事項の大切さを知ってほしい。人と違うことを書くと，大成功することもあるが，大失敗する危険もある。そのリスクに配慮して書かない勇気というものもある。また，たとえ加点事由でもあっても，基本事項を抜きにして突然書いてみてもほとんど意味がない。基礎点のないところに加えるべき点数などないことを知るべきである。

　最後に，自分の答案の表現の不適切さなどは，自分自身では気づかない場合が多い。できれば合格者に答案を見てもらう機会がもてるとよい。伊藤塾では，スクーリングを実施していて，講師やゼミ長が全国へ行くため機会があったら参加してみてもよいだろう。なお，受験生同士で答案の読み回しをしても一定の効果があるので，ゼミを組んで議論するのもひとつの手であろう。ほかの人に答案を読んでもらうことによって，独りよがりの部分に気がつくこともしばしばある。ただし，ゼミの目的と終わりの時間をしっかりと決めて参加者で共有しておかないと，中途半端なものとなり時間の無駄に終わることがあるので注意すること。

【3】論点一覧の使い方

　学習上の観点から，本文とは別に巻頭においた。

　各出題趣旨の下に示されている【論点】の一覧である。勉強が進んだ段階で，自分が知らない論点はないか，理解が不十分な論点はないか，書き方がわからない論点はないかなど，チェックをする材料として利用してほしい。

4　おわりに

　本書は，冒頭でも述べたが論述式試験における合格答案を書くためのノウ・ハウが詰まっている基本テキストである。

　試験において合格に要求される能力とは，問題点を把握し，条文を出発点として，趣旨から規範を導き，問題文から必要な具体的事実を抽出し，これを評価してあてはめることによりその解決を図ることである。

　これは，法科大学院入学試験，公務員試験，大学および法科大学院における期末試験，予備試験

でもまったく変わらないはずである。

　考える力は各自の学び舎を介し，または独自で身につけてもらうほかはないが，合格答案が書ける力を養成するものとして，本書を利用してほしい。

　そして，その力を備え，各々の目標を達成されることを切に望んでいる。

　最後に，本書の制作にあたっては，多くの方のご助力を得た。特に2018年に予備試験に合格し，翌2019年に司法試験に合格された秋野博香さん，石川魁さん，片桐和也さん，川口正貴さん，寺川和真さん，平岩三佳さん，成田凌さん，毒嶋拳矢さんには，優秀な成績で合格した力をもって，彼らのノウハウを惜しみなく注いでいただいた。また，伊藤塾の書籍出版において従前から貢献していただいている近藤俊之氏（旧54期）と永野達也氏（新65期）には，実務家としての視点をもって内容をチェックしていただいた。そして，伊藤塾の誇る優秀なスタッフと弘文堂の皆さんの協力を得て，はじめて刊行することができた。ここに改めて感謝する。

　　　2020年4月

　　　　　　　　　　　　　　　　　　　　　　　　　　　　　　　　伊藤　真

★ 参考文献一覧

　本書をまとめるにあたり多くの文献を参照させていただきました。そのすべてを記すことはできませんが主なものを下に掲げておきます。なお，本書はいわゆる学術書ではなく，学習用の教材ですので，その性質上，学習において必要な部分以外は引用した文献名を逐一明記することはしませんでした。ここに記して感謝申し上げる次第です。

【会社法】
　伊藤靖史＝大杉謙一＝田中亘＝松井秀征・会社法［第4版］（有斐閣・2018）
　江頭憲治郎・株式会社法［第7版］（有斐閣・2017）
　加美和照・新訂会社法［第10版］（勁草書房・2011）
　神田秀樹・会社法［第22版］（弘文堂・2020）
　北沢正啓・会社法［第6版］（青林書院・2001）
　鈴木竹雄・新版会社法［全訂第5版］（弘文堂・1994）
　鈴木竹雄＝竹内昭夫・会社法［第3版］（有斐閣・1994）
　髙橋美加＝笠原武朗＝久保大作＝久保田安彦・会社法［第2版］（弘文堂・2018）
　竹内昭夫（弥永真生補訂）・株式会社法講義（有斐閣・2001）
　田中　亘・会社法［第2版］（東京大学出版会・2018）
　前田　庸・会社法入門［第13版］（有斐閣・2018）
　弥永真生・リーガルマインド会社法［第14版］（有斐閣・2015）
　弥永真生・会社法（論点講義シリーズ1）［第5版］（弘文堂・2003）
　弥永真生・ケースで解く会社法［第2版］（日本評論社・2003）
　会社法判例百選［第3版］（有斐閣・2016）
　新版注釈会社法(1)〜(15)（有斐閣・1985〜2000）
　奥島孝康＝落合誠一＝浜田道代編・新基本法コンメンタール会社法［第2版］1〜3（日本評論社・2015〜2016）
　近藤光男＝志谷匡史・改正株式会社法I〜III・IV［新版］・V（弘文堂・2002・2002・2004・2006・2020）
　神田秀樹＝武井一浩編著・新しい株式制度（有斐閣・2002）

【手形法・小切手法】
　石井照久＝鴻常夫・手形法・小切手法［増補版］（勁草書房・1975）
　大山俊彦＝梶山純＝川村正幸＝岸田雅雄＝三枝一雄・現代商法III　手形・小切手法［改訂版］（三省堂・1998）
　川村正幸・手形・小切手法［第4版］（新世社・2018）
　川村正幸・コア・テキスト手形・小切手法（新世社・2018）
　木内宜彦・手形法小切手法（企業法学III）［第2版］（新青出版・1998）
　木内宜彦・特別講義　手形法小切手法（法学書院・1982）
　裁判所書記官研修所監修・手形法小切手法講義案［6訂版］（司法協会・2001）
　鈴木竹雄（前田庸補訂）・手形法・小切手法［新版］（有斐閣・1992）
　田邊光政・最新手形法小切手法［5訂版］（中央経済社・2007）
　濱田惟道・手形法小切手法（文眞堂・1992）
　福瀧博之・手形法概要［第2版］（法律文化社・2007）
　前田　庸・手形法・小切手法入門（有斐閣・1983）
　弥永真生・リーガルマインド手形法・小切手法［第3版］（有斐閣・2018）
　手形小切手判例百選［第7版］（有斐閣・2014）
　服部榮三＝星川長七編・基本法コンメンタール手形法・小切手法［第3版］（日本評論社・1991）

【商法総則・商行為法】

神崎克郎・商法総則・商行為法通論［新訂版］（同文舘・1999）

近藤光男・商法総則・商行為法［第8版］（有斐閣・2019）

田邊光政・商法総則・商行為法［第4版］（新世社・2016）

蓮井良憲＝森淳二朗・商法総則・商行為法（新商法講義1）［第4版］（法律文化社・2006）

弥永真生・リーガルマインド商法総則・商行為法［第3版］（有斐閣・2019）

商法判例百選（有斐閣・2019）

服部榮三・基本法コンメンタール商法総則・商行為法［第4版］（日本評論社・1997）

【その他】

加美和照編・別冊法学セミナー司法試験シリーズ商法I・II［第3版］（日本評論社・1993）

木内宜彦＝永井和之・事例式演習教室　商法［第2版］（勁草書房・1994）

北沢正啓＝浜田道代編・商法の争点I・II（有斐閣・1993）

浜田道代＝岩原紳作編・会社法の争点（有斐閣・2009）

重要判例解説（有斐閣）

法学教室（有斐閣）

商事法務（商事法務研究会）

川井　健・民法概論1民法総則［第4版］（有斐閣・2008）

設題解説　民法(1)［三訂版］（法曹会・2003）

最高裁判所判例解説民事篇（法曹会）

目　　次

論点一覧

第1問 c 会社の支配人

以下の問いに答えよ。
1 Bは和菓子の製造・販売を目的とするA株式会社（以下「A社」という）E支店の支店長としてその支店に関するいっさいの事務を任されていたが，A社には，5000万円以上の手形の振出については代表取締役の承認を得て行う旨の内規があった。Bは，自己の借金を返済するため，代表取締役の承認を得ることなく，Cを受取人としてA社名義の5000万円の約束手形を振り出し，金銭の貸付けを受けた。なお，Cは，上記内規の存在やBの意図について知らず，知らないことについて過失もなかった。その後，CはDに当該手形を裏書譲渡した。Dは以前から何度もCの持込みによりA社の約束手形を割り引いており，今回の約束手形も従来と同様にCからの裏書により譲り受けたものであった。この場合，DはA社に対して手形金を請求することができるか。
2 Bが，自己の利益を図るために，A社の許可なくBの個人名義で衣料品の製造・販売を行っていた場合，A社はいかなる手段を採りうるか。

【解答へのヒント】
1 小問1について
　DがA社に対して手形金を請求することができるためには，Bによる本件振出の効果がA社に帰属する必要があります。BがE支店の支店長としてその支店に関するいっさいの事務を任されていたこと，本件振出がA社の内規に違反していること，Bが自己の借金を返済するために本件振出をしていること，といった事情に着目して，本件振出の効果がA社に帰属するか検討してみましょう。
2 小問2について
　BはA社の許可なくBの個人名義で衣料品の製造・販売を行っているため，A社に対して負うなんらかの義務に違反していると考えられます。このような義務違反を理由にA社はどのような手段を採りうるか検討してみましょう。

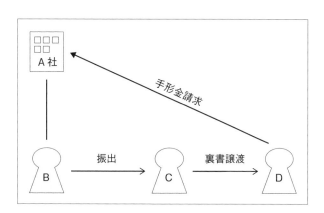

第1　小問1について

1　本問において，DがA社に対して手形金を請求することができるためには，Bが「支配人」（会社法10条。以下「会社法」法名省略）にあたり，Bが行った約束手形の振出（以下「本件振出」という）の効果がA社に帰属することが必要である。 5

　では，Bは「支配人」にあたるか，「支配人」の意義と関連して問題となる。 ➡問題提起　論支配人の意義

(1)　この点につき，14条は，会社より与えられた代理権の範囲の広狭によって会社の使用人を類型化していることから，「支配人」とは，会社に代わってその事業に関するいっさいの裁判上または裁判外の行為をする権限（包括的代理権）を有する者をいうと考える（実質説，11条1項参照）。 10 ➡規範

(2)　これを本問についてみると，Bは，A社E支店のいっさいの事務を任されていたというのであるから，会社からその事業に関する包括的代理権を授与されていたといえ，「支配人」にあたる。 15 ➡あてはめ

　そうすると，本件振出の効果はA社に帰属するのが原則である（11条1項）。 20

2　もっとも，A社では，5000万円以上の手形の振出については代表取締役の承認を得て行う旨の内規（以下「本件内規」という）があったにもかかわらず，Bは，代表取締役の承認を得ることなく，5000万円の約束手形を振り出しているが，このような場合にも本件振出の効果がA社に帰属するか。 25

(1)　本件内規は，「支配人の代理権に加えた制限」（11条3項）であるといえるので，善意の第三者に対しては対抗できず，会社に効果が帰属することになる。 論支配人の代理権の内部制限

(2)　本問において，Cは内規の存在を知らなかったことから，代表権の制限につき善意である。 30

　そして，法律関係の早期安定という見地から，A社は，Cが善意であれば，Dが悪意であっても，Dに対して本件内規の存在を対抗できない（絶対的構成）。

　したがって，本件内規の存在を対抗できないため，本件振出の効果はA社に帰属することになるとも思える。 35 ➡あてはめ

3　そうだとしても，代理権の濫用として無権代理行為とみなされ（民法107条），A社に効果帰属しないのではないか。 ➡問題提起　論支配人の権限濫用

　まず，Bは，自己の借金を返済するために5000万円の約束手形を振り出しているから，「自己又は第三者の利益を図る目的」といえる。 40

　また，A社はDに対し本件内規の存在を対抗できない

から，本件振出は，D社との関係では代理権の範囲内の　45
行為であり，「代理権の範囲内の行為をした場合」にあ
たる。

　　しかし，CはBの意図について善意無過失であるから，
本件振出は，無権代理とはみなされない。

　　そして，法律関係の早期安定という見地から，Dの善　50
意・悪意を問わず，Bの行った本件振出の効果はA社に
帰属すると解する（絶対的構成）。

　4　よって，Dは，A社に対して手形金を請求することが
できる。

第2　小問2について　　　　　　　　　　　　　　　　　55

　1　本問では，Bは，自己の利益を図るために，A社の許
可なく個人名義で衣料品の製造・販売を行っている。そ
こで，A社としては，Bに対して支配人の営業禁止義務
（12条1項1号）・競業避止義務（同項2号）違反を追
及するという手段が考えられる。　　　　　　　　　　60

　　⑴　これを本問についてみると，BはA社の許可なく衣
料品の製造・販売という営業を行っている。

　　　　したがって，Bに営業禁止義務違反は認められる。

　　⑵　しかし，衣料品の製造・販売は，和菓子の製造・販
売と市場において取引が競合し，A社と支配人Bの間　65
に利益衝突をきたす可能性のある取引とはいえず，
「会社の事業の部類に属する取引」にあたらない。

　　　　したがって，Bに競業避止義務違反はない。

　2　それでは，A社は，営業禁止義務違反をなしたBに対
して具体的にどのような手段を採りうるか。　　　　　70

　　⑴　まず，営業禁止義務違反を理由としてBを解任する
手段を採りうる（民法628条前段，同541条本文）。

　　⑵　また，損害を被った場合にはBに対して損害賠償請
求をする手段を採りうる（民法628条後段，同415条1
項本文，同709条）。　　　　　　　　　　　　　　　75

　　　　　　　　　　　　　　　　　　　　　　　以上

論支配人の営業禁止義務・競業避止義務

　司法試験論文式試験の商法においては，会社法からの出題が中心であり，いまだ手形法や商法総則・商行為について正面から出題されてはいない。しかし，この傾向がいつまで続くかは明らかではないうえ，特に，支配人など会社法総則にも規定されている分野については，今後出題される可能性がある。会社法総則について万全な準備ができているという受験生は少ないと思われるが，このような出題がされた場合に必要とされるのは，当該分野に関する細かい知識ではなく条文の正確な適用など基本的な作業である。そこで，会社法総則・商法総則のなかでも重要度の高い支配人に関する各規定の適用およびそこから生じる効果を正確に理解しているかどうかを確認してもらいたいと思い出題した。

論点

1　支配人の意義
2　支配人の代理権の内部的制限
3　支配人の権限濫用
4　支配人の営業禁止義務・競業避止義務

答案作成上の注意点

1　小問1について

　まず，DのA社に対する手形金請求が認められるためには，Bが行った振出の効果がAに帰属する必要があるため，Bが支配人といえるかという問題が生じます。具体的な認定ですが，支配人にあたるとしていくのが適当でしょう。支配人にあたらないと認定してしまうと小問2で論じることがなくなってしまいます。なお，会社法11条3項の支配人の権限に加えた制限の問題と13条の表見支配人の問題との関係については混同しないようにしっかり理解しておきましょう。

　支配人の認定ができたら，11条3項の話と支配人の権限濫用の話を分けて論じることがポイントになります。この点さえ守れば最低限の合格答案になります。さらに，Cの主観から緻密に分析できると評価が高いでしょう。

2　小問2について

　支配人の営業禁止義務・競業避止義務については忘れがちな点なので注意しましょう。また，なんらかのかたちで12条1項1号，2号に言及していても記述が不正確だと得点につながりにくいです。まず，条文の存在を確認し，更に営業禁止義務・競業避止義務の具体的なイメージをもてるようにしておきましょう。具体的なイメージをもっていないと，本問でBに競業避止義務違反を認定するというようなミスをしてしまうおそれもあります。

3　最後に

　本問は，論じるべきことが多いので，1つひとつの論証はコンパクトにまとめていく必要があります。理由づけは条文の趣旨を簡潔に述べるにとどめ，問題提起→規範定立→あてはめのパターンを淡々と繰り返して書いていくとよいでしょう。1つの論点に拘泥しすぎてバランスを失したり，肝心の事例処理がおろそかになったりしないよう十分注意してください。

【参考文献】
試験対策講座・会社法2章3節③【1】(1)。全条解説・会社法11条②2，12条②。

第2問 B 会社法22条類推適用，法人格否認の法理

A株式会社（以下「A社」という）は，事業主体を表示する「甲ゴルフクラブ」という名称で，預託金制のゴルフ場を経営しており，XはA社に2000万円を預託して「甲ゴルフクラブ」の正会員の資格を取得していた。この場合について，以下の各問いに答えよ。

1　A社は経営難からゴルフ場の事業をY株式会社（以下「Y社」という）に譲渡し，Y社は，「甲ゴルフクラブ」の名称を用いて従来どおりゴルフ場の経営を行っている。この場合，A社から預託金の返還を受けられなかったXは，Y社に対して預託金の返還を請求することができるか。A社がY社とゴルフ場についての包括的な賃貸借契約を締結し，Y社が事業の主体として，ゴルフ場の売上げをすべて収受し，必要経費を支払っていた場合はどうか。

2　A社は甲ゴルフクラブ会員への預託金の返還を免れようと，ゴルフ場の事業を現物出資したうえで新たにY社を設立し，Y社はゴルフ場の名称を「乙ゴルフクラブ」と変更してゴルフ場の経営を行っている。A社とY社の代表取締役はともに甲であり，本店所在地，事業備品，従業員も同一であった場合，XはY社に対して預託金の返還を請求することができるか。なお，Y社の株主はA社のみである。

【解答へのヒント】

1　小問1前段について

　A社とY社は別の法主体なので，XはY社に対して預託金の返還を請求できないとも思えます。しかし，Y社はA社からゴルフ場の事業を譲り受けているため，預託金返還債務を弁済する責任を負うのではないでしょうか。Y社はA社の商号ではなく名称を使用しているにすぎないという点に注意しましょう。

2　小問1後段について

　Y社はA社からゴルフ場について包括的に事業を賃借しているにすぎず，事業を譲り受けたわけではありません。このような場合にも，Y社は預託金返還債務を弁済する責任を負うのでしょうか。

3　小問2について

　小問2では，小問1と異なり，商号や名称の続用がありません。しかし，A社は預託金の返還を免れる目的でY社を設立しています。このような場合にA社に対する請求を可能にする法理がなかったでしょうか。

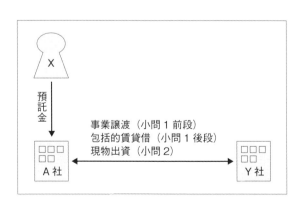

第1　小問1前段について

　　Y社はA社からゴルフ場の事業を譲り受け，A社と同じ
「甲ゴルフクラブ」との名称を用いて従来どおりゴルフ場
の経営を行っている。そこで，譲渡人A社の債権者Xは，
譲受人Y社に対し，会社法22条1項（以下法名省略）に基　　5
づき預託金の返還を請求することができないかを検討する。

　1　本問のY社は事業を譲り受けてはいるものの，譲渡人
　　の「A」という商号は続用していない。そうすると，
　　「商号を引き続き使用する場合」（22条1項）にはあた
　　らず，22条1項を直接適用することはできない。　　　　　10
　　　したがって，Xは，Y社に対し，預託金の返還を請求
　　することができないのが原則である。

　2　しかし，本問の名称はゴルフ場の事業主体を表示する
　　ものとして用いられているところ，当該名称を信頼した
　　XがY社に対していっさい請求しえないとするとXに酷　　15
　　である。そこで，22条1項を類推適用してY社に債務負
　　担させることができないか。譲受人が，事業主体を表示
　　するものとして用いられている名称を続用した場合，22
　　条1項を類推適用することができるかが問題となる。

　　(1)　22条1項の趣旨は，商号が続用される場合，債権者　　20
　　　は同じ商号の背後には同一の主体が存在することを予
　　　想し事業主体の交代を認識するのが困難なため，当該
　　　債権者の信頼を保護する点にある。
　　　　そして，商号の続用がなくとも，事業主体を表示す
　　　るものとして用いられている名称を続用する場合，同　　25
　　　じく事業主体の交代を認識するのが困難である。
　　　　そこで，事業主体を表示するものとして用いられて
　　　いる名称を続用した場合，特段の事情がないかぎり，
　　　22条1項を類推適用することができると考える。

　　(2)　したがって，Y社が譲受後遅滞なく会員によるゴル　　30
　　　フ場施設利用の優先的利用を拒否したなどの特段の事
　　　情がないかぎり22条1項を類推適用することができる。

　3　よって，特段の事情がない場合，Xは，Y社に対して
　　預託金の返還を請求することができる。

第2　小問1後段について　　　　　　　　　　　　　　　　35

　　後段についても，22条1項により，Xは，Y社に対して預
託金の返還を請求することができないか。事業の賃貸借契
約が行われた場合，22条1項を適用できるかが問題となる。

　1　たしかに，事業の賃貸借は「事業を譲り受け」にはあ
　　たらない以上，22条1項を直接適用できない。　　　　　　40
　　　しかし，事業の賃貸借が行われ，賃借人がその事業の
　　主体となる場合，賃借人は実質的にその事業から生ずる
　　権利義務の帰属者となるといえる。そうすると，当該事
　　業の賃貸借は事業譲渡と異なるところがないといいうる。

▶問題提起

論 名称続用の場合と会社法22条
　1項類推適用の可否

▶規範

▶あてはめ

▶問題提起

論 事業の賃貸借と会社法22条1項
　類推適用の可否

そこで，この場合，22条1項を類推適用できると考える。　45　　➡規範

　2　　本問では，Y社は事業の主体としてゴルフ場の売上げ　　　　　➡あてはめ
　　をすべて収受し，必要経費を支払っている。そうすると，
　　賃借人Y社はその事業から生ずる権利義務の帰属者とな
　　っているといえる。

　　　したがって，賃貸借の点および名称続用の点に，それ　　50　　➡結論
　　ぞれ22条1項を類推適用できるので，Xは，Y社に対し
　　て預託金の返還を請求することができる。

第3　　小問2について

　1　　まず，事業の現物出資により設立されたY社は事業譲
　　受人ではないことから，22条1項を直接適用しえない。　　55

　　　また，22条1項は事業の現物出資を受けた場合にも類
　　推適用され得ると解されるものの，商号だけでなく名称
　　の続用すらない本問では類推適用できない。

　　　そうすると，XはY社に対して預託金の返還を請求す
　　ることができないとも思える。　　　　　　　　　　　　　60

　2　　しかし，A社は会員への預託金の返還を免れようと考
　　え，事業を現物出資し新たにY社を設立したのである。
　　にもかかわらず，常に請求しえないとするのは，A社に　　　　➡問題提起
　　比してXに不公平である。そこで，A社とY社が代表取　　　　論法人格否認の法理
　　締役，本店所在地，事業備品，従業員が同一であること　　65
　　から，法人格否認の法理により，XはY社に対して預託
　　金の返還を請求することができないかが問題となる。

　　⑴　　3条が会社に法人格を付与した趣旨は，会社が社会
　　　経済上，有用な団体であり，そうすることが国民経済
　　　上有益であるという点にある。　　　　　　　　　　　70
　　　　　そうであれば，法人格が法律の適用を回避するため
　　　に濫用される場合などには法人格を認めることがかえ
　　　って国民経済上不利益となる以上，権利の濫用（民法
　　　1条3項）として，これを否認するのが妥当である。
　　　　　そして，その要件としては，ⅰ会社を利用する者が　　75　　➡規範
　　　実質的支配力を有すること，ⅱその者が会社の法人格
　　　を利用して，契約上の義務を回避しようとする違法な
　　　目的を有していることが必要となると考える。

　　⑵　　本問では，まず，Y社の株主はA社のみであり，A　　　　➡あてはめ
　　　社はY社の支配株主にあたる。また，代表取締役，本　　80
　　　店所在地，事業備品，従業員が同一である。これらの
　　　事情に照らせば，会社を利用する者であるA社が実質
　　　的支配力を有するといえる（ⅰ充足）。次に，支配株
　　　主たるA社は，会社の法人格を利用して，契約上の義
　　　務である会員への預託金の返還を免れようとする違法　　85
　　　な目的を有しているといえる（ⅱ充足）。

　　⑶　　したがって，法人格否認の法理により，XはY社に　　　　➡結論
　　　対して預託金の返還を請求することができる。　　以上

バブル崩壊後，経営不振に陥ったゴルフ場経営会社から，ゴルフ場の経営を引き継いだ別法人に対して，会員が預託金の返還を求める訴訟が続出した。これに伴い，会員の債権回収のための法律構成が問題となるところ，最判平成16年2月20日民集58巻2号367頁（判例シリーズ89事件）において，名称続用事例について旧商法26条1項（会社法22条1項）の類推適用が肯定されている。そこで，このような問題について，一度，確認していただきたく本問を出題した。

論点

1 名称続用の場合と会社法22条1項類推適用の可否
2 事業の賃貸借と会社法22条1項類推適用の可否
3 法人格否認の法理

答案作成上の注意点

① 小問1前段について

会社法22条1項の類推適用という問題については，その趣旨から，自分なりに説得的に論じられれば十分です。本問では，Y社に対して，名称の続用があるにすぎない場合には22条1項の直接適用はできない点に注意を要します。譲渡会社の商号は「A」であり，「甲ゴルフクラブ」は，A社が経営するゴルフ場の名称にすぎません。したがって，22条1項を直接適用することはできないのです。なお，本論点については，単に名称の続用がある場合ではなく，あくまで「事業主体を表示するものとして用いられている」名称を続用する場合の類推適用の可否であることに注意すべきです。

② 小問1後段について

小問1後段においては，まず，東京地判平成16年4月14日判時1867号133頁がいかなる論理構成で22条1項の類推適用を肯定したかに気をつけてください。同裁判例は，当該経営委託が事業の賃貸借と認めうることを前提に，事業の賃貸借において賃借人が外部に対して，その事業の主体となり，その事業から発生する権利義務の帰属主体となる場合には，当該事業の賃貸借は事業の譲渡と異なるところがないとして，22条1項の類推適用を肯定しています。

ただし，上記裁判例が，事業譲渡ではなく事業の賃貸借について，および，商号続用ではなく名称続用について，それぞれ22条1項を類推適用した点については注意が必要です。

③ 小問2について

小問2では，法人格否認の法理を論じる前提として，まずは既存の条文で解決できないことを一言示すべきです。「22条1項が現物出資に適用されるか」という論点は全体とのバランスから簡潔に論ずれば足りると考えます。

【参考文献】
試験対策講座・会社法2章3節④【2】(1)，1節①【3】。判例シリーズ89事件。全条解説・会社法3条③1(3)，22条①。

第3問 A 設立

> 　Aが株式会社の発起人として会社の設立中にした行為に関して，次の問に答えよ。
> 1　Aは，Bとの間で，原材料を会社の成立後に譲り受ける契約を締結した。会社の成立後，Bが会社の代表取締役に就任したAに当該原材料を引き渡した場合，Bは，会社に対しその代金の支払を請求することができるか。また，この場合に，会社は，Bに対し当該原材料の引渡しを請求することができるか。ただし，当該取引について定款上の記載または記録はないものとする。
> 2　Aは，Cに対し会社の宣伝広告をすることを依頼し，これを承諾したCは，近く会社が成立し営業活動を開始する旨の広告を行った。Cは，会社の成立後，会社に対しその報酬を請求することができるか。この請求ができないとした場合には，Cは，Aに対しどのような請求をすることができるか。

【解答へのヒント】

1　小問1について

　設立中の株式会社の発起人であるAはBとの間で原材料に関する売買契約を締結しています。しかし，Aが売買契約を締結した時点で会社は設立されていないわけですが，それでも本件契約は成立後の会社に効果帰属するのでしょうか。本件契約の性質および設立中の会社の実質的権利能力および発起人の権限の範囲に留意しつつ，検討していきましょう。

2　小問2について

　Cとの宣伝広告契約の効果が成立後の会社に帰属するのかという前段の問いは，小問1での取引の差異に着目して検討を進めましょう。そのうえで，成立後の会社に請求できない場合のCの不利益を防止するために，どのような理論構成でAに請求ができるか検討してください。

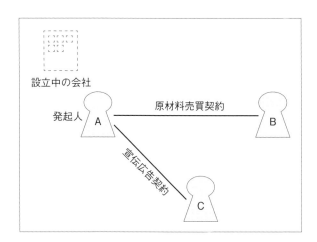

第1　小問1前段について

1　本件AB間の契約は，会社成立後に一定の財産を譲り
受けることを目的とする財産引受け（会社法28条2号。
以下「会社法」法名省略）にあたる。

　ところが，本問では，定款に当該財産引受けについて
記載または記録がないから，「その効力は生じない」（28
条本文）のが原則である。

2　そうだとしても，成立後の会社の追認により，例外的
に効果帰属させられないか。

➡問題提起

📖定款に記載または記録のない
　財産引受けの追認の可否

(1)　この点について，判例は，定款に記載のない財産引
受けは絶対的無効であり，たとえ成立後の会社が追認
したとしても効果帰属させられないとする。

　しかし，このような場合に追認を許さないとすると，
相手方に契約の履行を拒む口実を与えることとなって
しまい，株主や会社債権者の利益保護にならないから，
追認を認める必要がある。

➡同一性説

(2)　そもそも，設立中の会社が発展して完全な会社とな
るのであるから，設立中の会社と成立後の会社は実質
的に同一であると解される。そうすると，設立中の会
社が取得し負担した権利義務は，当然に成立後の会社
に帰属する。

📖設立中の会社の実質的権利能
　力の範囲

　そして，設立中の会社は単に会社の設立のみを目的
とするものではなく，会社として成立して事業を行う
ことを目的とするものであるから，設立中の会社の実
質的権利能力の範囲は，広く開業準備行為にまで及ぶ
ものと解すべきである。また，発起人は設立中の会社
の執行機関であるから，その権限の範囲は，設立中の
会社の実質的権利能力の範囲と同様と解する。

📖発起人の権限の範囲

　もっとも，財産引受けについては，開業準備行為と
いえども，権限濫用により会社の財産的基礎が害され
るのを防止するため，発起人の権限を政策的に制限し
ているものと解する。

➡財産引受けの位置づけ

　そうすると，定款に記載は記録のない財産引受けは，
設立中の会社の実質的権利能力の範囲内にあるものの，
発起人の権限外の行為，すなわち無権代表行為といえ
るので，民法113条以下の規定を類推する基礎がある。

　したがって，成立後の会社の追認（民法113条以下
の類推適用）により効果帰属させることはできると解
する。

➡規範

(3)　ただし，発起人の権限濫用のおそれは否定できない
から，本来その財産を取得するのに必要な手続（事後
設立に該当する場合には株主総会の特別決議〔467条
1項5号，309条2項11号〕，重要な財産の譲受けに該
当する場合には取締役会の決議による承認〔362条4

➡追認の手続

　　　　項1号〕）が必要というべきである。　　　　　　　　　　45

　　　⑷　そうすると，本件では，会社は上記手続を経ること　　➡あてはめ
　　　　により追認して，効果帰属させることができる。
　　3　よって，上記の場合には，Bは，会社に対し代金の支
　　　払を請求することができる。
第2　小問1後段について　　　　　　　　　　　　　　　　　50
　　1　まず，本件の財産引受けが法定手続を経てなされてい
　　　れば，Bは会社に本件原材料を引き渡す債務を負う。
　　　　しかし，代表取締役として包括的代表権限を有するA
　　　（349条）がすでに引渡しを受けている以上，当該債務
　　　は履行により消滅している。　　　　　　　　　　　　　55
　　　　したがって，会社は，Bに対し引渡しを請求すること
　　　ができない。
　　2　また，追認した場合にも，Bの債務は履行により消滅
　　　するので，会社は，Bに対し引渡しを請求することがで
　　　きない。　　　　　　　　　　　　　　　　　　　　　60
第3　小問2前段について
　　1　Cが会社に対し報酬の支払を請求するためには，発起
　　　人Aと相手方Cとの間の契約の効果が会社に帰属してい
　　　ることが必要であるが，本件AC間の広告委託契約は，
　　　財産引受け以外の開業準備行為にあたる。そこで，当該　65　➡問題提起
　　　開業準備行為の効果が会社に帰属するかが問題となる。　　論財産引受け以外の開業準備行
　　　　　　　　　　　　　　　　　　　　　　　　　　　　　為の効力

　　　⑴　発起人の権限濫用により会社の利益が害されるおそ
　　　　れがある点は，その他の開業準備行為の場合も，小問
　　　　1の財産引受けの場合と同様である。
　　　⑵　したがって，財産引受け以外の開業準備行為にも28　70　➡規範
　　　　条2号の規定を類推適用すべきであると解する。

　　2　よって，会社が追認（民法113条以下の類推適用）し　　➡あてはめ
　　　た場合には，Cは会社に対し報酬支払を請求することが
　　　できる。
第4　小問2後段について　　　　　　　　　　　　　　　　　75
　　1　上記の場合にあたらず会社に請求できない場合に，C
　　　は，Aが無権代理人にあたるとして，Aに対し，民法
　　　117条1項に基づく損害賠償請求をすることができるか。
　　　　前述したように，法定手続を経ない開業準備行為は無
　　　権代表行為と解することができるので，開業準備行為一　80
　　　般に民法117条1項を類推適用することができると解す
　　　る。
　　　　そして，発起人が会社はすでに成立しているかのよう
　　　に代表取締役名義で開業準備行為をなした場合には，相
　　　手方の善意・無過失も認められる。　　　　　　　　　　85
　　2　よって，このような場合には，Cは，Aに対し損害賠
　　　償を請求することができる。
　　　　　　　　　　　　　　　　　　　　　　　　　　以上

本問の題材は，旧司法試験の1995（平成 7 ）年度第 1 問を改題したものである。

多様な学説が存在する設立中の会社の権利関係について，判例（最判昭和28年12月 3 日民集 7 巻12号1299頁）をふまえたうえでの説得的な記述を求めるものである。設立は手薄になりがちな分野のひとつであるといえるので，これを機会に判例および学説に対する理解を深めたうえで，自説を固めてほしい。

論点

1 定款に記載または記録のない財産引受けの追認の可否
2 設立中の会社の実質的権利能力と発起人の権限の範囲
3 財産引受け以外の開業準備行為の効力

答案作成上の注意点

1 総論

本件における原材料の売買取引は，いわゆる財産引受け（発起人が会社のために会社の成立を条件として，特定の財産を譲り受けることを会社の成立前に約する契約）に該当する取引であり，定款への記載が会社法上求められています（会社法28条 2 号）。したがって，定款への記載がある場合に，本件取引が設立後の会社に帰属することは明らかです。

他方で，定款への記載がない場合に，このような財産引受けの効果が追認を介して会社に帰属するのかが問題となります。さまざまな考え方がありますが，ここでは，いわゆる設立中の会社の権利関係として検討していくことにします。

2 設立中の会社の法律関係

1 設立中の会社と成立した会社の同一性

そもそも，設立中の会社は法形式上，法人格を付与されていないので，権利能力をもちえません。そうだとすれば，法効果は発起人に帰属するのみであって設立中の会社には帰属しえないことになりそうです。とはいえ，設立中の会社という実在が存在している点にかんがみて，設立中の会社は会社設立を目的とした権利能力なき社団であり，発起人は執行機関であるとみることで，権利義務が設立中の会社に実質的に帰属することになります。

そうだとしても，設立中の会社に実質的に帰属する権利義務が成立した会社にも継承されるの

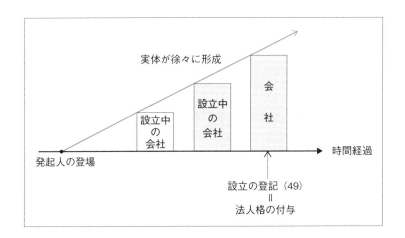

か，という点には，一考を要します。そこで，設立中の会社の性質に着目します。具体的には，設立中の会社は徐々に会社成立に必要な性質を具備していき，最終的には会社として成立していくわけであり，設立中の会社と成立後の会社は別異なものではなく，同一のものであるといえます。したがって，設立中の会社に実質的に帰属する権利義務関係は，当然に成立した会社に承継されることになります。

2 設立中の会社の実質的権利能力の範囲

(1) 総論

ここまでの議論で，設立中の会社に実質的に帰属する権利義務関係に本件取引が該当すれば，成立した会社にも帰属することになるので，Bは会社に対して本件代金の請求をすることが可能になるといえそうです。そこで，いかなる権利義務関係が設立中の会社に実質的に帰属するのかを検討する必要があります。具体的には，設立中の会社の実質的権利能力の範囲および執行機関である発起人の権限の範囲が問題となります。

まず，設立中の会社の実質的権利能力についてですが，検討に入る前提として，発起人の行為を4つに分類しておきます。

発起人のする行為	内容	具体例
①設立を目的とする行為	会社設立自体を直接の目的とする行為およびそのために法律上必要な行為	・定款の作成 ・株式の引受け・払込みに関する行為 ・創立総会の招集　など
②設立のため必要な行為	会社設立に事実上・経済上必要な行為	・設立事務所の賃貸 ・設立事務所の雇入れ ・必要書類の印刷の委託　など
③開業準備行為	会社の成立を条件とする事業の準備行為	・営業所，工場用の建物または敷地の譲受および賃貸 ・製品の供給契約 ・従業員の雇入れ　など
④事業行為	成立した会社が行うことが想定される事業	

上記4つの分類は，①から会社の設立という目的に近い段階の行為となっています。後述するように，上記分類のどの行為にあたるかによって帰結が大きく異なることになるので，どの行為がどのようなものなのか，具体例とセットで理解するようにしましょう。

(2) 設立中の会社の実質的権利能力

これを前提にして，設立中の会社の実質的権利能力の範囲を検討しますが，設立中の会社は単に会社の設立のみを目的とするものではなく，会社として成立して事業を行うことを目的とするので，成立時には事業をなしうる状態にあることが必要といえます。そこで，設立中の会社の実質的権利能力は，事業行為には及びませんが，開発準備行為には及ぶと解されます。

(3) 発起人の権限

続いて，発起人の権限について検討していきます。まず判例は，開発準備行為については会社設立に関する行為とはいえず，法定の要件をみたした財産引受けを除いて発起人の権限内の行為ではないと解しており（最判昭和33年10月24日民集12巻14号3228頁〔判例シリーズ5事件〕），上記①のみ，または①②のみ権限内であるとの立場を示しています。

とはいえ，設立中の会社は単に法人格の取得のみを意図した存在ではなく，会社として成立して一定の事業活動を行いうる実体を形成することを本来的な目的としているので，実質的な執行機関である発起人の権限の範囲も開業準備行為まで及ぶべきとの判例に対する批判がされており，学説上も，種々の主張が提示されています。具体的には，発起人に広範な権限を認めることによる成立時の会社の財産的基礎への危惧から①のみにすべきとの見解（A説）から，②まで認める説（B説），③までとする説（C説），設立中の会社と成立した会社の同一性から④

事業行為まで認める説（D説）もあります。また、C説は、開発準備行為のひとつである財産引受けが定款記載を要求している点を、どのように考えるかで2つに分かれます。具体的には、28条2号は財産引受けのみを制限しているのだから、他の開発準備行為は財産引受けのような制約を受けずに、定款記載がなくても権限内とする見解（C1説）と会社の財産的基盤を害する危険性があることは他の開発準備行為も変わらないとの立場から定款記載を求める見解（C2説）があります。解答例では、C2説を前提として立論しており、本件原材料売買契約・宣伝広告契約はともに開発準備行為であり、定款記載がない以上、会社に効果帰属しないとの結論を導出しています。

　この見解に必ずしも立脚する必要はありませんが、設立中の会社に関する議論は多数の学説が主張されている分野でもあるので、全体に対する理解を深めたうえで自説から答案を示せるように学習を進めてください。

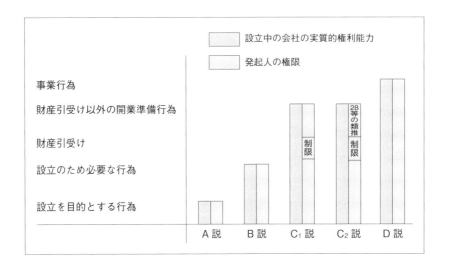

3　会社による追認の可否

　定款に記載のない財産引受けについて、判例は、株主・会社債権者保護の観点から絶対的に無効であるとして成立後の株式会社が追認することはできず、譲渡人はその無効を主張できるとしています（前掲最判昭和28年12月3日）。まずは、この判例の判断を、しっかりと理解しましょう。

　そのうえで、検討を要するのが、財産引受けが必ずしも常に会社の財産的基盤を損ない、株主・債権者保護に失する結果に繋がるわけではなく、会社にとって有利な取引であることもありうるという点です。そうだとすれば、常に追認を認めないことは単に相手方に契約の履行を拒む口実を与えるばかりで、かえって株主・債権者の保護を失してしまいかねないといえます。さらに、先ほどのC2説からすると、財産引受けは会社の実質的権利能力および発起人の権限の範囲内ですが、法的手続をふんでいないから発起人の権限が制限されることになるので、定款記載のない財産引受けは無権代理行為にあたるといえ、追認も認められると考えられます。

【参考文献】
試験対策講座会社法4章3節①、③【2】・【3】・【4】。判例シリーズ5事件。全条解説・会社法28条③(2)。

第4問 B　預合いと見せ金の区別

　発起設立の方法により設立されたY株式会社（以下「Y社」という）には，設立にあたって次のような事情が存在した。

　Y社設立の発起人はAとBであった。AとBの合意により，Aは設立に際して2500万円を出資し，250株の設立時発行株式の割当てを受けること，Bは1000万円を出資し，100株の設立時発行株式の割当てを受けることが定められ，A・Bはこれを書面により作成する定款に記載した。当該定款には，設立に際して出資される財産の最低額が2000万円である旨，記載されていた。出資金の資金繰りに苦労したAは，Bの同意を得て，払込取扱銀行であるC銀行から払込資金2000万円を借り入れ，これとみずから調達した500万円を，みずからの引き受けた250株の株式に対する出資としてC銀行に払い込んだ。その後，代表取締役に就任したAは，設立登記の翌日に，Y社を代表して，C銀行から出資金のうち2000万円の払戻しを受け，取締役会の承認を経たうえで，これをみずからに貸し付けた。Aは即日，2000万円をC銀行に返済した。

　Y社の株主であるXは，設立登記の3か月後，Y社を被告として，設立無効の訴えを提起した。このような訴えは認められるか。

【解答へのヒント】

1　本問では，Xによって提訴された設立無効の訴えが認められるかが問われています。この訴えが認められるためには，本件勝訴要件のみならず訴訟要件も具備しなければならないことに留意しつつ，双方についての検討をしましょう。

2　本件勝訴要件については，Aが出資のためにC銀行から借り受けた2000万円をY社が即日返済している事実に着目して，Aの払込みが有効といえるのか，かりに無効であるとすれば，どの規律に反することになるかを，条文を参照しつつ検討してみてください。

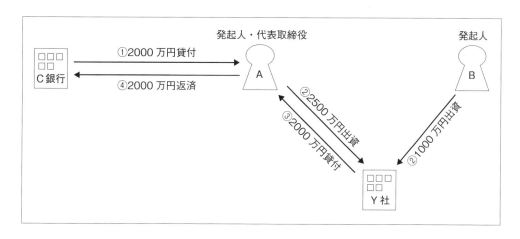

第1　Aのした払込みの効力
1　発起人Aが払い込んだ2500万円のうち2000万円は払込
取扱銀行であるC銀行から借り入れたものであった。

この点，預合いとは，発起人が払込取扱機関からの借
入金を設立中の会社の預金に振り替えて払込みにあて，　5
借入金の返済まで会社の預金を引き出さない旨通謀する
ことをいう。

本件の借入れにつき，Aと払込取扱機関との間に通謀
はないから，2000万円の払込みは預合いにはあたらない。
また，第三者ではなく払込取扱機関自体から借り入れて　10
いるから，典型的な見せ金ともいえない。

ところが，Y社は設立登記直後に2000万円の払戻しを
受け，代表取締役に就任したAに貸し付け，Aはそれを
C銀行に対する返済にあてている。そこで，Aのした
2500万円の払込みのうち2000万円にあたる部分は，仮装　15
払込みとして，なお見せ金にあたるといえないか。

➡問題提起
論見せ金の判断基準

(1)　見せ金か否かは，①会社成立後，借入金を返済する
までの期間の長短，②払込金が会社資金として運用さ
れた事実の有無，および③借入金の返済が会社の資金
関係に及ぼす影響の有無，などを総合的に考慮して判　20
断されるべきである。

➡規範

(2)　これを本問についてみると，①Y社は，会社成立の
翌日に，C銀行に借入金を返済しており，その期間は
短い。また，②その払込金が会社資金として運用され
た事実もなく，③会社財産が2000万円減少することが　25
会社の資金関係に与える影響は大きい。

➡あてはめ

なお，典型的な見せ金は払込取扱機関以外の第三者
から借入れをするところ，本問では払込取扱機関たる
C銀行から借入れをしている。もっとも，借入先が払
込取扱機関の場合であっても，会社の財産的基盤を損　30
なう点に変わりはない。

以上を総合的に考慮すると，Aの2500万円の払込み
のうち2000万円の部分は見せ金にあたる。

➡結論

2　次に，見せ金による払込みは有効かが問題となる。

➡問題提起
論見せ金による払込みの効力

たしかに，形式的には現実の払込みがなされているか　35
ら，払込み自体は有効であるとし，会社成立後の借入先
への返済を背任行為と考えれば足りるとも考えられる。

しかし，株主間接有限責任制度（会社法104条。以下
法名省略）のもとで，会社財産の確保が強く要請される
ことからすれば，見せ金が，借入れ，払込み，引出し，　40
返済という一連の行為を当初から予定した，仮装払込み
のためのからくりの一環であるという実質を重視すべき
である。

そこで，見せ金による払込みは無効と解すべきである。

➡規範

3　それでは，Aが出資した，見せ金にあたらない500万　45　➡️あてはめ
　円についても払込みの効力が否定されるか。

　　500万円については，2000万円部分と異なり，銀行か
　らの借入れおよび会社からの即日返済という事情は認め
　られず，会社の財産的基盤を損なわせるものではないの
　で，仮装払込みとはいえない。　50

　　したがって，500万円の払込み部分の効力は否定され
　ない。

　4　以上より，Aの払込みは2000万円部分のみ無効となる。
第2　Y社設立無効原因の存否

　1　では，本件の設立には設立無効原因があるか。会社法　55　➡️問題提起
　が設立無効原因を規定していないことから問題となる。　　　🔲設立無効の原因

　　　設立が無効とされると，会社の利害関係人に重大な不
　利益が生じることから，設立無効原因は狭く解すべきで　　　➡️規範
　ある。そこで，設立手続に重大な瑕疵がある場合にのみ，
　無効原因が認められると解する。　60

　2　これを本問についてみると，上記のようにAのした払　　　➡️あてはめ
　込みの2000万円部分が無効になるため，Y社設立に際し
　てなされた有効な出資は，Bが払い込んだ1000万円およ
　びAの500万円の計1500万円となる。

　　　そうすると，設立に際して出資される財産の最低額　65
　（27条4号）である2000万円に達していない。また，27
　条4号の趣旨が，会社債権者の唯一の担保である会社財
　産の確保にあることにかんがみれば，同号の違反は，設
　立手続の重大な瑕疵であり，Y社設立には，この意味で
　も，設立無効原因がある。　70

　3　よって，本件の設立には設立無効原因がある。　　　　　➡️結論
第3　設立無効の訴えの訴訟要件　　　　　　　　　　　　　　　➡️訴訟要件

　本件設立無効の訴えは，原告適格を有する「株主」（828
条2項1号）たるXが，出訴期間内である「会社の成立の
日から2年以内」（828条1項1号）に提起している。　75

　よって，訴訟要件にも欠けるところはない。　　　　　　　　➡️結論
第4　結論

　以上より，本件設立無効の訴えは認められる。

　　　　　　　　　　　　　　　　　　　　　　　　　以上
　　　　　　　　　　　　　　　　　　　　　　　80

　　　　　　　　　　　　　　　　　　　　　　　85

　見せ金は，司法試験の論文式試験において2010（平成22）年に問われていることからわかるように，重要である。そこで，払込みの効力，設立無効原因の有無とからめて出題することにした。

論点

1　見せ金の判断基準
2　見せ金による払込みの効力
3　設立無効の原因

答案作成上の注意点

① はじめに

　本問を解くにあたっては，まずもって預合いおよび「典型的な」見せ金の定義を想起したうえで，本問におけるAの払込みがそのどちらにもあたらないことを認定する必要があります。先を急ぐあまり基本的な知識をおいてきぼりにしてしまうと，「基本ができていない」という印象を与えかねませんので，注意が必要です。

② 見せ金の該当性とその効力

　見せ金にあたるか否かの判断基準としては，最判昭和38年12月6日民集17巻12号1633頁〔会社法百選8事件〕が3要素をあげており，これに沿った検討をすることが求められます。規範定立のかたちをとらず，あてはめのなかでこの3要素に配慮する姿勢を示した場合にも，一定の評価には値しますが，判例から議論を出発することは実務家の思考方法の基本といえるものですから，規範定立をしたほうが好印象だと思われます。

　見せ金における払込みの効力については，上記最判昭和38年12月6日が，無効説を採っています。有効説を採ることも可能ですが，その際には，判例が無効説を採ることを示すのを忘れないようにしてください。

　見せ金における払込み無効説を採った場合，Aは定款に定められた2500万円のうち2000万円を払い込んでいないことになるので，残り500万円の払込みをどのように評価するかが問題となります。これは今まであまり考えたことのない問題だと思いますし，一般的な書籍では議論されていません。この点について，答案例では2000万円と500万円の扱いの差異に着目して，500万円の払込みは有効であるとの立場に立っています。このような日ごろ考えたことのない問題に遭遇した場合には，問題となる条文の趣旨にさかのぼるなどして結論だけではなく理由づけも示せるようにしましょう。

③ 無効原因

　最後に，設立無効原因の有無です。「設立手続に重大な瑕疵がある場合」という規範を立てるのはよいのですが，抽象的な規範にすぎませんから，あてはめが重要です。具体的に25条2項や27条4号を示しながら，本問においてなぜ設立無効原因があるといえるのかを説得的に示してください。

【参考文献】
試験対策講座・会社法4章2節④【1】(4)，4節①【1】(1)。全条解説・会社法34条，828条②1。

> 　ある株式会社が，株主総会において，次のような内容の定款変更を行おうと考えている。それぞれについて，会社法上どのような問題があるか説明したうえ，そのような定款変更が許されるかどうかについて論ぜよ。
> 1　株式の譲渡について株主総会の承認を必要とする。
> 2　1万株以上の株式の所有者は，自社の製品を定価の4割引で購入することができる。
> 3　翌年度以降に発行する株式に対して行う剰余金の配当は，それまでに発行した株式に対して行う剰余金の配当の2分の1とする。

【解答へのヒント】
1　小問1について

　株式の譲渡承認機関として，株主総会を定款に示そうとしていますが，そもそも会社法上はどの機関が株式の譲渡承認機関として定められているのかを条文で確認しましょう。そのうえで，会社法上，株主総会以外が定められている場合に株主総会を承認機関とすることが条文上許されるのか確認してください。

2　小問2について

　このような定款変更がされれば，1万株以上株式を有する者は定価の4割引で購入することができ，1万株未満株式を有する者は，4割引での購入ができないという株主間で株式の持分の比例性に基づかない差異が生じることになります。このような区別を是正する規律として，何が想定できるか考えたうえで，本件は，それに反するかを検討しましょう。

3　小問3について

　小問2同様に当該定款変更によって，翌月以降に発行する株式の保有者とそれ以外の株式保有者間で剰余金の配当につき株主間での差異が生じることになります。これを規律する制度として考えられるものをあげたうえで，本件状況で適用される条文が他にないかを検討してみてください。

【小問1】

定款
株式の譲渡につき株主総会の承認を要する

【小問2】

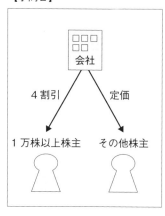

会社
4割引　　　定価
1万株以上株主　　　その他株主

【小問3】

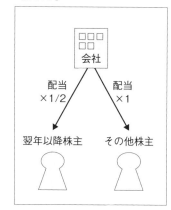

会社
配当×1/2　　　配当×1
翌年以降株主　　　その他株主

答案例

第1　小問1について

　　株式会社は，その発行する全部の株式の内容として，株式の譲渡に会社の承認を要することを定めることができる（会社法107条1項1号。以下法名省略）。

　　そして，当該定めを設ける定款変更には，特殊決議が必要である（309条3項1号）。　5

　　この場合，承認機関は，原則として株主総会（取締役会設置会社にあっては取締役会）であるが（139条1項本文），定款に定めれば，他の機関とすることもできる（同項ただし書）。また，139条1項ただし書は，承認機関について，　10
その資格や性質について特に制限していない。

　　したがって，株式の譲渡について株主総会の承認を必要とする定款変更も許される。

第2　小問2について

　　本件定款変更は，1万株以上の株式を所有する株主と，　15
1万株未満の株式を所有する株主との取扱いに差異を設ける，いわゆる株主優待制度を定めるものである。そこで，株主優待制度を定める定款変更は，株主平等原則（109条1項）に反し，許されないのではないかが問題となる。

　　1　ここで，株主平等原則とは，株主としての資格に基づ　20
　　く法律関係について，会社は，株主をその有する株式の内容および数に応じて平等に取り扱わなければならないという原則をいう。

　　　同原則は，株式会社における会社法の基本原則であるから，これに違反する定款規定は無効となる。　25

　　　もっとも，同原則は絶対のものではなく，合理的な理由に基づく一定の区別を許容していると解される。

　　　そのため，株主優待制度も，株主優待をする目的が合理的であり，その目的達成のために相当の範囲内の優待であれば許容されると解される。　30

　　2　これを本件についてみると，上記株主優待制度の目的は，自社製品の普及，安定株主の創出，一般投資家の投資意欲の促進による株価の上昇等にあると考えられ，これらの目的は合理的であるといえる。

　　　また，本件では明らかではないが，かりに1万株以上　35
保有する株主が非常に限定される場合には，目的達成のために相当の範囲内にあるとはいえない。しかし，本件ではこのような事情はなく，相当な範囲内の優待であるといえる。

　　3　したがって，このような定款変更は株主平等原則に反　40
しない。もっとも，株主総会の特別決議（466条，309条2項11号）を要する。

第3　小問3について

　　1　まず，本件定款変更が劣後株（108条1項1号）の発

📖株式譲渡自由の原則と定款による制限

➡️問題提起
📖株主平等原則と株主優待制度

➡️規範

➡️あてはめ

行を定めるものであれば，両者は内容の異なる株式であ 45
り，これらの株主を別異に取り扱うことは，内容に応じ
た平等を要請するにとどまる株主平等原則の内容ではな
い以上，何ら問題は生じない。

　　したがって，当該種類の株主に交付する配当財産の価
額の決定の方法等を定める定款変更（108条2項1号， 50
466条）を，株主総会の特別決議（309条2項11号）で決
議すれば，このような定款変更をすることも許される。

2　他方，本件定款変更が，翌年度以降に発行する同種の
株式について，「剰余金の配当」（453条）を2分の1と
する趣旨であれば，剰余金の配当という株主の資格に基 55
づく法律関係につき異なる取扱いをするものであり，株
主平等原則および454条3項に反するとして，許されな ➡問題提起
いのではないかが問題となる。 論株主平等原則と剰余金配当

⑴　公開会社（2条5号）の場合

　　この点について，株主平等原則の表れである454条 60
　条3項は，明文で株式数に応じて剰余金を配当すべき旨
　を定める。そうすると，明文なくして剰余金配当につ ➡規範
　き取扱いの異なる株式を発行することは同条項に反す
　ると解する。

　　したがって，本件会社が公開会社の場合には，翌年 65 ➡あてはめ
　度以降に発行する同種の株式について剰余金の配当を
　2分の1とする定款変更は許されない。

⑵　公開会社でない場合

　　これに対して，公開会社でない場合には，株主平等 ➡規範
　原則の例外として，剰余金の配当につき株主ごとに異 70
　なる取扱いを行うことを定款で定めることが明文で認
　められている（109条2項，105条1項1号）。

　　したがって，公開会社でない場合には，翌年度以降 ➡あてはめ
　に発行する同種の株式について剰余金の配当を2分の
　1とする定款変更も許される。 75

　　もっとも，株主総会の特殊決議を要する（466条，
309条4項）。

　　　　　　　　　　　　　　　　　　　　　　以上

80

85

本問の題材は，旧司法試験の2000（平成12）年度第1問を改題したものである。

会社法の基本原則のひとつである株主平等原則に関する基本的な理解を問うとともに，株主平等原則と関係する条文についての理解を深めることを目的として出題した。会社法においては，個別の条文のもつ意義や趣旨を考えることは非常に重要であり，今回にかぎらず，常に条文に親しむという意識をもってほしい。

論点

1 株式譲渡自由の原則と定款による制限
2 株主平等原則と株主優待制度
3 株主平等原則と剰余金配当

答案作成上の注意点

① 株主平等原則

1 内容

株主平等原則とは，解答例に示されているとおり，株主としての資格に基づく法律関係について，会社はその有する株式の数や種類に応じて平等に取り扱わなければならないとする原則のことをさします。その根拠は，会社法109条1項に求められますが，これ以外にも，剰余金配当請求権（454条3項），残余財産分配請求権（504条3項）および議決権（308条1項）についても平等な取扱いを規定した条文があります。

そして，株主平等原則は株主としての資格に基づく法律関係が対象であり，当然ですが，従業員としての地位に基づく事柄や法律関係にいたらない事実関係については，その規律の対象外となります。当たり前すぎるかもしれませんが，株主たる地位と他の地位を併有する者が問題になる時には，株主としての地位に着眼しているのか，それとも他の地位に基づく区別なのかが必ずしも明確になっているとはかぎりませんので，意識するようにしてください。

さらに，株式の数や種類に応じてという点への意識も忘れてはいけません。同原則の平等標準は，株主の頭数ではなく，各株主の有する株式の内容および数に求められており，これは株式が株主の地位を均一の割合的単位としていることを裏から表現したものと解されています。

具体的にいえば，100株有している者に1,000の配当をして，200株有している者に2,000の配当をすることは，有する株式の数に応じた取扱いにすぎず，株主平等原則との抵触は何ら生じないことになります。逆に，100株有する者に1,000配当して，200株有している者に3,000配当する場合には，持分数が2倍にすぎないのに3倍もの配当を受けることになるので，同原則に違反します。また，種類株式でも株主平等原則は適用されます。なお，他の株式よりも優先的な配当の地

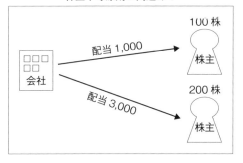

位が認められる優先株式（108条1項1号）と普通株式の間で異なる扱いをすることは，種類に応じた取扱いにすぎないので，株主平等原則は問題になりません。

2　意義と趣旨

　　株主平等原則がなければ，株主と株式会社との法律関係や株式の譲渡等を合理的に処理できなくなり，ひいてはだれもが安心して株式会社に株主として投資できなくなって，株式会社制度が成り立たなくなってしまいます。具体的には，同原則がなければ多数派株主が持株比率以上に配当を受けることが可能となり，株式投資からの収益が期待できない状態となってしまします。このような状態が実際には生じないにしても，こういった危険性がある以上，株式投資による配当の予見性は著しく阻害されることは明らかといえ，株式投資自体が敬遠されかねません。このような事態の発生を防止することが，株主平等原則の意義といえます。

　　とはいえ，これをあまりにも厳格に適用してしまうと，社会儀礼的限度のお土産を株主総会出席者に送ることも非参加株主との間で同原則違反とされかねないなど，実際的ではないので，合理的な理由に基づく場合には例外的に許されると解されています。そこで，あらゆる局面において，合理的な理由に基づくとは，どの程度の事情をさすのかが問題となります。その一例が，小問2の株主優待制度との関係性です。

3　小問2について

　　本設問では，いわゆる株主優待制度が株主平等原則との関係で許されるのかが問題となります。まず，合理的理由により例外として許されるかを検討する前段階として，そもそも，同原則の問題なのかを検討する必要があります。具体的には，1万株以上有している株主だから4割引で製品を購入できるのであり，これは株主としての資格に基づく法律関係といえます。そして，1万株以上か否かで取扱いが異なるので，株式の数に応じた扱いとはいえず，同原則に形式的には反することになります。行っている作業は単に株主平等原則の定義に該当するかを確認する作業ですが，ここで同原則に反することが確認されてはじめて，例外検討の余地が生まれるので，忘れないようにしてください。

　　そのうえで，例外として許されるのかを検討していきます。一般に，株主優待制度は個人株主の増大や顧客の拡大を目的として行われることが想定されますので，このような目的を達成する手段として適切といえるかを考える必要があります。そのうえで，対象となる株主の割合や優先性の程度等を考慮することになります。

4　小問3について

　　翌年以降に発行した株式の保有者の配当率を，それまでの株主の2分の1とする本件取扱いは，翌年以降の株式を劣後株式（108条1項1号）とするのであれば，あくまで株式の種類に応じた取扱いであるので，株主平等原則違反とはなりません。少し気づきにくいかもしれませんが，同原則の定義をふまえることがヒントになったかもしれません。

　　これに対し，両株式が同じ種類である場合には，同原則違反が問題となります。というのも，剰余金は株主という地位にあるから得ることができるため（105条1項1号），株主という資格に基づく法律関係に該当するからです。さらに，株式を発行した時期によって取扱いに差異が生じ

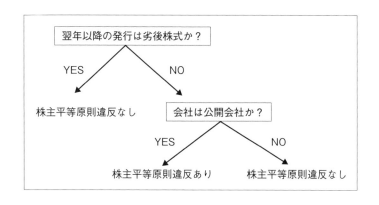

ることになるので，株式の数や種類に応じた扱いとはいえず，同原則に反します（最判昭和45年11月24日民集24巻12号1963頁）。

　そうはいっても，剰余金配当に関しては，非公開会社の場合には株主ごとに異なる取扱いを許容する規定（109条2項）があるので，このような定款の記載も許されることになります。劣後株式から始まる一連の場合分けは容易には想起できないかもしれませんが，日頃から会社法の条文を引く癖をつけておけば，気づけるでしょう。

2 おわりに

　本問から学んでほしいことは，徹底して条文や基本的な概念をおさえるということです。まずは，条文から出発しますので，常に条文を引く癖をつけてください。そして次は，本問での株主平等原則の内容などの基本的な概念です。これをふまえたうえで，問題となっている事案が，当該条文との関係で検討を要するかの判断をしてください。ここまでやってはじめて論点に関する判例や学説の検討が登場することになります。ついつい判例の規範や学説の対立などを追ってしまいがちですが，その前提として，どの条文の，どの文言との関係で問題となるのかを考えるという基本姿勢を忘れないでください。

【参考文献】
試験対策講座・会社法5章1節③。全条解説・会社法109条②。

第6問 A　利益供与など

1　グリーンメーラー（経営に参加する意思がないにもかかわらず，標的の会社にその株式を買い戻させることによる投機的な利益を目的とする株買い占め屋のことをいう）として著名であり，暴力団との関係もささやかれるAは，公開会社であり，監査役設置会社であるB株式会社（以下「B社」という）の株式を大量に買い占めた。その後，Aは，B社の代表取締役社長Y₁らに対し，「買い占めた株式の一部を暴力団に売却したが，これを取り消すためには300億円必要だ。大阪からヒットマンが2人来ているから，覚悟しておけ。」などと申し向け脅迫した（もっとも，AがB社の株式の一部を暴力団に売却したと認めるに足りる事実はない）。これを受けてY₁は，Aに300億円を交付しようとしている。

　　1年前からB社の株式を保有するXが，Y₁による300億円の交付について差止めの訴えを提起した場合，Xの請求は認められるか。

2　その後，Y₁は，Y₁・Y₂・Cからなる取締役会の全会一致を得て，300億円をAに交付した。Aは大量の株式保有を背景に，数年にわたり，B社のメインバンクなども巻き込みながら硬軟織り交ぜた巧みな立ち回りでY₁・Y₂・Cに上記売却話等を信じさせていた。Y₁・Y₂・Cは，B社が暴力団の関与する会社とみられて取引先・従業員の信頼を失い，ひいては会社が崩壊するとのおそれやみずからの命を狙われているという恐怖から，十分な調査をすることも警察に届け出ることもなく金銭を交付したものであった。

　　B社の株主であるXが，株主代表訴訟を提起しY₂の対会社責任を追及しようとした場合，Xとしてはどのような請求をすることが考えられるか，また請求は認められるか。

【解答へのヒント】
1　小問1について，Xとしては，Y₁が300億円もの大金をAの言われるままにAに対し交付してしまうのはなんとしても避けたいと考え，差止めの訴えを提起したと思われます。Y₁の行為は会社法上許される行為なのか，もし許されないとした場合に株主XがY₁の行為を差し止めることができるのかを考えてみましょう。
2　小問2について，実際に300億円が支払われてしまった場合，直接これに関与していないY₂は何ら責任を負わないのでしょうか。会社法施行規則も参照しながら，慎重に検討する必要があります。

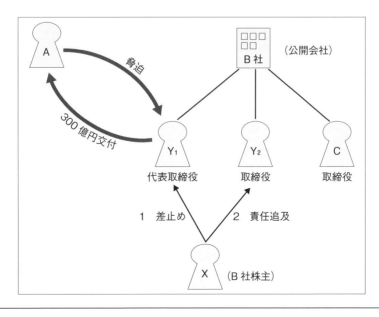

第1　小問1について

　　Xが提起した訴えにおける請求は，会社法（以下「会社法」法名省略）360条1項に基づく差止請求である。また，B社は，公開会社（2条5号）であるから，取締役会設置会社であって（327条1項1号），監査役設置会社である（同条2項）。　　　　　　　　　　　　　　　　　　　　5

　　そうすると，この請求が認められるためには，Y₁の行為が「法令若しくは定款に違反」し（360条1項），当該行為により「回復することができない損害」が生ずるおそれ（同条3項）が認められることが必要である。　　　10

1　まず，Aに300億円を交付するというY₁の行為が法令または定款に違反するか検討する。

　(1)　この点につき，Y₁の行為が利益供与（120条1項）にあたれば，法令に違反することになる。

　　　まず，Y₁がAに対して300億円を交付することは，　15

　　「財産上の利益の供与」にあたる。では，これは「株主の権利の行使に関し」なされたといえるか。

> ア　この点につき，株式の譲渡は株主たる地位の移転であり，それ自体は「株主の権利の行使」とはいえない。しかし，120条の趣旨は，会社財産の浪費を　20
> 防止し，もって企業経営の健全性を確保することにある。そして，このような趣旨からすれば，会社からみて好ましくないと判断される株主が議決権などの株主の権利を行使することを回避する目的で，当該株主から株式を譲り受けるための対価を何人かに　25
> 供与する場合には，株式の譲渡も「株主の権利の行使に関し」なされたものといえると考える。

　　イ　これを本件についてみると，Y₁からAへの300億円の交付は，暴力団が株主となり，B社の優良イメージが崩れるのを恐れてなされたものであるから，　30
　　会社からみて好ましくないと判断される株主が議決権などの株主の権利を行使することを回避する目的といえる。

　　　そのため，Y₁の行為は，「株主の権利の行使に関し」なされたものといえ，利益供与にあたる。　35

　(2)　したがって，Y₁の行為は，法令に違反する。

2　次に，Y₁の行為により，「回復することができない損害」が生ずるおそれがあるといえるか検討する。

　　　本件では，300億円もの巨額の金銭がAに交付されることによって生じるB社の損害は，取締役の損害賠償責任（423条1項）等で回復しうるものとは評価できない。　40
　　そうだとすれば，「回復することができない損害」が生じるおそれがあるといえる。

3　よって，Xの請求は認められる。

右側注：
➡問題提起
🔖「株主の権利の行使に関し」の意義
➡規範
➡あてはめ
➡結論
➡問題提起
➡あてはめ
➡結論

第2　小問2について

　　Xとしては，株主代表訴訟（847条）において，Y₂に対し，①120条4項に基づく300億円の金銭の支払請求および②300億円を超える損害について423条1項に基づく損害賠償請求をすることが考えられる。

　　では，このような請求は認められるか。

➡問題提起
論利益供与があった場合における責任追及の方法
➡あてはめ

1　①120条4項に基づく金銭支払請求について

　⑴　前述のように，本件でY₁がAに300億円を交付した行為は120条1項に反する。また，Y₂は300億円を交付する旨の取締役会決議に賛成しているので，会社法施行規則21条2号イに該当し，会社法120条4項の「関与した取締役」にあたる。

　⑵　もっとも，Y₂は「当該利益の供与をすることに関与した取締役」ではないので，無過失を証明すれば免責されることになる（120条4項ただし書）。では，Y₂に過失があったといえるか検討する。

➡問題提起

➡あてはめ

　　　たしかに，Y₂は，巧みに立ち回るAから「大阪からヒットマンが2人来ている」との脅迫を受け，生命の危険を感じており，また，Y₂はB社の優良会社としてのイメージが崩れるのを恐れて当該行為を行ったのであり，過失がなかったとも思える。

　　　しかし，会社経営者としては，株主から株主の地位を濫用した不当な要求がなされた場合には，法令に従って，適切な対応をすべきであり，そのようにする義務があるというべきである。

　　　そうだとすれば，警察に届け出るなどもできないような緊急事態でもないのに，Aの言動の真偽を十分に調査することなくAの要求に従って金銭を交付したY₂には，上記義務違反があり，過失があるといえる。

　⑶　よって，120条4項に基づく金銭支払請求は認められる。

➡結論

2　②423条1項に基づく損害賠償請求について

　⑴　Y₁の行為が120条1項に違反している以上，Y₂が，そのような違法行為の決定に関与することは，同時に取締役の忠実義務（355条），善管注意義務（330条・民法644条）にも反するので，Y₂は「任務を怠った」といえる。

➡結論

　⑵　また，前述のように過失も認められるので，300億円を超える「損害」があれば，423条1項に基づく損害賠償請求が認められる。

3　以上より，Xの請求は認められる。

➡結論

以上

本問は，ミシン製造・販売会社の工業株主代表訴訟（最判平成18年4月10日民集60巻4号1273頁〔判例シリーズ14事件〕）の事案を題材としたものである。

上記判例は，取締役の忠実義務違反，株主の権利行使に関する利益供与など複数の論点が問われたものであり，控訴審と上告審の判断が分かれたことから，研究者の間でも活発な議論が行われている。そのため，上記判例を題材とした出題がされる可能性は高いと考え，本問を出題した。

論点

1　「株主の権利の行使に関し」の意義
2　利益供与があった場合における責任追及の方法

答案作成上の注意点

1　小問1について

まず，B社が公開会社であるがゆえに監査役設置会社である（会社法327条1項1号，2項本文参照）ことを見逃さないことが大切です。差止請求の要件が監査役設置会社か否かで異なることは必須知識ですので，それが頭に入っていれば，B社が監査役設置会社であるという事実から指摘すべき条文がわかるはずです。

次に，120条違反の検討においては，本問におけるY₁の金銭交付が株式の譲渡に向けられているという特殊性を十分に考慮したあてはめをすることが肝要です。

2　小問2について

まず，検討の対象となるY₂が120条4項の取締役にあたるか否かを，条文を正確に適示して論じることが必要です。

次に，Y₂の過失の有無が問題になりますが，Y₁が調査や届出を怠ったことから直接，過失が認められると考えることはできません。あくまでも，他の事情と総合して判断すべきです。この点について，蛇の目ミシン工業株主代表訴訟では，控訴審と上告審の判断が分かれています。控訴審は，当時の一般的経営者としてY₁らの判断は誠にやむをえないことであったとして，過失がないとしました。他方，上告審は，Y₁らに法令に従った適切な対応をすべき義務があり，Y₁らにそのような対応をすることが期待できないような状況があったということはできないとして，過失があるとしました。答案例では，上告審に従い，過失があると認定しましたが，認定が難しいところであり，問題文の事情を自分なりに的確に評価できれば，結論はどちらでもかまわないでしょう。

もっとも，過失がないとした控訴審の判断には強い批判が存在します。たとえば，脅迫されたことを免責の理由にしては，企業にとって重大なときほど取締役が何の責任を果たせなくてもよくなってしまうなどと批判されています。

【参考文献】
試験対策講座・会社法5章1節④。判例シリーズ14事件。全条解説・会社法120条② 1(2)，4。

　　Y株式会社（以下「Y社」という）は，①取締役会および監査役を設置する会社であるが，②株券発行会社ではなく，種類株式発行会社でもない会社であり，また，「社債，株式等の振替に関する法律」の規定による株式の振替制度も採用しておらず，③定款で，定時株主総会における議決権行使および定時株主総会における剰余金の配当決議に基づく剰余金の配当受領の基準日を毎年3月31日と定めている。

　　Xは，Y社の株式を保有する株主名簿上の株主であったが，その株式すべて（以下「本件株式」という）をAに譲渡した（以下「本件譲渡」という）。Y社は，2020年6月に行われた定時株主総会における剰余金配当決議に基づき，本件株式について配当すべき剰余金（以下「本件剰余金」という）をAに支払った。

　　以上の事実を前提として，次の1から3までの各場合において，XがY社に対して本件剰余金の支払を求めることができるかどうかを検討せよ。なお，1から3までの各場合は，独立したものとする。

1　Y社は，その発行する全部の株式の内容として譲渡による当該株式の取得について会社の承認を要すること（以下「譲渡制限の定め」という）を定めており，本件譲渡が2020年3月10日に行われたとする。この場合において，Xも，Aも，Aによる取得の承認の請求をせず，本件株式に係る株主名簿の名義書換請求もされなかったが，本件譲渡の事実をAから聞いたY社の代表取締役Bが本件剰余金をAに支払ったとき。

2　Y社は，譲渡制限の定めを定めておらず，本件譲渡が2020年4月1日に行われたとする。この場合において，本件株式にかかる株主名簿の名義書換請求はされなかったが，本件譲渡の事実をAから聞いたY社の代表取締役Bが本件剰余金をAに支払ったとき。

3　Y社は，譲渡制限の定めを定めておらず，本件譲渡が2020年3月10日に行われたとする。この場合において，同月15日にXとAが共同でY社に対して株主名簿の名義書換えを請求し，Y社はこれに応じたが，AがY社から本件剰余金の支払を受けた後，Xが成年被後見人であったことを理由として本件譲渡が取り消されたとき。

【解答へのヒント】

1　小問1について，Xとしては，本件譲渡の無効を主張することが考えられます。その根拠については，Y社発行株式には譲渡制限がついていることに着目して考えてみましょう。

2　小問2について，小問1と違い，本件譲渡が2020年4月1日に行われていることに着目しましょう。Xとしては，基準日との関係で何か主張できないでしょうか。

3　小問3について，本件譲渡が取り消されているのでXの請求は認められそうに思えます。しかし，Y社は，株主名簿上の株主がAであることから何か反論することができないでしょうか。

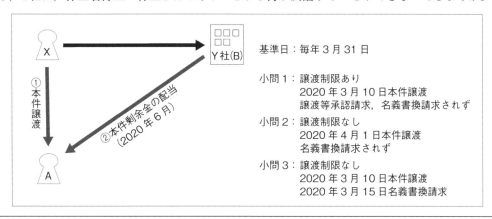

基準日：毎年3月31日

小問1：譲渡制限あり
　　　　2020年3月10日本件譲渡
　　　　譲渡等承認請求，名義書換請求されず

小問2：譲渡制限なし
　　　　2020年4月1日本件譲渡
　　　　名義書換請求されず

小問3：譲渡制限なし
　　　　2020年3月10日本件譲渡
　　　　2020年3月15日名義書換請求

答案例

第1　小問1について

1　本件株式には譲渡制限の定め（会社法107条1項1号。以下「会社法」法名省略）があるが，本件譲渡についてY社の承認がない。そこで，Xは，本件譲渡の無効を主張し，Y社に対し，本件剰余金の支払を求めることが考えられる（105条1項1号）。

2　これに対し，Y社は，譲渡制限違反の譲渡も有効であり，Aが本件株式の株主であるとして，Xの請求を拒めないか。譲渡制限違反の株式譲渡の効力が問題となる。
　　➡問題提起

(1)　株主の投下資本回収のため，株式譲渡は原則として自由であるところ（127条），法が定款による譲渡制限を認めた趣旨は，会社にとって好ましくない者が株主となることを防止することにあると解される。
　　➡論　譲渡制限違反の株式譲渡がなされた場合の法的状態

　　このような趣旨にかんがみると，譲渡制限違反の株式譲渡の効力は，会社に対する関係で無効とすれば足り，当事者間では有効であると解する。
　　➡規範

(2)　したがって，Y社との関係で本件譲渡は無効である。
　　➡あてはめ

3　そうだとしても，本件譲渡の当事者であるXA間では譲渡は有効であるため，Xは権利を行使すべき実質的理由を失い，Y社はXを株主として取り扱う義務を負わないとして，Y社はXの請求を拒めないか。

(1)　この点について，譲渡人を株主として取り扱わないと株主権を行使する地位に空白が生じるから，会社は譲渡人を株主として取り扱う義務を負うと解する。

(2)　したがって，Y社は，Xの請求を拒めない。

4　よって，Xは本件剰余金の支払を求めることができる。

第2　小問2について

1　本件譲渡について，XからAへの名義書換えはなされていない。そこで，Xは，基準日株主（124条1項）として，Y社に対し本件剰余金の支払を求めることが考えられる。

2　これに対し，Y社は，Aが本件株式の株主であるとして，Xの請求を拒めないか。会社が，名義書換え未了の株式譲受人を株主として取り扱い，名簿上の株主の権利行使を拒めるかが問題となる。
　　➡問題提起
　　➡論　名義書換え未了の株式譲受人の地位

(1)　株主名簿の名義書換えがなければ，会社に対して株式譲渡を対抗できない（130条1項）とした趣旨は，多数の変動しうる株主についての集団的法律関係を画一的に処理する会社の便宜を図ることにある。

　　また，名義書換えは株式譲渡の対抗要件にすぎず，名義書換えがなくても譲渡自体は有効である。

　　そこで，会社は，自己の危険において，名義書換え未了の株式譲受人を株主として取り扱うことができると解する。
　　➡規範

(2)　したがって，Y社は，Xの請求を拒めそうである。

3　そうだとしても，本件譲渡は，剰余金の配当受領の基 45
　準日後になされている。そこで，Y社は，この場合でも，
　Aを株主として取り扱い，Xの請求を拒めるか。会社が，
　基準日後の株式譲受人を株主として取り扱い，基準日株
　主たる譲渡人の剰余金支払請求を拒めるかが問題となる。

➡️問題提起
論 基準日後の株式譲受人の地位

　⑴　基準日制度の趣旨が，多数の変動しうる株主の権利 50
　　行使に関して会社の便宜を図る点にあることからすれ
　　ば，会社は，基準日後の株式譲受人を株主として取扱
　　い譲渡人の権利行使を拒めそうである。
　　　しかし，議決権と異なり，剰余金支払についてこれ
　　を認める規定は存在しないし，これを認めると基準日 55
　　株主の権利を害し妥当でない（124条4項参照）。
　　　そこで，会社は，基準日後の株式譲受人を株主とし
　　て取り扱うことができず，基準日株主の剰余金支払請
　　求を拒めないと解する。

➡️規範

　⑵　したがって，Y社は，Xの請求を拒めない。 60
4　よって，Xは本件剰余金の支払を求めることができる。
第3　小問3について
1　Xは，本件譲渡は，Xが成年被後見人であったとして
　取り消され，遡及的に無効（民法121条）となるのでみ
　ずからが本件剰余金の配当を受けるべき株主であり，ま 65
　た，株主でなかったAへの本件剰余金の支払は無効とな
　るとして，本件剰余金の支払を求めることが考えられる。
2　これに対し，Y社は，名簿上の株主Aに剰余金を支払
　ったとしてXの請求を拒めないか。株券所持の権利推定
　効（131条1項）が及ばない名義書換えにも免責的効力 70
　（手形法40条3項類推）が認められるかが問題となる。

➡️問題提起
論 譲受人の権利推定効なくなされた株主名簿の名義書換えの効力

　⑴　名義書換えの免責的効力の基礎には名簿に記載され
　　た株主が株主と推定されるという名義書換えの資格授
　　与的効力があるところ，株券の提示による名義書換え
　　に資格授与的効力が認められるのは，株券の所持人が 75
　　権利者である蓋然性が高く，株券の提示により名簿に
　　記載された株主も権利者である蓋然性が高いからであ
　　る。
　⑵　そうであるなら，株券所持の権利推定効なくなされ
　　た名義書換えも，名義株主と取得者の共同請求等の厳 80
　　格な要件でなされるため（133条参照），記載された株
　　主が権利者である蓋然性が高いから，資格授与的効力
　　とこれを基礎とする免責的効力を認めてよいと解する。

➡️規範

3　よって，Y社はXの請求を拒めるから，Xは本件剰余
　金の支払を求めることはできない。 85

　　　　　　　　　　　　　　　　　　以上

本問の題材は，旧司法試験の2010（平成22）年度第1問を改題したものである。

株券発行会社ではなく，かつ，株式の振替制度も採用していない株式会社において，株式の譲渡がされた場合に関し，①譲渡制限株式の譲渡承認がなく，株主名簿の名義書換えがされていない事案，②基準日後に当該譲渡がされ，名義書換えがされていない事案および③名義書換えがされた後に当該譲渡が取り消された事案のそれぞれについて，当該株式会社が当該株式の譲受人を株主として取り扱うことができるかどうかを問うものである。解答に際しては，譲渡承認機関による承認がない場合の法的状態，基準日制度の趣旨，譲受人の権利推定効なくしてされた株主名簿の名義書換えの効力について，整合的な論述をすることが求められる。

論点

1　譲渡制限違反の株式譲渡がなされた場合の法的状態
2　名義書換え未了の株式譲受人の地位
3　基準日後の株式譲受人の地位
4　譲受人の権利推定効なくなされた株主名簿の名義書換えの効力

答案作成上の注意点

① はじめに

本問におけるY社は株券発行会社ではなく株式の振替制度も採用していません。したがって，Y社においては，意思表示のみによって株式を譲渡することができますが（会社法128条1項本文反対解釈），株式の譲渡については，株主名簿の名義書換えが会社その他の第三者に対する対抗要件となります。したがって，名義書換えがされないかぎり，Y社は，権利移転の事実を知っていても，依然として名簿上の株主を株主として取り扱えば足ります（確定的効力）。

本問は3つの小問に分かれていますが，いずれも「XがY社に対して本件剰余金の支払を求めることができるかどうか」について問われています。そもそも，剰余金の配当を受ける権利は株主に認められた権利ですから（105条1項1号），Xとしては，本件剰余金の配当を受ける権利を有する株主は自己である，と主張する必要があるわけです。他方，すでにAに対して本件剰余金の配当をしたY社としては，本件剰余金の配当を受ける権利を有する株主はAであるから，Xに本件剰余金の配当をする必要はない，と主張することになるでしょう。このように，いずれの小問においても，本件剰余金の配当を受ける権利を有する株主はXとAのいずれであるか，ということが問われているのです。

② 小問1について

1　譲渡制限に違反した株式譲渡の効力

まず，Y社の発行する全株式が譲渡制限株式であるため，譲渡によるY社株式の取得についてはY社の承認を得なければなりません（107条1項1号）。しかし，本件株式の株主であるXおよび本件株式を取得したAによる譲渡等承認請求（136条，137条1項）がされていないことから，本件譲渡による本件株式の取得についてY社の承認はありません。そうである以上，本件株式にかかる株主名簿の名義書換請求をすることはできず（134条柱書，同条2号参照），本問でも本件株式にかかる株主名簿の名義書換請求をされていません。そうであれば，Xとしては，譲渡制限に違反した本件譲渡は無効であるから，みずからが本件剰余金の配当を受ける権利を有する株主である，と主張することが考えられます。

ここで，譲渡制限に違反した株式譲渡の効力が問題となります。この点について，判例（最判

昭和48年6月15日民集27巻6号700頁〔判例シリーズ20事件〕）は，会社に対する関係では効力を生じないが，譲渡当事者間においては有効であると解しています。その理由として答案例では譲渡制限の趣旨をあげていますが，そのほかにも137条1項，138条2号ハが株式会社の承認前に当事者間では株式を有効に取得できることを前提としていることをあげてもよいでしょう。

2　株式会社に対して株主としての地位を有する者

　そうだとしても，Y社としては，Xは本件譲渡によってすでに株主としての権利を行使すべき実質的理由を失っているのであるから，Xを株主として取り扱う必要はない，と主張したいところです。

　この点について，判例は，譲渡人を株主として取り扱う義務があると解しています。このように解さないと，ある株式について権利を行使できる者が存在しないという権利行使の空白を認めることになってしまうからです。

　したがって，本件株式の譲受人たるAがY社との関係で権利行使できないことの反射的効果として，譲渡人たるXは株主としての権利を行使することができるということになります。

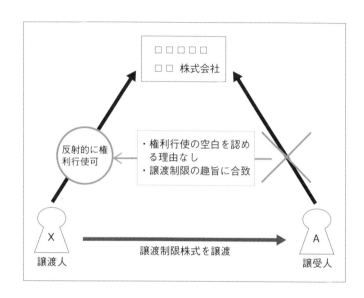

③　小問2について

1　名義書換え未了の株式譲受人の地位

　まず，小問2では譲渡制限の定めがないため，小問1のように譲渡制限に関する問題は生じません。もっとも，小問2においても，本件株式にかかる株主名簿の名義書換えはされていません。そうすると，前述のように，Y社は，依然として名簿上の株主であるXを株主として取り扱えば足りるはずです。しかし，すでにAに対して本件剰余金の配当をしたY社としては，本件株式にかかる株主名簿の名義書換えがされるまでの間，Y社が自己の危険のもとで名義書換え未了の譲受人であるAを株主として取り扱うことができる，と主張することが考えられます。

　この点について，そもそも，株主名簿の確定的効力は，集団的法律関係を画一的に処理するための株式会社のための便宜の制度にすぎません。そうすると，株式会社みずからこのような便宜を放棄して，名義書換え未了の譲受人を株主として取り扱うことは差し支えないということになるでしょう。判例もこれを認めています。

　これに対して，判例（最判昭和30年10月20日民集9巻11号1657頁）の見解に立つと会社が譲渡人の実質的無権利を理由に権利行使を拒み，譲受人に対しては名義書換え未了を理由に権利行使を拒むことが可能になると反対する立場があります。しかし，判例の見解は，株主名簿の名義書換え未了の株主を会社側から株主と認めその者の権利行使を容認することを可能とするものであっ

て，このような権利行使の空白まで肯定する趣旨ではないと考えられます。会社の承認のない譲渡制限株式の譲渡は会社に対する関係では効力を生じないことを理由に，会社は譲渡人を株主として取り扱う義務があるとした前述の判例と混同しないように注意しましょう。

2　基準日後の株式譲受人の地位

　基準日制度とは，会社が一定の日を定め，その日において株主名簿に記載・記録されている株主を，その権利を行使することができる株主と定める制度をいい（124条1項，5項），その一定の日を基準日といいます。本問において，Y社は，定款で，定時株主総会における議決権行使および定時株主総会における剰余金の配当決議に基づく剰余金の配当受領の基準日を毎年3月31日と定めています。ここで，本件譲渡は2020年4月1日に行われているので，基準日である3月31日時点における株主名簿上の株主はXであったといえます。そのため，Xとしては，本件剰余金の配当を受ける権利を有する基準日株主は自分である，と主張することが考えられます。

　これに対して，Y社としては，本件株主はAである，と反論します。この点について，そもそも基準日制度は，一定時点で株主として会社に対し特定の権利を行使することができる者を確定するためのものであり会社の便宜のための制度にすぎないといえるため，会社の危険において基準日後の株式の譲受人に権利行使を認めることも許されるように思えます。

　しかし，法が議決権についてのみ，そのような取扱いを許容していることからすれば（124条4項本文），剰余金の配当の受領については，そのような取扱いを法は許容していないと考えるのが自然でしょう。実際，基準日後の株式の譲受人に剰余金の配当の受領を認めてしまうと，基準日株主は剰余金の配当を受けることを期待して基準日後に株式を譲渡したのに，その権利が不当に害されてしまう結果となり，妥当とはいえません。したがって，Y社の主張は認められないというべきでしょう。

４　小問3について

　まず，小問3では，譲渡制限の定めがなく，本件株式にかかる株主名簿の名義書換えがされていますので，小問1の譲渡制限に関する問題や小問2の名義書換えに関する問題は生じません。

　本問において，Xはみずからが成年被後見人であったことを理由に本件譲渡の無効を主張していますが，Yとしては，名簿上の株主であるAに本件剰余金の配当をした以上免責される，と主張したいところです。ここで，株券発行会社の場合，131条1項の権利推定効により，株式会社が株券の提示に応じて名義書換えをすれば，たとえその者が実質的無権利者であったとしても，悪意・重過失ないかぎり株式会社は免責されると解されています（免責的効力）。そこで，株券所持の権利推定効が及ばない名義書換えにも免責的効力が認められるかが問題となります。

　この点について，株券発行会社においては，名義人は，改めて株券を提示しなくても，株式会社に対し株主であることを対抗することができ，株主として権利行使をすることができます。このように，名義書換えには，名簿上の株主は株主と推定されるという資格授与的効力があります。そうであれば，答案例のように，権利推定効を基礎に認められる免責的効力を，資格授与的効力を有する名義書換えについても認めてもよいと考えることができるのです。もっとも，株券不発行会社で振替株式でない株式の株主名簿の場合には，権利推定効に基づき名義書換えがされたものではない以上，免責的効力が認められないとする見解も有力ですので，こちらの見解に立って解答してもよいでしょう。

【参考文献】

試験対策講座・会社法5章4節①②(2)，④【4】(1)・(2)，6節②【1】・【2】・【3】。判例シリーズ20事件。全条解説・会社法130条①，②1，2(1)・(2)，3，139条②(4)。

第8問 c 株主名簿閲覧・謄写請求権

　　株主が会社の経営状態を知るためにどのような手段があるのかを述べたうえで，株主名簿閲覧・謄写請求権の行使要件の規定の仕方について，会計帳簿等閲覧・謄写請求権との相違を指摘し，なぜそのような相違が認められるのかを論ぜよ。

【解答へのヒント】

　　まずは，株主が会社の経営状態を知る方法として考えられるものをあげてみましょう。

　　次に，該当する手段の長所と短所を考えます。本問は論点を問うものではなく，会社法の知識を利用した思考訓練型の問題なので，問われていることを素直に自分の頭で考え，それを書き起こすことで答案ができあがります。ただし，手段をあげる際には，法律答案であることを意識し，なんらかの視点から整理して書くことを心掛けましょう。

答案例

1 株主が会社の経営状態を知るための手段
(1) 株式会社は大規模な団体であるから，意思の決定は多
数決によってなさざるをえないし（会社法309条，308条
参照。以下法名省略），また，経営は専門家である取締
役に委ねられている（348条，362条2項1号）。　　　　　5

　　しかし，多数決による決定や取締役の経営判断が適法
または妥当でない場合があり，株主に会社の経営を監督
是正する権利を認める必要がある。

　　もっとも，株主が会社の経営状態を知らなければ，適
切な権利を行使することはできない。　　　　　　　　　10

　　そこで法は，以下のように，株主が会社の経営状態を
知るための手段を設けている。

(2) まず，単独株主権として，株主総会議事録の閲覧・謄
写請求権（318条4項），取締役会議事録の閲覧・謄写請
求権（371条2項），株主名簿の閲覧・謄写請求権（125　　15
条2項），計算書類の閲覧・交付請求権（442条3項）な
どの手段を設けている。

　　次に，少数株主権として，会計帳簿等閲覧・謄写請求
権（433条1項），業務・財産調査のための検査役選任請
求権（358条1項）などの手段を設けている。　　　　　　20

　　その他，株主は，定時総会の招集通知に添付された計
算書類およびその監査報告書の提供を受け，これを閲覧
すること（437条）や，株主総会において質問権を行使
すること（314条本文参照）によって，会社の経営状態
を知ることができる。　　　　　　　　　　　　　　　　25

2 株主名簿閲覧・謄写請求権の行使要件について
(1) 会計帳簿等閲覧・謄写請求権との相違について
　ア　まず，会計帳簿等閲覧・謄写請求権は，①総株主の
議決権の100分の3以上の株式を有していること，②
理由を付した書面を提出することをその行使要件とし　　30
ている（433条1項。少数株主権）。

　イ　これに対して，株主名簿閲覧・謄写請求権は，営業
時間内ならいつでも行使できる（125条2項。単独株
主権）。

　ウ　したがって，株主名簿閲覧・謄写請求権は，①総株　　35
主の議決権の100分の3以上の株式を有していなくて
も，また，②理由を付した書面を提出しなくても行使
できる点で，会計帳簿等閲覧・謄写請求権の行使要件
との相違がある。

(2) 相違が認められる理由について　　　　　　　　　　　40
　ア　まず，会計帳簿等閲覧・謄写請求権は，株主が会社
の業務運営の適否を的確に判断できるために認められ
た権利である。

　　しかし，会計帳簿には経理の詳細・営業の機密が記

論 株主が会社の経営状態を知る
ための手段

論 株主名簿閲覧・謄写請求権の
行使要件

載されているため，この権利を1株の株主にも認める
と，会社荒らしや競争のため会社の内情を知ろうとす
る者に濫用される危険がある。
　そこで法は，会計帳簿等閲覧・謄写請求権を少数株
主権とした。
イ　これに対して，株主名簿閲覧・謄写請求権は，主に
株主が株主としての権利の確保・行使するために必要
な情報を確認し，入手するために認められた権利であ
る。しかも，会計帳簿等閲覧・謄写請求権と異なり，
経理の詳細・営業の機密が記載されているわけではな
いため，会社荒らしなどによる濫用の危険性が低い。
　そこで法は，株主名簿閲覧・謄写請求権を単独株主
権とした。

以上

会社経営の適正化は会社法における一大テーマである。そこで，会社経営の適正化のうち，株主が会社経営状態を知る手段に限定して出題した。また，株主名簿閲覧・謄写請求権や会計帳簿等閲覧・謄写請求権は受験生が手薄になりがちな分野であることから，出題した。

論点

1　株主が会社の経営状態を知るための手段
2　株主名簿閲覧・謄写請求権の行使要件

答案作成上の注意点

　本問は，今までに考えたことがない問題だったのではないでしょうか。たしかに，株主名簿や，会計帳簿等の閲覧・謄写請求権自体が，正面から問われることは多くありません。しかし，知らないから書けないというのではなく，自分が理解している趣旨等から，根気よく論じてほしい問題です。

　株主が会社の経営状態を知る手段が問われているのですが，まず，なぜ株主が会社の経営状態を知る必要があるのかについて端的に触れましょう。その理由は，必要性があるからこそ会社法はさまざまな制度を規定しているからです。その際には，所有と経営の分離，会社経営の適正化といったことに触れられれば十分でしょう。そして，手段をあげていくわけですが，ただ単に制度を羅列するだけではなく，なんらかの視点に基づき整理したうえで制度をあげなければなりません。その整理の視点として，株主名簿閲覧・謄写請求権が単独株主権であり，会計帳簿等閲覧・謄写請求権が少数株主権であることに気づけば，単独株主権・少数株主権という視点は比較的容易にあげることができたのではないでしょうか。このように整理することで，次の株主名簿閲覧・謄写請求権と会計帳簿等閲覧・謄写請求権との行使要件の相違点につながる視点を見出すことができます。

　次に，行使要件の相違点については，条文を引用して単にその相違点を指摘すればよいでしょう。そして，その相違の理由についてですが，株主の権利が単独株主権と少数株主権とに分かれている理由を考えれば，それがそのまま相違の理由になるということに気づけるでしょう。

【参考文献】
試験対策講座・会社法5章6節[1]【3】，9章1節[4]。全条解説・会社法125条，433条。

Aは，関東地方のP県で，ハンバーガー店を経営し，独自の調味料で好評を得ていた。

AはP県内での複数店舗出店を考え，甲株式会社（以下「甲社」という）を設立した。甲社の発行済株式総数は1,000株で，Aが300株，Aの子Bが250株，弟Cが250株，叔父Dが200株を，それぞれ有している。

甲社は，取締役会および監査役をおき，Aが代表取締役，B，CおよびEが取締役を，それぞれ務めている。甲社は，会社法上の公開会社ではなく，かつ，種類株式発行会社でもない。甲社定款には，取締役を解任する株主総会の決議は，議決権を行使できる株主の議決権の過半数を有する株主が出席し，出席した当該株主の議決権の3分の2以上にあたる多数をもって行う旨の定めがある。

甲社は，P県内に数店舗を出店した。この間，Dの子Fが，甲社の出店予定がない地方のQ県で，ハンバーガー店を営む乙株式会社（以下「乙社」という）の代表取締役として，乙社経営を始めた。乙社の発行済株式はDがすべて有しているが，Dは乙社の経営に関与していない。

甲社はその後，売上げが減少し，AとCの間に経営方針をめぐる対立が生じた。

Cは，Dと面会し，Aが仕入先からリベートを受け取っているとDに述べ，次の甲社の定時株主総会でAを取締役から解任する旨の議案を提出する予定なので，賛成してもらいたいと求めた。

Dは，甲社に見切りをつけており，自己の有する甲社株式200株（以下「D保有株式」という）を売却しようと考えていたため，Cの求めに対し回答を保留したうえ，CがD保有株式を買い取ることを求めた。Cは，資金が十分ではなかったので，Dの求めに対して回答を保留した。

その後，Dは，甲社において営業時間内にAと面会し，D保有株式をAが買い取ることを求めた。Aがこれを拒否すると，DはAが仕入先からリベートを受け取っている疑いがあり，Aの取締役としての損害賠償責任の有無を検討するため必要だとして，直近3期分の総勘定元帳およびその補助簿のうち，仕入取引に関する部分の閲覧の請求をした。これに対し，Aが，どうすればこの請求を撤回してもらえるか尋ねると，Dは，自分はすでに甲社に興味を失っており，Aがリベートを受け取っているかなど本当はどうでもよいと述べ，AのD保有株式買い取りを重ねて求めた。

以上を前提として，閲覧の請求を拒むため甲社の立場において考えられる主張とその主張の当否について，論じなさい。

【解答へのヒント】

閲覧請求を拒むための主張としては，閲覧請求の要件に該当しないとの主張が考えられます。これを検討していくため，まずは閲覧請求の根拠条文をあげましょう。次に，その条文にあげられた閲覧請求の要件を確認し，本問との関係で該当性が問題となりそうな点について検討することで，閲覧請求を拒む甲社の立場の主張とその当否について，自分なりの見解を答案に示しましょう。

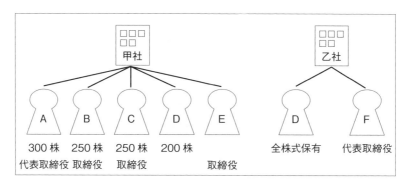

第1　Dは，会社法（以下法名省略）433条1項に基づいて，甲社の「営業時間内」に，甲社の直近3期分の総勘定元帳およびその補助簿のうち，仕入取引に関する部分という「会計帳簿」の閲覧の請求をしている。また，Dは，甲社の発行済株式1,000株のうち200株を有しており，「発行済株式……の100分の3……以上の数の株式を有する株主」にあたり，Aが仕入先からリベートを受け取っている疑いがあるからAの取締役としての損害賠償責任（423条1項）の有無を検討するために必要であるという「請求の理由」を述べている。

第2　これに対し，甲社は，DはAが仕入先からリベートを受け取っている事実を立証していないから，「請求の理由を明らかにして」いるとはいえない（433条1項柱書後段）と主張することが考えられる。この主張は認められるか，「請求の理由」たる客観的事実立証の要否が問題となる。

　　1　この点について，請求理由に掲げた事実の客観的存在の立証を要求する条文上の根拠はないし，会計帳簿閲覧請求は，そのような証明をこれから行うためにこそ存在する制度であるから，このような立証は不要であると解する。

　　2　したがって，甲社の上記主張は認められない。

第3　次に，甲社は，433条2項1号にあたると主張することが考えられる。

　　1　Dは，Aの損害賠償責任の有無を検討して，株主代表訴訟（847条）等を提起することができるため，「権利の確保又は行使に関する調査」の目的（433条2項1号）があるとも思える。そこで，433条2項1号の調査目的該当性の判断が問題となる。

　　(1)　この点について，433条2項1号の趣旨が会社の円滑な業務執行の保護と株主の正当な利益保護との調和にあるため，請求の目的が会社の業務執行阻害にある等上記趣旨に反する場合には，「権利の確保又は行使に関する調査」目的は認められないと解する。

　　(2)　本件でDは，Aの損害賠償責任の有無を検討することで，株主代表訴訟（847条）提起等の権利行使をすることができる。しかし，Dはすでに甲社に対する興味を失い，Aがリベートを受け取っているかどうかはどうでもよいと思っており，重ねてD保有株式の買取りを求めていることからすれば，Dの請求の本当の目的は，Aに対する損害賠償責任の追及を交渉材料に，AにD保有株式を買い取らせることにあるといえる。このような目的は，甲社の円滑な業務執行を不当に阻害するものであり，正当な利益保護目的とはいえず，433条2項1号の趣旨に反する。

5
10
15
20
25
30
35
40

▶問題提起
論433条1項「請求の理由」たる客観的事実の立証の要否

▶規範

▶問題提起
論433条2項1号要件該当性（権利の確保または行使に関する調査目的該当性）

▶規範

▶あてはめ

2　したがって，甲社の上記主張は認められ，Dの請求を 45
　　拒むことができる。
第4　さらに，甲社は，433条2項3号にあたると主張する ➡問題提起
　　ことが考えられる。この主張は認められるか，「実質的に
　　競争関係にある」事業を営む者への該当基準が問題となる。 論433条2項3号要件該当性（主観的意思立証の要否）

　　1　この点について，433条2項3号の趣旨は企業秘密の 50
　　　保護にあるから，「実質的に競争関係にある」事業を営
　　　む者とは広く解するべきである。そこで，同号に該当す
　　　るかは，将来的な競争関係の発生の可能性を含めて，請 ➡規範
　　　求者が会社と競業をなす者である等の客観的事実が認め
　　　られれば足り，請求者に，自己の事業に利用するなどの 55
　　　主観的意図があることを要しないと解する。

　　2　本件で，甲社と乙社はいずれもハンバーガーショップ ➡あてはめ
　　　を営んでいるが，乙社は，甲社が事業展開する関東地方
　　　から離れた近畿地方のQ県で事業を営み，甲社はQ県に
　　　出店する予定がない。しかし，乙社が関東地方に進出す 60
　　　る可能性はある。また，上記会計帳簿の情報から，甲社
　　　の取引先や仕入先が明らかになれば，甲社が独自に調合
　　　した調味料による味わいが模倣されるおそれがあり，将
　　　来事業が競合する可能性がある。したがって，乙社が甲
　　　社と実質的に競争関係にある事業を営む客観的事実が認 65
　　　められる。
　　　　また，たしかに，Dは乙社代表取締役Fの親である に
　　　すぎず，乙社の経営に関与していないが，乙社の1人株
　　　主でもあるから，乙社の経営に関与する可能性があるし，
　　　仕入先の情報を漏えいする可能性もある。そのため，D 70
　　　は甲社の業務と「実質的に競争関係にある」事業を営む
　　　者といえる。
　　3　よって，甲社の上記主張は認められ，Dの請求を拒む
　　　ことができる。
　　　　　　　　　　　　　　　　　　　　　　　　　以上 75

　　　　　　　　　　　　　　　　　　　　　　　　　　　80

　　　　　　　　　　　　　　　　　　　　　　　　　　　85

　本問の題材は，2018（平成30）年の司法試験民事系第2問設問1を改題したものである。以下は，法務省が公表した出題趣旨のうち，該当箇所を抜粋した。

　「会計帳簿の閲覧の請求の拒絶事由についての理解等を問うものである。

　設問1においては，(1)Dによる閲覧の請求が会社法第433条第1項の会計帳簿の閲覧の請求に該当すること，当該請求の要件等に言及した上で，(2)当該請求が同条第2項第1号又は第3号の拒絶事由等に該当し，甲社が当該請求を拒むことができるかどうかについて検討することが求められる。

　(2)のうち，Dによる閲覧の請求が会社法第433条第2項第1号の拒絶事由に該当するか否かを検討するに当たっては，Dが，その権利の確保又は行使に関する調査の目的でなく，D保有株式をAに買い取らせる目的で当該請求を行ったと認めることができるかどうかについて，Dの言動等の事実関係を適切に評価した上で説得的に論ずることが求められる。

　また，Dによる閲覧の請求が会社法第433条第2項第3号の拒絶事由に該当するか否かを検討するに当たっては，乙社の営む事業が甲社の『業務と実質的に競争関係にある』と認めることができるかどうかについて，甲社及び乙社はいずれもハンバーガーショップを営んでいること，甲社は関東地方のP県に，乙社は近畿地方のQ県に，それぞれ出店していること，甲社はQ県には出店する予定がないことなどの事実関係を適切に評価した上で，説得的に論ずることが必要となろう。さらに，Dが『～事業を営み，又はこれに従事するものである』と認めることができるかどうかについても，Dは，乙社の発行済株式の全部を有していること，乙社の経営には関与していないこと，乙社の代表取締役であるFと親子関係にあることなどの事実関係を踏まえて，具体的に検討することが求められる。」

論点

1　433条1項「請求の理由」たる客観的事実の立証の要否
2　433条2項1号要件該当性（権利の確保または行使に関する調査目的該当性）
3　433条2項3号要件該当性（主観的意思立証の要否）

答案作成上の注意点

1　はじめに

　閲覧請求権は，ややマイナーな分野ではありますが，裁判例も存在します。また，規範をおさえていなくとも，解答へのヒントにあるように条文の趣旨から考えて自分なりの解釈を示し，それに具体的事情をあてはめるという姿勢を守れば評価を得ることができます。マイナー分野はこのような現場思考での対処の仕方によっても差がつきやすい問題ですので，しっかりと解き方の流れをおさえておきましょう。

2　会計帳簿閲覧請求権

1　会計帳簿閲覧・謄写請求権
　本問でDは直近3期分の総勘定元帳およびその補助簿のうち，仕入取引に関する部分の閲覧の請求をしています。そして，横浜地判平成3年4月19日判時1397号114頁（会社法百選A30事件），東京地決平成元年6月22日判時1315号3頁等の裁判例によると，会計帳簿とは，計算書類と附属明細書の作成の基礎となる帳簿（総勘定元帳，仕訳帳，補助簿等）をいいます。このことから，Dの請求を法的視点からみると，会計帳簿閲覧請求権の行使ということになります。また，会社法433条1項柱書前段は，株主が一定の要件のもと，会計帳簿またはこれに関する資料の閲覧・謄写をすることができると定めており，この条文が上記請求の根拠となります。

2　会計帳簿閲覧・謄写請求権の趣旨

　会計帳簿等の閲覧・謄写請求が一定の株主に認められた趣旨は，株主がその権利を確保・行使し，また，取締役に対する責任追及の訴えを提起する場合等にその資料を得るためには，会計帳簿等を直接調査することが有効かつ必要であるという点にあります。この趣旨は，要件該当性の検討で一定の解釈を導き出す理由づけとなる部分なので，しっかりとおさえておきましょう。

3　本問の検討

　本問では，Dの請求を拒むために行うべき甲社の主張とその主張の当否について問われています。根拠条文たる433条をみると，1項後段で請求方法の要件が，また2項各号では請求拒絶できる場合が，それぞれあげられており，これらの該当性について本問では検討することになります。

③　会計帳簿閲覧請求権権利行使要件

　433条を見ると，会計帳簿等の閲覧・謄写請求の権利行使の要件を詳細に定めています。これは，会計帳簿等の閲覧・謄写請求は，株主たる資格と関係のない純個人的利益のために濫用される危険があり，しかも，その濫用的行使により原状回復がほとんど不可能な結果が生じるおそれが強いことを理由としています。

○権利行使要件

①少数株主権（433条1項前段）

> 　総株主の議決権の100分の3以上の議決権を有する株主，または発行済み株式の100分の3以上の数の株式を有する株主であること（定款の定めによってその割合の引下げは可能）

②請求の理由を明らかにすること（433条1項後段）

> 　判例は，請求の理由に関して，閲覧等を求める理由および閲覧等をさせるべき会計帳簿等の範囲を会社が認識・判断できるように，閲覧等の目的等が具体的に記載されなければならないが，株主は当該請求の理由を基礎付ける事実が客観的に存在することについての立証は要しない（最判平成16年7月1日民集58巻5号1214頁〔判例シリーズ80事件〕）としています。

③閲覧・謄写対象の特定の要否

> 　会社の利益保護の必要上，株主は，請求の際に閲覧・謄写の目的等を具体的に特定すべきです。もっとも，株主が何年度のどの帳簿というように，閲覧・謄写の対象まで具体的に特定して請求しなければならないか否かについては争いがあります。
> 　この点に関して，高松高判昭和61年9月29日判時1201号64頁は閲覧等請求を行うにあたり必要な帳簿等を特定することが困難であるとはいいがたいとして，閲覧等の対象を具体的に特定する必要があるとしています。

④　拒絶要件

　433条2項柱書では，例外的に各号に該当する場合を除き，会計帳簿等の閲覧・謄写請求を拒むことはできないとして，会社側が列挙された拒絶事由該当性を立証した場合にのみ，請求を拒むことができるものとしています。これは，上記のように請求が株主の権利保護上真に必要な場合にのみ認められるべきとする一方で，取締役が権利濫用を口実にして，不当に株主の請求を拒否することを防ぐ必要があることを理由としています。

○拒絶要件

①請求者がその権利の確保または行使に関する調査以外の目的で請求を行ったとき（433条2項1号）

> 　433条2項1号該当性が問題となる判例として，前掲最判平成16年7月1日があります。この判例では，株式譲渡制限会社における株主・社員が株式等の譲渡手続に適切に対処するためその株

式等の適正な価格を算定する目的でした会計帳簿等の閲覧等請求は，特段の事情がないかぎり，株主等の権利の確保または行使に関して調査をするために行われたものであって，同号の拒絶事由に該当しないとしています。本問の事情は判例とは異なるものですが，DのAがリベートを受け取っているかどうかなどはどうでもよく，不要な保有株式を買い取らせるための手段として閲覧請求権行使をしたことは問題となりそうです。同号の趣旨を自分なりに考え，一定の解釈を導いて，その解釈事情にあてはめることを行いましょう。

②請求者が当該株式会社の業務の遂行を妨げ，株主の共同の利益を害する目的で請求を行ったとき（433条2項2号）

③請求者が当該株式会社の業務と実質的に競争関係にある事業を営み，またはこれに従事するものであるとき（433条2項3号）

433条2項3号該当性については，会社側は，請求者が「会社の業務と実質的に競争関係にある事業を営」む等の客観的事実に加え，閲覧等により知りうる情報を自己の事業に利用する等の主観的意図があることをも立証しなければならないかについて争いがあります。

この点に関して，最決平成21年1月15日民集63巻1号1頁（会社法百選78事件）は，同号は1号，2号と異なり，文言上，主観的意図の存在を要件としていないこと，閲覧等を請求した時点でこのような意図を有していなかったとしても，閲覧などによって得られた情報が将来において競業に利用される危険性は否定できないとしていることから，3号に該当するためには，閲覧等を請求した株主が会社と競業をなす者であるなどの客観的事実が認められれば足り，当該株主に会計帳簿などの閲覧によって知りうる情報を自己の競業に利用する等の主観的意図があることの立証は要しないとしています。

5 おわりに

本問は，比較的マイナーな論点であり，どのようなことを書くべきか迷ったかもしれません。しかし，論点がわからなくても，本問ではDの請求根拠条文を探し，その要件をみたすかどうかという視点から条文をよくみると，拒絶要件等問題となりそうな条文の文言が見つかります。条文を大切にするという基本的姿勢が問われる問題でもあったと思います。この点がしっかりとできていたか，もう一度確認してみてください。

また，論証を事前におさえていない場合に規範を自分で立てる際は，必ず趣旨から出発することを意識すべきです。趣旨から出発すれば，大きく流れから外れた展開を記載してしまうことをさけることができます。この点も今後意識しておきましょう。

【参考文献】
試験対策講座・会社法9章1節④【1】・【2】。判例シリーズ80事件。全条解説・会社法433条。

第10問 A   名義書換えの不当拒絶

> 　甲は，乙株式会社（株券発行会社であり，発行済株式総数は500万株である）の株式1万株を証券会社を通じて購入し，株券を呈示して株主名簿の名義書換えを請求したが，乙会社は，当該株券につき株主名簿上の株主から盗難届がだされていることを理由に，名義書換えを拒絶した。その後，300万株の株式を有する株主が出席した乙会社の株主総会において，200万株の株式を有する株主の賛成で取締役選任の決議がされたが，甲には，その総会の招集通知が発せられていなかった。乙会社の株主丙は，甲に招集通知が発せられなかったことを理由に，その決議の取消しを求める訴えを提起した。
>
> 　この請求は認められるか。

【解答へのヒント】

1　甲は株主総会の招集通知が発せられた時点で名義書換えを完了していませんが，それは盗難届がだされていることを理由に乙社が名義書換えを拒絶したからです。このような場合にも，甲に招集通知を発する必要はないのでしょうか。

2　乙社は甲に総会の招集通知を発していませんが，丙に招集通知が発せられなかったわけではありません。丙は甲に対する招集通知漏れを理由に決議取消しの訴えを提起できるのでしょうか。

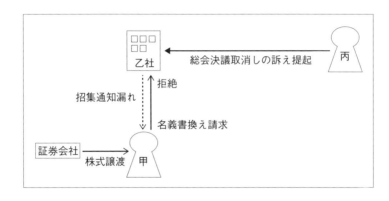

第1　丙の請求が認められるためには，①決議取消原因（会
　　社法831条1項1号。以下「会社法」法名省略）があり，
　　②丙が「株主等」（同条項前段）にあたり，③裁量棄却
　　（同条2項）されないことが必要である。
第2　本件総会では，甲に対して招集通知（299条1項）が　　5
　　発せられていない。
　　　そこで，まず，「招集の手続」が「法令」に違反すると
　　して，①決議取消原因があるといえないかについて検討す
　　る。
　1　この点について，甲は株主総会の招集通知が発せられ　　10
　　　た時点で，名義書換えを完了していなかったのであるか
　　　ら，甲は乙会社に対し，乙会社の株主であることを対抗
　　　できず（130条2項・1項），乙会社は甲に招集通知を発
　　　する必要がないのが原則である。そうすると，甲に招集
　　　通知が発せられなくとも，「招集の手続」は「法令」に　　15
　　　違反しないとも思える。
　2　そうだとしても，甲が株主名簿上の株主とされていな
　　　かったのは，甲が株券を呈示して株主名簿の名義書換え
　　　を請求した（133条1項）にもかかわらず，乙会社が株
　　　主から盗難届がでていることを理由に名義書換えを拒絶　　20
　　　したことによる。
　　　　そこで，かかる乙会社の行為が不当拒絶にあたり，名
　　　義書換え未了であっても株主たる地位を乙会社に対抗で
　　　きるとして，甲に招集通知が発せられなかった本件にお
　　　ける「招集の手続」は「法令」に違反するものといえな　　25
　　　いか。
　　(1)　まず，株券につき盗難届がでていることを理由に名
　　　　義書換えを拒絶することが名義書換えの不当拒絶にあ
　　　　たるかが問題となる。

> 　　　株券の占有者は適法な所持人と推定され（131条1　　30
> 　　項），会社としても株券の所持人の名義書換えに応じ
> 　　れば免責される以上，実質的権利者でないことを会社
> 　　が立証して拒絶した場合以外は，不当拒絶にあたると
> 　　解する。

　　　　これを本件についてみると，株券について盗難届が　　35
　　　だされていることを理由に名義書換えを拒絶している
　　　が，甲が善意取得（131条2項）する場合もあるから，
　　　盗難届がだされているという事実だけでは，甲が実質
　　　的権利者でないことを立証したとはいえない。
　　　　したがって，乙会社が甲の名義書換請求を拒絶した　　40
　　　ことは不当拒絶にあたる。
　　(2)　次に，乙会社の名義書換え拒絶が不当拒絶にあたる
　　　　として，甲は乙会社に対し，名義書換え未了のまま株
　　　　主たる地位を対抗できるかが問題となる。

➡️問題提起
📖株券の場合の不当拒絶該当性

➡️規範

➡️あてはめ

➡️問題提起
📖名義書換えの不当拒絶と名義
　書換え未了の株式譲受人の地位

株主名簿の制度（121条以下）の趣旨は，多数のか 45
つ絶えず変動しうる株主の取扱いに関する会社の事務
処理上の便宜を図る点にあるから，名義書換えの義務
を怠った会社がその不利益を株式譲受人に帰するのは
信義則（民法1条2項）に反する。
　　　そこで，名義書換えの不当拒絶の場合には，名義書 50
換え未了の株主は会社に対して株主であることを対抗
できると解する。

⮕規範

　　　したがって，甲は，名義書換え未了のまま株主たる

⮕あてはめ

地位を乙会社に対抗できる。
　⑶　そうすると，乙会社は甲に招集通知を発しなければ 55
　　ならなかったにもかかわらず，本件では，甲に招集通
　　知が発せられていないことになる。
　3　よって，「招集の手続」が「法令」（299条1項）に違
　　反した（831条1項1号）といえ，①決議取消原因があ
　　るといえる。 60
第3　そうだとしても，招集通知が発せられなかったのは丙
　　ではなく甲である。そこで，丙が，②「株主等」（831条1

⮕問題提起

　　項前段）にあたるか。「株主等」の意義が問題となる。

論他の株主に対する招集手続の瑕疵と決議取消しの訴え

　1　株主総会決議取消しの訴えの制度は，株主総会の公正
　　を確保するためのものである。そして，決議が公正に行 65
　　われることを求める利益は株主であれば有しており，自
　　己の権利を害された株主のみが有するものではない。ま
　　た，831条1項前段は，「株主等」と規定するのみで何ら
　　の制限も設けていない。
　　　そこで，自己の権利が害されたわけではない株主も 70

⮕規範

　　「株主等」にあたると解する。
　2　したがって，丙も，②「株主等」にあたる。
第4　そうすると，丙の請求は原則として認められるが，本

⮕問題提起

　　件の決議取消原因は「招集の手続」が「法令」に違反する

論裁量棄却の可否

　　ことを根拠とするものであるところ，裁判所により裁量棄 75
　　却（831条2項）されえないかが問題となる。
　1　まず，甲の有する株式は1万株であり，発行済株式総
　　数の500分の1について招集通知漏れがあったにすぎな
　　いから，「違反する事実が重大でな」いといえる。
　2　また，発行済株式総数500万株のうち300万株の株式を 80
　　有する株主が出席し，200万株の株式を有する株主の賛
　　成で決議がなされているのだから，1万株の株主である
　　甲が出席したとしても株主総会の決議の結果が左右され
　　ることはない。そのため，「決議に影響を及ぼさない」
　　といえる。 85
　3　したがって，裁量棄却されうる。
第5　よって，丙の請求は原則として認められるが，裁量棄
　　却されうる。　　　　　　　　　　　　　　　　以上

出題趣旨

本問の題材は，旧司法試験の1986（昭和61）年度第1問を改題したものである。

名義書換えの不当拒絶や総会決議取消しの訴えについての基本的な理解を問うものである。名義書換えの不当拒絶については2011（平成23）年予備試験で出題されており，今後司法試験でも出題される可能性がある。そこで，確認の意味を込めて出題した。

論点

1　株券の場合の不当拒絶該当性
2　名義書換えの不当拒絶と名義書換え未了の株式譲受人の地位
3　他の株主に対する招集手続の瑕疵と決議取消しの訴え
4　裁量棄却の可否

答案作成上の注意点

1　名義書換えの不当拒絶

1　本問では，甲に対して株主総会の招集通知が発せられていませんが，甲は名義書換え未了の株式譲受人なので，乙会社に対し，乙会社の株主であることを対抗できず（会社法130条2項・1項），乙会社は甲に招集通知を発する必要がないのが原則です。まずは原則論をおさえるようにしましょう。

もっとも，甲が株主名簿上の株主とされていなかったのは，甲が株券を呈示して株主名簿の名義書換えを請求した（133条1項）にもかかわらず，乙会社が株主から盗難届がでていることを理由に名義書換えを拒絶したからです。そこで，このような乙会社の行為が不当拒絶にあたり，名義書換え未了であっても株主たる地位を乙会社に対抗できないかが問題となります。

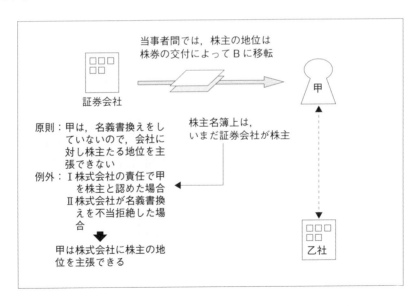

2　まずは，乙会社の行為が不当拒絶にあたることを認定する必要があります。

株券発行会社の場合には，株券を占有する者は適法な権利者と推定されます（131条1項）。

したがって，株式譲受人が株式会社に対し株券を呈示して名義書換えを請求した場合には，次の①から③までに該当するときを除き，名義書換えの拒絶は，原則として不当拒絶にあたります。

①134条柱書本文にあたるとき

②実質的権利者でないことを立証したとき

③株券喪失登録（221条）がされているとき

　本問では，乙会社は株主から盗難届がでていることを理由に名義書換えを拒絶していますが，盗難届がだされているからといって盗難の事実が本当にあったかは明らかではありません。また，かりに盗難が本当であったとしても，当該株券につき善意取得（131条2項）が成立している可能性があります。

　したがって，乙社は甲が実質的権利者でないことを立証したとはいえず，上記①から③までのいずれにも該当しないので，乙会社の行為は不当拒絶にあたります。

3　次に，株式会社が名義書換えを不当に拒絶した場合の効果が問題となります。

　株主名簿の確定的効力は，集団的法律関係を画一的に処理するための株式会社の便宜のための制度にすぎないので，名義書換えの義務を怠った株式会社がその不利益を株式譲受人に負わせるのは信義則（民法1条2項）に反します。

　したがって，株式会社が名義書換えを不当に拒絶した場合には，名義書換え請求者は，株式会社に対し損害賠償を請求できるのみならず，名義書換えなしに株主であることを主張することができます（最判昭和41年7月28日民集20巻6号1251頁〔判例シリーズ16事件〕）。

② 他の株主に対する招集手続の瑕疵と決議取消しの訴え

　本問で，株主総会の招集通知が発せられなかったのは丙ではなく甲です。そうだとすれば，招集を受けなかったという甲への手続的瑕疵との関係では丙は第三者にすぎません。そこで，他の株主に対する招集通知（299条）漏れを理由として決議の取消しの訴えを提起することができるかが問題となります。

　この点について，招集通知は各株主の利益，すなわち出席の機会と準備の余裕を与える制度であるから，自己に対する瑕疵のみを主張することができるにすぎないのであって，他の株主に対する招集手続の瑕疵を理由として決議の取消しの訴えを提起することはできないという見解があります。しかし，決議の取消しの訴えは，個々の株主の利害を超えて，公正な決議を保持するための制度です。そして，他の株主に対する招集手続の瑕疵であろうと，決議の公正が害されるおそれがあることに変わりないといえます。

　したがって，他の株主に対する招集通知漏れを理由として決議の取消しの訴えを提起することができると解すべきです（最判昭和42年9月28日民集21巻7号1970頁〔判例シリーズ41事件〕）。しかも，このように解することが，831条1項柱書前段が単に「株主等」と規定し，何らの限定も付していないことにも合致します。

　よって，丙は甲への招集通知漏れを理由として決議の取消しの訴えを提起することができます。

③ 裁量棄却の可否

　本件の取消事由は招集手続の法令違反であるので，裁量棄却（831条2項）の可否についても論じる必要があります。

　決議に取消事由がある場合であっても，取消事由が招集手続または決議方法の法令・定款違反であるときには，裁判所は，①その違反する事実が重大でなく，かつ，②決議に影響を及ぼさないものと認めるときは，決議の取消請求を棄却することができます。

　このように，裁判所による裁量棄却は，上記①②の要件の両方をみたす必要があることに注意しておきましょう。

　本問では，甲の有する株式は1万株であり，発行済株式総数の500分の1について招集通知漏れがあったにすぎないので，「違反する事実が重大でな」いといえます。

　また，発行済株式総数500万株のうち300万株の株式を有する株主が出席し，200万株の株式を有する株主の賛成で決議がされているので，1万株の株主である甲が出席したとしても株主総会の決議の結果が左右されることはありません。そのため，「決議に影響を及ぼさない」といえます。

したがって，上記①②の要件の両方をみたすので，裁量棄却される可能性があります。

決議の取消しの訴え

提訴期間	・総会決議の日から３か月以内に提訴する必要（831Ⅰ柱書前段） 　→それ以降は，新たな取消原因の追加も不可（最判昭和51年12月24日民集30巻11号1076頁〔判例シリーズ42事件〕） ・なお，株主総会決議無効確認訴訟において，無効原因として主張された瑕疵が取消原因に該当し，しかも，その訴えが決議の取消しの訴えの原告の適格・提訴期間等の要件をみたしているときは，たとえ決議の取消しの主張が提訴期間経過後にあっても，提訴期間を遵守したものとして扱う（最判昭和54年11月16日民集33巻7号709頁〔判例シリーズ48事件〕）
提訴権者	・他の株主に対する招集通知漏れを理由として取消しの訴えを提起することもできる（前掲最判昭和42年9月28日） ・議決権制限株主や単元未満株主も，①決議の内容が定款に違反する場合（831Ⅰ②）や②特別利害関係人が議決権を行使した結果著しく不当な決議がされた場合（831Ⅰ③）には，決議の取消しの訴えを提起することができる（解釈）
裁量棄却	・営業（事業）の重要な一部の譲渡についての株主総会の招集通知に議案の要領の記載がない場合には，違法が重大ではないとはいえ，取消請求を棄却できない（最判平成7年3月9日判時1529号153頁）

【参考文献】

試験対策講座・会社法5章6節②【4】，8章2節⑥【1】(3)(b)。判例シリーズ16事件，41事件，42事件。
全条解説・会社法130条②2(3)。

　製パン事業を営むX株式会社（以下「X社」という）は，資本関係のない食品大手のY株式会社（以下「Y社」という）が保有する製パン工場の1つであるA工場をのれんも含めて取得し，これを直営したいと考えている。A工場（のれんも含む。以下同じ）の評価額は，複数の証券アナリストに評価させたところ，5億円であった。

　X社の経営陣は，今後Y社と資本関係をもつことで，Y社からノウハウの提供等を受けることを期待することができると考え，A工場を現金ではなくX社株式50万株で取得することを希望してY社の経営陣と交渉を行ったが，最終的に，両社の経営陣は，X社がY社からA工場をX社株式60万株で取得すること（以下「本件取得」という）に合意した。

　なお，X社は，発行可能株式総数が300万株，発行済株式総数が200万株，純資産額が20億円であり，X社株式の価値は1株あたり1,000円であり，本件取得によってY社の有する議決権の数がX社の総株主の議決権の過半数を超えることはなかったものとする。また，X社は，公開会社であるが，指名委員会等設置会社や監査等委員会設置会社でも種類株式発行会社でもないものとする。

　本件取得を実行するには，X社の側では，どのような手続をとればよいか。次の2つの方法について，検討せよ。
1　本件取得に反対するX社の株主が，X社に対して，その有するX社株式の買取請求をすることを認める方法
2　本件取得に反対するX社の株主が，X社に対して，その有するX社株式の買取請求をすることを認めない方法

【解答へのヒント】
1　方法1について
　　そもそも，会社法上反対株主の買取請求が認められる場合というのはかぎられています。そのなかから本問にとって適切な手段を選びだし，検討していくことになりそうです。
2　方法2について
　　逆に，反対株主の買取請求が認められない場合というのは，1の方法以外の場合ということになりますから，そのなかから本問にとって適切な手段を選びだし，検討していくことになりそうです。

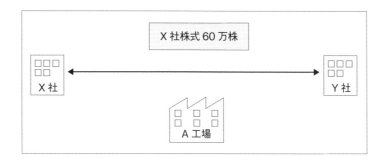

答案例

第1　方法1について

1　X社は，吸収分割（会社法2条29号，757条以下。以下法名省略）の方法により，株式の買取請求を認めつつ本件取得を実行できる。以下，手続を検討する。

(1)　まず，X社は，取締役会決議（362条4項柱書参照）に基づき，Y社との間で，両社の「商号及び住所」（758条1号），「承継する資産」たるA工場に関する事項（同条2号），発行可能株式総数の範囲内である「株式の数」60万株または「算定方法」（同条4号イ）等を定めた「吸収分割契約」を締結し（757条），その契約内容等を記載した書面を本店に備えおくことを要する（794条1項）。

(2)　次に，本件取得は簡易分割ではなく（796条2項本文参照），X社は株主総会特別決議により契約承認を受ける必要がある（795条1項，309条2項12号）。

(3)　また，少数派株主には，反対株主の株式買取請求権が認められている（797条1項本文）ところ，X社は「反対株主」（同条2項各号）に対し，法定事項の通知または公告を行い（同条3項，4項各号），買取請求者と協議が調えば一定期間内に支払い（798条1項），協議が調わなければ裁判所に価格決定を申し立てることができる（同条2項）。

(4)　また，会社財産の不当流出からの債権者保護のため債権者保護手続（799条）をとる必要がある。債権者が異議を述べることができる場合（同条1項2号），法定事項を公告し，一定の債権者には各別に催告する必要がある（同条2項）。そして，債権者が異議を述べた際は，X社は原則当該債権者に対して弁済等をしなければならない（同条5項）。

(5)　さらに，X社は，吸収分割登記（923条），発行済株式の総数につき変更登記をしなければならない（909条，915条1項，911条3項9号）。

(6)　また，吸収分割の無効の訴え（828条1項9号）を提起するための資料を与えるべく，X社は，791条1項1号の書面または電磁的記録を一定期間本店に備え置かなければならない（801条3項2号）。

2　以上のように吸収分割手続をとることにより，X社は株式の買取請求を認めつつ本件取得を実行できる。

第2　方法2について

1　X社は，Y社に対して第三者割当てにより募集株式を発行し，A工場の現物出資を受けるという方法により，株式の買取請求を認めずに本件取得を実行できる。

まず，本件取得は，事後設立（467条1項5号）にあたらないかぎり，この点につき株主総会の特別決議を要

しない（309条２項11号参照）。もっとも，A工場の評価額は５億円もの高額にのぼり，X社の純資産額の４分の１もの割合を占めるため，本件取得は「重要な財産の」「譲受け」（362条４項１号）にあたる。そのため，X社はこの点について取締役会決議を要する。

2　次に，「公開会社」たるX社は，募集株式に関する事項（199条１項各号）を取締役会決議で定めればよいのが原則である（201条１項，199条２項）。

⑴　もっとも，払込金額が「特に有利な金額」（199条３項）にあたれば，株主総会の特別決議を要し（201条１項前段，309条２項５号），取締役は説明義務を負うので（199条３項），同文言の意義が問題となる。

➡問題提起
論「特に有利な金額」の意義

⑵　199条３項の趣旨は，既存株主の経済的損失回避にある。そこで，「特に有利な金額」とは，時価を基準とした公正価額より特に低い価額をいい，公正価額とは，資本調達の目的が達せられる限度で既存株主にとってもっとも有利な価額をいうと解する。

➡規範

⑶　本問において，本件払込金額は，両社経営陣による交渉のもと，A工場の評価額のみならずノウハウの提供等に対する対価を含めて合意にいたったものと思われ，一定程度払込金額が低くなることはやむをえないといえる。しかし，X社の株式の時価は１株あたり1,000円であるところ，Y社は時価より約17パーセントも低い約833円で取得しており，上記事情を考慮しても資本調達の目的が達せられる限度で既存株主にとって特に有利な価額より更に低い価額である。

➡あてはめ

したがって，「特に有利な金額」にあたる。

3　よって，X社は株主総会の特別決議を要し，取締役は説明義務を負う。

さらに，X社は，会社財産不当流出防止のため，207条９項４号所定の者から価額相当性につき証明を受けた場合を除き，裁判所に対し，検査役選任申立てをする必要がある（同条１項）。また，変更の登記をする必要がある。

4　よって，第三者割当てによる募集株式の発行およびA工場の現物出資を受ける手続により，X社は株式買取請求を認めず本件取得を実行できる。

以上

本問は，旧司法試験の2009（平成21）年度第1問を改題したものである。

　株式会社が他の株式会社の事業の一部を自社の株式を対価として取得する場合に取得する株式会社においていかなる手続が必要となるかが問題となる。解答に際しては，取得に反対する株主に株式買取請求を認める手法としては吸収分割が，同請求を認めない手法としては現物出資による募集にかかる株式の発行・自己株式の処分が考えられることを示したうえで，後者の手法においてはいわゆる有利発行に該当することも考慮しつつ，それぞれ必要となる手続について整合的な論述をすることが求められる。

論点

1　吸収分割
2　「特に有利な金額」の意義

答案作成上の注意点

1　反対株主等の株式買取請求権が認められる場合

1　問題文中に「本件取得に反対するX社の株主が，X社に対して，その有するX社株式の買取請求をすることを認める方法」とあることから，反対株主の株式買取請求権が認められる方法が何かを当然検討していくことになります。

　そもそも，会社法上反対株主の株式買取請求権が認められる場合は以下の6つにかぎられています（⑥の株式交付は，令和元年の会社法改正で新設されました）。

---

①事業の全部または重要な一部の譲渡等の決議（469条，470条）
②一定の定款変更決議（116条1項，117条）
③1株未満の端数が生ずる株式の併合の決議（182条の4第1項，182条の5）
④合併の決議
⑤新設分割・吸収分割の決議
⑥株式交換・株式移転・株式交付の決議
　（以上④⑤⑥については，785条，786条，797条，798条，806条，807条，816条の6，816条の7）

2　このうち，本件取得と関係がありそうなのは①と⑤ですが，①の事業譲渡に関する反対株主の買取請求権は，事業を譲り受ける会社の株主の場合，相手方会社の事業の全部を譲り受ける場合でないと認められません。

　詳しく解説すると，①の場合の根拠条文の469条1項をみると，「事業譲渡等をする場合」には，反対株主の株式買取請求が認められるとあり，468条1項をみると，「同条（467条をさしています）第1項第1号から第4号までに掲げる行為」を「事業譲渡等」としています。そして，467条1項の1号から4号までにおいて事業の譲受けについて規定されているのは，3号の「他の会社……の事業の全部の譲受け」しかありません。

　すなわち，事業の一部を譲り受けることは，「事業譲渡等」にあたらないため，反対株主の株式買取請求権も認められないということになります。

3　したがって，本問で検討すべきは吸収分割（757条）になります。その際に必要な手続は答案例のとおりであるため，ここでは割愛します。

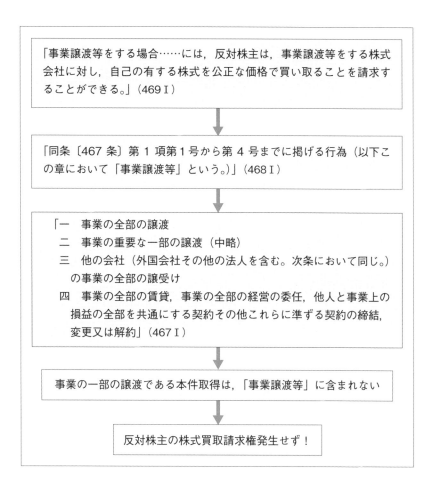

「事業譲渡等をする場合……には，反対株主は，事業譲渡等をする株式会社に対し，自己の有する株式を公正な価格で買い取ることを請求することができる。」（469Ⅰ）

「同条〔467条〕第1項第1号から第4号までに掲げる行為（以下この章において「事業譲渡等」という。）」（468Ⅰ）

「一　事業の全部の譲渡
二　事業の重要な一部の譲渡（中略）
三　他の会社（外国会社その他の法人を含む。次条において同じ。）の事業の全部の譲受け
四　事業の全部の賃貸，事業の全部の経営の委任，他人と事業上の損益の全部を共通にする契約その他これらに準ずる契約の締結，変更又は解約」（467Ⅰ）

事業の一部の譲渡である本件取得は，「事業譲渡等」に含まれない

反対株主の株式買取請求権発生せず！

② 反対株主の株式買取請求権が認められない場合

1　裏を返せば，上記の6つ以外の方法を用いれば，反対株主の株式買取請求権は発生しないことになります。上記の事業譲渡の方法を用いる方法も考えられますが，「事業の……譲渡」にあたるかは本問では事情がなく不明です。
2　ここで考えられる方法としては，Y社にA工場を現物出資してもらい，Y社に対して募集株式を発行するといった方法があげられます。もっとも，5億円の価値のA工場に対し，1株1,000円であるX社株式を60万株（＝6億円の価値）発行するわけですから，いわゆる有利発行の問題が生じます。有利発行の問題については，第12問で詳しく解説します。

③ おわりに

　会社法にかぎりませんが，条文で使われている文言の定義規定をきちんとおさえておくことは重要です。答案上も定義規定が別に存在する場合はその条文まで含めて引用するのがベストです。特に会社法は，○○等といったかたちで何度も繰り返しでてくる文言を初出の部分で定義づけをしていることが多く，しかもまったく想像もできない意味が含まれていることが多々あります。今回の「事業譲渡等」についても，普通は事業を譲り渡すことを想像されると思われますが，先ほどみたように「事業譲渡等」468条には「事業の全部の譲受け」（3号）や「事業の全部の賃貸」（4号）なども含まれます。定義規定をきちんとおさえないと，このような「事業の全部の譲受け」などの場合にも469条の対象となることを見落としてしまいます。
　また，「事業譲渡等」のように条文の近くにあったり，2条付近でまとめて定義されているものはよいのですが，場合によっては50条近く離れていたりすることもあるため，普段よく使う条文の

定義規定がどこにあるのかをだいたいの位置はおさえておく必要があります。

【参考文献】
試験対策講座・会社法6章2節②【1】(1)・【3】(3)，14章2節③【1】。全条解説・会社法199条③2，第5編第3章総説⑤。

第12問 A　新株発行無効原因

　公開会社であるP株式会社（以下「P社」という）の代表取締役Aは，第三者割当ての方法で，取引先Q株式会社に対し，払込金額50円で大量に募集株式を発行した（ただし，当該募集株式の発行によりQ社がP社の総株主の議決権の過半数を取得するにいたるものではなかった）。P社株式株価は，過去1年間1,000円前後で推移していたが，この募集株式の発行により，大幅に下落するにいたった。ところで，この募集株式の発行は，取締役会の決議を経て，株主に対する公示が行われていたが，株主総会の決議を経ないままされたものであった。

　P社の株主Bは，会社法上どのような手段を採ることができるか。募集事項の公示がされていなかった場合はどうか。

【解答へのヒント】

1　払込金額50円という安価な価額でQ社に対し大量に募集株式が発行されているので，Bとしては，本件募集株式の発行の効力を否定したいと考えるはずです。

　本問では，株主総会の決議を経ずに募集株式の発行が行われています。まずは，そもそも株主総会の決議を経る必要があったのか検討する必要があります。そのうえで，本件新株発行に無効事由があるか検討してみましょう。

　設問後段では，株主に対する公示も行われていませんが，このような事情により設問前段と結論が変わるでしょうか。

2　また，BはAなどの関係者に対し民事上の責任を追及することができないでしょうか。

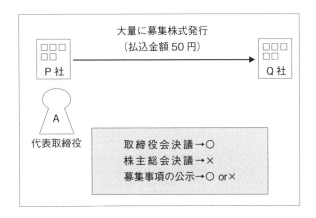

第1　設問前段について

1　本件では，すでに募集株式が発行されているので，B
は，株式発行無効の訴え（会社法828条1項2号。以下
法名省略）を提起する手段をとると考えられる。

　　この訴えが認容されるためには，本件発行に無効事由
が存在する必要があるところ，法は，無効事由について
明文をおいていないため，その意義は解釈による。

> この点，株式引受人の取引の安全の要請および資金調
> 達が無効とされる場合に生じる混乱の懸念から，無効事
> 由は，重大な法令・定款違反に限定すべきである。

(1)　まず，法令違反の有無を検討するに，本件発行が有
利発行（199条3項）にあたる場合，株主総会の特別
決議を経る必要がある（201条1項前段，199条2項，
309条2項5号）が，本件ではこれを経ていない。

　　そこで，本件発行は，有利発行にあたるか，「特に
有利な金額」の意義が問題となる。

> ア　この点について，199条3項は既存株主の経済的
> 損失を回避するための規定であるから，「特に有利
> な金額」とは，時価を基準とした公正価額より低い
> 発行価額のことをいうと解される。そして，公正価
> 額とは，資金調達目的が達せられる限度で既存株主
> にとり，もっとも有利な価額をいうと解する。

イ　本件の50円という払込金額は，過去1年間の時価
1,000円前後の約20分の1という低廉価額なので，
「特に有利な金額」に該当し，総会決議を経ず行わ
れたP社の本件発行は，上記法令に違反する。

(2)　そうだとしても，株主総会の決議を欠く有利発行は，
重大な法令違反といえるか。

> この点につき，公開会社の譲渡制限のない株式は，
> 発行後，転々流通するので，株式の転得者を保護する
> 必要性が高い。また，既存株主の保護は，株式引受人
> の引受填補責任（212条1項）や取締役に対する損害
> 賠償請求（423条，429条），あるいは株式発行の差止
> 請求（210条1号）で図ることが可能である。
> したがって，株主総会の決議を欠く有利発行は，重
> 大な法令違反とはいえず，無効事由とならない。

(3)　よって，本件発行には，無効事由は存在せず，Bは，
上記手段を採ることはできない。

2　次に，本件の払込金額は，過去1年間の時価1,000円
の約20分の1という低廉価額であり，「著しく不公正な
払込金額」（212条1項1号）といえ，Q社がP社の取締
役と通じていた場合，Bは，P社に代わって責任追及の
訴え（847条1項，3項）を提起し，Q社に対し，株式
の公正な価額との差額に相当する金銭をP社に支払うよ

5

10

15

20

25

30

35

40

➡️問題提起
🔲新株発行の無効原因
➡️規範

➡️問題提起
🔲「特に有利な金額」の意義
➡️規範

➡️あてはめ

➡️問題提起
🔲株主総会特別決議を欠く第三者への有利発行

➡️規範

➡️あてはめ

う求めるという手段を採ることができる。　　　　　　　　　45

3　また，Bは，AやP社の役員等に対し429条1項に基づ
く損害賠償請求をする手段を採ると考えられる。

⑴　本件発行により株価が大幅に下落しているため，株
主であるBに直接「損害」が生じている。

⑵　また，直接損害が生じている以上株主を第三者から　　50
除外する理由はなく，Bは「第三者」に該当する。

⑶　次に，本件Aに悪意または重過失があるといえるか，
「悪意又は重大な過失」の対象が問題となる。

> ア　この点，429条1項の趣旨は，株式会社が経済社
> 会において重要な地位を占めており，その活動は役　　55
> 員等に依存していることから，第三者を保護すべく
> 特に役員等の責任を加重することにある。
>
> そうだとすれば，「悪意又は重大な過失」の対象
> は任務懈怠に存すれば足りると解する。

イ　本件発行は，有利発行であるのに，株主総会決議　　60
を経ていない点で，任務懈怠が存する。また，時価
1,000円前後の株式を50円で発行することは明らか
に有利発行に該当する以上，このような任務懈怠に
つき「悪意又は重大な過失」が認められる。

⑷　よって，Bは，Aに対して429条1項に基づく損害賠　　65
償請求をするという手段を採ることができる。

また，ほかの役員等に対しても，上記要件をみたす
かぎり同様の手段を採ることができる。

第2　設問後段について

1　Bは，株式発行無効の訴えを提起するという手段を採　　70
ることが考えられる。では，募集事項の公示（201条3
項，4項）がなされなかったことは無効事由となるか。

> この点について，201条3項および4項の趣旨は，株
> 主に株式発行の差止請求権行使の機会を付与することに
> ある。　　　　　　　　　　　　　　　　　　　　　　　75
>
> そうだとすれば，差止事由が存するのに公示がされな
> かった場合には，当該趣旨を没却することになるため，
> 重大な法令違反といえ，これが無効事由となると解する。

これを本件についてみると，株主総会の決議を欠く有
利発行という法令違反があり，差止事由が存するにもか　　80
かわらず，公示がなされていないため，無効事由がある。

よって，Bは，上記手段を採ることができる。

2　また，設問前段同様，Bは，株式引受人の引受填補責
任の追及や429条1項に基づく損害賠償請求をするとい
う手段を採ることができる。　　　　　　　　　　　　　85

以上

➡問題提起
🔢「悪意又は重大な過失」の意義

➡規範

➡あてはめ

➡問題提起
🔢募集事項の公告を欠く新株発行

➡あてはめ

本問の題材は，旧司法試験の2004（平成16）年度第1問を改題したものである。

株式会社において違法な新株発行が行われた場合に，不利益を受ける既存株主には，会社法上どのような救済手段が存在するかを問うものである。具体的には，株主総会の特別決議を経ることなく，株主以外の者に対し特に有利な価額で新株が発行された場合に，既存株主は，当該新株発行の効力を争うことができるか，関係者の民事責任を追及することができるか，当該新株発行事項の公示がされていなかった場合はどうかについて，判例・学説の状況を理解したうえで，整合的に論述することが求められる。

論点

1　新株発行の無効原因
（1）　株主総会特別決議を欠く第三者への有利発行
（2）　募集事項の公告を欠く新株発行
2　「特に有利な金額」の意義
3　「悪意又は重大な過失」（会社法429条）の意義

答案作成上の注意点

① 「特に有利な金額」の意義

P社は公開会社（2条5号）なので，取締役会の決議によって募集事項の決定をすることができるのが原則です（199条，201条）。

もっとも，既存株主の利益保護のため，公開会社であっても，払込金額が募集株式を引き受ける者に「特に有利な金額」である場合には，株主総会の特別決議が必要となります（199条2項，201条1項，309条2項5号）。

ここで，「特に有利な金額」とは何かが問題となります。

この点について，「特に有利な金額」とは，公正価額と比較して，特に低い価額をいうと解されています。

そこで次に，何が公正価額かが問題となりますが，新株発行の場合は，旧株主の利益と株式会社が有利な資金調達を実現するという利益との調和の観点から，新株の発行により企図される資金調達の目的が達せられる限度で既存株主にとりもっとも有利な金額をいうと解されます（東京高判昭和46年1月28日高民24巻1号1頁）。

実務上の慣行からして，公正な価額を数パーセント下回る程度であれば，「特に有利な金額」ではないといちおう推定されます。前述の裁判例も，公正な価額（通常は時価）を基準として1割程度低くても「特に有利」とはいえないと解しています。また，その後の裁判例（東京地判平成16年6月1日判時1873号159頁〔判例シリーズ25事件〕）は，公正な発行価額というには，その価額が，原則として，発行価額決定直前の株価に近接していることが必要であるとしています。

これを本件についてみると，50円という払込金額は，過去1年間の時価1,000円前後の約20分の1という低廉な価額なので，「特に有利な金額」にあたるのは明らかです。

したがって，株主総会特別決議が必要となります。

② 新株発行無効の訴え

1　新株発行の無効事由
　新株発行の無効事由については，明文の規定がなく解釈に委ねられています。
　この点について，新株発行がすでに効力を生じた後に無効と解すると，新株主や第三者に不測

の損害を与えてしまいかねないし，拡大された規模で営業活動を開始していた場合には，株式会社や取引先などで混乱が生じる危険があります。そこで，新株発行の無効事由は，重大な法令・定款違反にかぎられると解されています。

したがって，無効原因を検討する際には，法令・定款違反があることと，それが重大であることとを分けて論じる必要があります。

2　公開会社における株主総会の特別決議を欠く第三者に対する有利発行

前述のように，本件では株主総会特別決議が必要であったのにこれを経ていないので，本件新株発行には法令違反があります。

では，このような法令違反が重大といえ，新株発行の無効事由となるでしょうか。

この点について，公開会社においては，資金調達の便宜のため授権資本制度を採用し，募集株式の発行等は第三者に対する有利発行の場合を除き，取締役会の決議によってなしうるものとされています（201条1項，199条2項）。

したがって，会社法は，公開会社においては，募集株式の発行等を業務執行に準ずるものとして取り扱っていると解されます。

そうだとすれば，株主総会の特別決議は，取締役会の権限行使についての内部的要件であるにすぎないので，代表取締役によりすでに発行された募集株式の効力については，株式会社内部の手続の欠缺を理由にその効力を否定するよりも，募集株式の取得者および会社債権者の保護等外部の取引の安全に重点をおいて決定すべきです。また，効力発生後には，取締役・執行役の損害賠償責任（423条，429条），引受人の差額支払責任（212条1項1号）によって株主の経済的利益は保護されえます。

したがって，公開会社において，株主総会決議を欠く第三者に対する有利発行は，有効と考えるべきです（有効説）。判例（最判昭和40年10月8日民集19巻7号1745頁）も，有効説を採用しています。

これに対して，非公開会社では，株主総会の特別決議（199条2項，309条2項5号）を欠く募集株式の発行等は無効であると解されています（最判平成24年4月24日民集66巻6号2908頁〔会社法百選29事件〕）。非公開会社においては，会社の支配権に関わる持株比率の維持にかかる既存株主の利益が重視されます。また，既存株主が定時株主総会で株式発行を認識することができるように新株発行等の無効の訴えの提訴期間を6か月から1年に延長しています（828条1項2号括弧書・3号括弧書）。これらをかんがみると，株主総会の特別決議を欠くことは重大な法令違反といえるためです。

このように，公開会社の場合と非公開会社の場合とで結論が異なるので注意しましょう。

3　公開会社における募集事項の公告を欠く募集株式の発行等

公開会社では，募集株式の発行等の際に，株主割当ての場合および株主総会の決議により決定する場合以外の場合には，募集事項の通知・公告（201条3項，4項）が必要ですが，設問後段ではこれを欠いているので，本件新株発行には法令違反があります。

では，このような法令違反が重大といえ，新株発行の無効事由となるでしょうか。

この点について，判例（最判平成9年1月28日民集51巻1号71頁〔判例シリーズ27事件〕）・通説は，募集株式の発行等に関する事項の通知・公告は，株主が新株発行差止請求権を行使する機会を保障することを目的として株式会社に義務づけられたものであるから，原則として無効事由になるとします。

もっとも，募集株式の発行等のほかの面に瑕疵がないため，通知・公告がされても差し止める事由がなく，差止めが認められる余地がなかった場合にまで，形式的に差止請求の機会を奪われたとして無効にするのはゆきすぎです。そこで，株式会社が差止事由の不存在を立証すれば，無効事由にならないと解すべきです。

本件についてこれをみると，前述のように株主総会特別決議を欠くという法令違反があり，差止事由が存在するにもかかわらず募集事項の通知・公告がされていません。

したがって，重大な法令違反といえ，無効事由が認められます。

無効事由となる	無効事由とならない
(1) 募集株式の発行等の差止請求 (210) を無視してなされた募集株式の発行等……最判平成5年12月16日	(4) 公開会社における取締役会の決議 (201Ⅰ, 199Ⅱ) を欠く募集株式の発行等)……最判昭和36年3月31日
(2) 公開会社における募集株式の公示 (201Ⅲ, Ⅳ) を欠く募集株式の発行等（株式会社が差止事由のないことを証明した場合は有効）……最判平成9年1月28日	(5) 公開会社における株主総会の特別決議 (199Ⅱ, 201Ⅰ, 199Ⅲ, 309Ⅱ⑤) を欠く第三者への有利発行……最判昭和40年10月8日
(3) 非公開会社における株主総会の特別決議 (199Ⅱ, 309Ⅱ⑤) を欠く募集株式の発行等……最判平成24年4月24日	(6) 著しく不公正な方法 (210②参照) による発行……最判平成6年7月14日

【参考文献】

試験対策講座・会社法6章2節②【1】(1), 3節③【1】(4)。判例シリーズ25事件, 27事件。全条解説・会社法199条③2, 828条②2。

甲株式会社（以下「甲社」という）は，その発行する株式を金融商品取引所に上場している監査役会設置会社である。甲社の発行済株式総数の約20パーセントを保有する株主名簿上の株主である乙株式会社（以下「乙社」という）は，平成20年4月25日，同年6月27日開催予定の甲社の定時株主総会における取締役選任に関する議案および増配に関する議案についての株主提案権を行使した。なお，甲社の定款には，種類株式にかかる定めはないものとする。

　　甲社の取締役らは，乙社からの株主提案を受けて，ただちに臨時取締役会を開催し，丙株式会社（以下「丙社」という）との業務提携関係を強化することが目的であるとして，すでに業務提携契約を締結していた丙社のみを引受人とする募集株式の第三者割当発行を決議した。なお，払込金額については甲社株式の直近3か月の市場価格の平均の90パーセントに相当する額とし，払込期日については定時株主総会の開催日の1週間前の日とすることとされた。また，当該決議に合わせて，定時株主総会にかかる議決権行使の基準日について，この発行にかかる株式にかぎりその効力発生日の翌日とする旨の決議がされ，これにかかる所要の公告も行われた。この募集株式の発行が実施されると，乙社が保有する甲社株式の甲社発行済株式総数に対する割合は約15パーセントに低下する一方で，丙社のそれは約45パーセントに上昇することとなる。乙社は，この募集株式の発行を差し止めることができるか。

【解答へのヒント】

　　甲社は取締役会決議で丙社への募集株式の発行を決議しており，株主総会決議を経ていません。公開会社における募集株式の発行は取締役会決議でなしうるのが原則ですが，本件では例外的に株主総会決議が必要とならないでしょうか。払込金額が直近の市場価格の平均の90パーセントに相当する額であることをどのように評価するかがポイントになります。

　　甲社の取締役らは，丙社との業務提携関係を強化することが目的であるとして，上記の募集株式の発行を決議しています。しかし，問題文の事情からすると，甲社には他の隠された目的がありそうです。そのことを理由として募集株式の発行を差し止めることができないでしょうか。

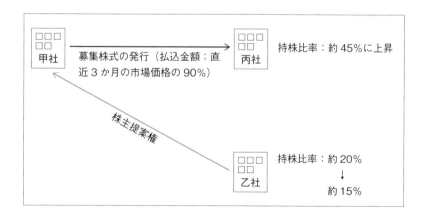

第1　乙社は，会社法210条（以下法名省略）に基づいて，
　　本件募集株式の発行を差し止めることが考えられる。そし
　　て，本件募集株式の発行により，甲社発行済株式総数に占
　　める乙社の持株比率は，約15パーセントに低下し，甲社の
　　経営権獲得が困難になる以上，乙社にとり，「株主が不利　　5
　　益を受けるおそれがあるとき」にあたる。
　　　では，210条1号または2号の差止事由が認められるか。
第2　まず，市場価格より低い本件払込価格が，「特に有利
　　な金額」（199条3項）であれば，株主総会の特別決議が必
　　要となる（201条1項前段，199条2項，309条2項5号）　　10
　　ところ，本件では特別決議がなく，「法令……に違反する
　　場合」（210条1号）にあたることになる。
　　　そこで，本件の価格が「特に有利な金額」にあたるか。　　　　　　➡問題提起
　　　　　　　　　　　　　　　　　　　　　　　　　　　　　　　　　　論「特に有利な金額」の意義
　　1　この点について，199条3項は既存株主の経済的損失
　　　を回避するための規定であるから，「特に有利な金額」　　15　➡規範
　　　とは，時価を基準とした公正価額より低い発行価額をい
　　　うと解される。そして，公正価額とは，資金調達目的が
　　　達せられる限度で既存株主にとり，もっとも有利な価額
　　　をいうと解する。
　　2　これを本件についてみると，払込価格である「直近3　　20　➡あてはめ
　　　か月の市場価格の平均の90パーセントに相当する額」は，
　　　時価を基準としており，資金調達目的を考慮すれば，市
　　　場価格の平均から1割程度を引かざるをえず，既存株主
　　　にとり，もっとも有利な価額であるといえる。
　　3　したがって，「特に有利な金額」にあたらず，上記発　　25
　　　行は，「法令……に違反する場合」にあたらない。
第3　次に，本件募集株式の発行は，丙社の持株比率を45パ
　　ーセントに上昇させ，丙社による甲社支配を強化するもの
　　である。そこで，このような募集株式の発行は，「著しく　　　　　➡問題提起
　　不公正な方法」（210条2号）による募集株式の発行にあた　　30　論「著しく不公正な方法」の意
　　らないか。　　　　　　　　　　　　　　　　　　　　　　　　　　　義
　　1　「著しく不公正な方法」による募集株式の発行とは，
　　　不当な目的を達成する手段として募集株式の発行がなさ
　　　れる場合をいう。そして，被選任者たる取締役に，選任
　　　者たる株主構成の変更を主要な目的とする募集株式の発　　35
　　　行をすることを一般的に許容することは，法がこのよう
　　　な機関権限の分配を定めた法意に明らかに反するといえ
　　　る。
　　　　そこで，株式会社においてその支配権につき争いがあ　　　　　　➡規範
　　　る場合，会社支配権の維持・確保を主要な目的とする募　　40
　　　集株式の発行は「著しく不公正な方法」による募集株式
　　　の発行にあたると解する。
　　　　もっとも，会社支配権の維持・確保を主要な目的とす
　　　る新株発行が許されないのは，取締役が会社の所有者た

る株主の信認に基礎をおくものである点にある。　　　45
　　そこで，主要な目的が会社支配権の維持・確保でも，株主全体の利益保護の観点から当該募集株式の発行を正当化する特段の事情を会社が疎明・立証した場合には，「著しく不公正な方法」にあたらないと解する。

2　これを本件についてみると，募集株式の発行は，業務　50　　→あてはめ
　提携中の丙社との提携強化目的で行われており，会社支配権の維持・確保が主要な目的でないとも思える。
　　しかし，この発行は，乙社からの取締役の選任や増配という現経営陣に不利になる株主提案を受けて，「直ちに」開催された臨時取締役会において決議されたもので　55
　ある。また，当該発行による株式にかぎり別個の基準日を設け，定時株主総会において丁社が議決権を行使できるようにしている。そうすると，この発行は，丙社による現経営陣に賛同するような議決権の行使を意図したものであり，現経営陣が丙社を通じて会社支配権を維持・　60
　確保する目的が主要な目的であるといえる。
　　また，乙社が濫用的買収者であるなど，本件募集株式の発行を正当化する特段の事情もない。

3　したがって，本件募集株式の発行は，「著しく不公正な方法」による募集株式の発行にあたる。　　　65

第4　よって，乙社は，本件募集株式の発行を差し止めることができる。

　　　　　　　　　　　　　　　　　　　　　以上

70

75

80

85

本問の題材は，旧司法試験の2008（平成20）年度第2問小問2を改題したものである。

公開会社の募集株式の発行にかかる規律の内容の理解を問うとともに，会社法210条の適用関係における法令・定款違反の有無および著しい不公正の有無について，それぞれの解釈にかかる基礎的な知識およびそれを事例に適用する能力を問うものである。

論点

1 「特に有利な金額」の意義
2 「著しく不公正な方法」の意義

答案作成上の注意点

① 募集株式の発行等の差止めの要件

募集株式の発行等の差止めの要件は，210条1号または2号の差止事由が認められることと，「株主が不利益を受けるおそれがある」（同条柱書）ことです。

「株主が不利益を受けるおそれがある」という要件について，募集株式の発行等による株主の不利益には，経済的不利益（株価の値下がり，配当の減少等）と，会社支配に関する不利益（持株比率・議決権比率の低下）とがあります。これらは，株主が株主たる資格において有する利益が害される場合をいい，第三者として不利益を受ける場合を含みません。なお，株式会社自体の不利益の有無を問いません。

本問では，本件募集株式の発行により，甲社発行済株式総数に占める乙社の持株比率は，約15パーセントに低下し，甲社の経営権獲得が困難になります。したがって，乙社にとり，「株主が不利益を受けるおそれがあるとき」にあたります。

以下では，210条1号または2号の差止事由の有無について検討していきます。

② 募集株式の有利発行

本件払込価格が，「特に有利な金額」（199条3項）であれば，株主総会の特別決議が必要となりますが（201条1項前段，199条2項，309条2項5号），本件では特別決議がなく，「法令……に違反する場合」（210条1号）にあたることになります。そこで，本件払込価格が「特に有利な金額」にあたらないかを検討する必要があります。「特に有利な金額」の意義については第12問を参照してください。

本問では，払込金額が甲社株式の直近3か月の市場価格の平均の90パーセントに相当する額であり，市場価格よりも低い金額になっています。しかし，資金調達目的を考慮すれば，市場価格の平均から1割程度を引かざるをえないため，本件払込価格は既存株主にとり，もっとも有利な価額であるといえます。したがって，「特に有利な金額」にはあたりません。

よって，法令違反はなく，210条1号の差止事由は認められません。

③ 「著しく不公正な方法」による募集株式の発行等

1 主要目的ルール

「著しく不公正な方法」による募集株式の発行等（210条2号）とは，不当な目的を達成する手段として募集株式の発行等がされることをいいます。

そして，被選任者たる取締役に，選任者たる株主構成の変更を目的とする募集株式の発行をすることを一般的に許容することは，法が機関権限の分配を定めた法意に明らかに反するといえます。したがって，会社支配権の維持・確保を目的とする募集株式の発行等は原則として「著しく

不公正な方法」による募集株式の発行等にあたると解すべきです。

　では，取締役等に会社支配権の維持・確保の目的があるが，一方で資金調達等の正当な事業目的もある場合には，どのように考えるべきでしょうか。

　この点について，資金調達の目的を有するかぎり不公正発行にあたらないとする見解もありますが，休眠会社でもないかぎり，会社には資金需要が多少なりとも存在するのが通常なので，このような見解は妥当ではありません。そこで，資金調達等の正当な事業目的があっても，他方で，会社の支配権を維持・確保する目的等がある場合には，主要な目的を基準として，「著しく不公正な方法」による募集株式の発行等にあたるかを判断すべきです（主要目的ルール）。東京高決平成17年３月23日判時1899号56頁〔判例シリーズ31事件〕は，「会社の経営支配権に現に争いが生じている場面において，株式の敵対的買収によって経営支配権を争う特定の株主の持株比率を低下させ，現経営者又はこれを支持し事実上の影響力を及ぼしている特定の株主の経営支配権を維持・確保することを主要な目的として新株予約権の発行がされた場合には，原則として，……『著シク不公正ナル方法〔現著しく不公正な方法〕』による新株予約権の発行に該当するものと解するのが相当である」としています。この裁判例は，新株予約権の発行の差止めについての事案ですが，募集株式の発行等の差止めにも同様に妥当すると考えられます。答案例では，この裁判例を参考に規範を定立しています。

　本問では，丙社との業務提携関係を強化することが目的であるとして募集株式の発行が行われており，会社支配権の維持・確保が主要な目的ではないとも思えます。

　しかし，本件募集株式の発行は，乙社からの取締役の選任や増配という現経営陣に不利になる株主提案を受けて，ただちに開催された臨時取締役会において決議されたものです。また，本件募集株式の発行による株式にかぎり別個の基準日を設け，丁社が定時株主総会で議決権を行使できるようにしています。これらの事情からすると，本件募集株式の発行は，丙社による現経営陣に賛同するような議決権の行使を意図したものと考えられます。

　したがって，会社支配権の維持・確保が主要な目的といえ，原則として「著しく不公正な方法」による募集株式の発行にあたります。

　本問のように，会社支配権の維持・確保の目的とそれ以外の目的とが併存しているような場合には，どちらが主要な目的であるか丁寧に検討するようにしましょう。

2　主要目的ルールの修正

　もっとも，濫用目的をもって株式を取得した敵対的買収者に対する買収防衛策として募集株式の発行等が行われる場合には，主要目的ルールのような単純な枠組みでは適切な解決を導くことができません。通常，そのような募集株式の発行等に資金調達の目的があると考えることは難しく，他方で，支配権に影響を与える目的があることは明白であるからです。

　そこで，このような場合には例外が認められています。すなわち，上記の裁判例は，「経営支配権の維持・確保を主要な目的とする新株予約権発行が許されないのは，取締役は会社の所有者たる株主の信認に基礎を置くものであるから，株主全体の利益の保護という観点から新株予約権の発行を正当化する特段の事情がある場合には，例外的に，経営支配権の維持・確保を主要な目的とする発行も不公正発行に該当しないと解すべきである。」としています。

　そして，この裁判例は，「株主全体の利益の保護」という観点から防衛策としての新株予約権発行（募集株式の発行等）が正当化される４つの類型を例示列挙しています。すなわち，買収者が，①グリーンメーラーである場合，②焦土化経営を行う目的で株式買収を行っている場合，③経営権取得後に会社資金を自己の債務の担保等として流用する予定で株式買収を行っている場合，④会社経営を一時的に支配して会社事業と関係のない高額資産を売却等処分させ一時的に高配当等をする目的で株式買収を行っている場合です。この①から④までの類型に該当し，対抗手段として必要性や相当性が認められる場合には，経営支配権の維持・確保を主要な目的とする新株予約権の発行（募集株式の発行等）を行うことが正当化されます。

　①のグリーンメーラーとは，買い集めた多数の株式の影響力を利用して会社に種々のトラブルを引き起こすことで，そうしたトラブルを忌避すべき当該会社や役員等に当該株式を高値で買い

取らせることを狙う者をいいます。また、②の焦土化経営とは、会社経営を一時的に支配して当該会社の事業経営上必要な知的財産権、ノウハウ、企業機密情報、主要取引先や顧客等を当該買収者やそのグループ会社等に移譲させたりすることをいいます。

　本問では、乙社が濫用的買収者であるなどの事情は特にないため、この点について長々と論じる必要はありませんが、かりに上記①から④までのような事情がある場合には、対抗措置としての必要性、相当性を検討する必要があります。

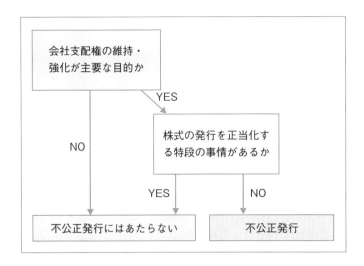

【参考文献】
試験対策講座・会社法6章2節②【1】(1), 6章3節②【2】。判例シリーズ31事件。全条解説・会社法210条②2(1)。

第14問 A　違法な新株予約権の行使による株式の発行

　2018年6月，非公開会社である甲社は，将来の株式上場をめざして，経営コンサルタントであるGとアドバイザリー契約を締結した。その際，甲社は，このアドバイザリー契約に基づく報酬とは別に，甲社株式が上場した場合の成功報酬とする趣旨で，Gに対し，新株予約権を発行することとした。

　上記の新株予約権（以下「本件新株予約権」という）については，①Gに対して払込みをさせないで募集新株予約権1,000個を割り当てること，②募集新株予約権1個あたりの目的である株式の数を1株とすること，③各募集新株予約権の行使に際して出資される財産の価額を5,000円とすること，④募集新株予約権の行使期間を2018年7月2日から2年間とすること，⑤募集新株予約権のその他の行使条件は甲社の取締役会に一任すること，⑥募集新株予約権の割当日を同月1日とすること等が定められた。

　2018年6月27日，甲社の株主総会において，Gに特に有利な条件で本件新株予約権を発行することを必要とする理由が説明されたところ，甲社株主Bは，募集新株予約権のその他の行使条件を取締役会に一任することはできないのではないかと主張し，これに反対したが，代表取締役Aおよび甲社株主S社の賛成により，上記の内容を含む募集事項が決定された。これを受けて，甲社の取締役会が開催され，取締役の全員一致により，「甲社株式が国内の金融商品取引所に上場された後6か月が経過するまでは，本件新株予約権を行使することができない。」とする行使条件（以下「上場条件」という）が定められた。

　2018年7月1日，甲社は，Gに対し，本件新株予約権1,000個を発行した。

　その後，甲社の業績は向上したものの，本件新株予約権の行使期間内に上場条件をみたすにはいたらない見込みとなった。

　2019年12月上旬，Aは，Gから，「上場すると思っていたのに，これでは割に合わない。せめて株式を取得したいので，上場条件を廃止してほしい。」との強い要請を受けた。Aは，取締役会で上場条件を廃止することができるのか疑問をもったが，Gの態度におされ，同月11日，甲社の取締役会を開催し，取締役の全員一致により上場条件を廃止する旨の決議をした。同日，甲社は，Gとの間で，上場条件を廃止する旨の新株予約権割当契約の変更契約を締結した。

　2019年12月12日，Gは，行使価額である500万円の払込みをして本件新株予約権を行使し，Gに対し，甲社株式1,000株が発行された。

　2019年12月12日に発行された甲社株式の効力に関する会社法上の問題点について，論じなさい。

【解答へのヒント】

　本問では，いろいろな事情があげられていますが，結局は「甲社株式の効力」について，すなわち甲社株式が有効か無効かを考えていくことになりますから，株式発行の無効原因（828条2号）があるかを考えることになります。その際，株主総会におけるBの発言や，Gの要請に対するAの疑問を念頭に，上記無効原因があるかどうかを検討するとよいでしょう。

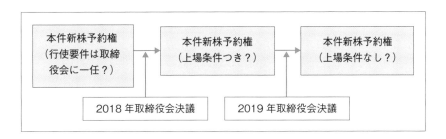

1　2019年12月12日の甲社株式の発行（以下「本件新株発行」という）は新株発行無効の訴え（会社法828条1項2号。以下法名省略）により無効にならないか。

2　まず，無効事由については明文がなく問題となるも，法的安定性の確保の観点から，無効事由は重大な瑕疵にかぎられると解する。　　　　　　　　　　　　　　　5

圖新株発行の無効原因

3　では，本件新株発行に無効事由は存在するか。

(1)　本件では行使条件を取締役会に一任しているが，このような一任が許されるか。

⇒問題提起

圖新株予約権の行使条件を取締役会に一任することの可否

ア　たしかに，非公開会社において新株予約権の発行にあたっては，原則として株主総会の特別決議（238条2項，309条2項6号）が必要である。そして，行使条件は「新株予約権の内容」（238条1項1号）であるから，行使条件は必ず株主総会決議で定める必要があるとも思える。　　　　　　　　　　　　15

もっとも，非公開会社において新株予約権の内容につき株主総会決議が要求される趣旨は，既存株主の議決権，財産的利益の保護を図る点にある。そして，新株予約権の行使条件は新株予約権者による権利行使を制限するものであり，既存株主に不利益を与えるものでなく，上記趣旨に反しない。　　　　　　　20

そうだとすれば，新株予約権の行使条件を取締役会に一任することは許されると解する。

⇒規範

イ　したがって，この行使条件の一任は許される。

⇒あてはめ

(2)　次に，甲社の取締役会は上場条件を廃止しているが，このような上場条件の廃止は有効か。　　　　　　25

⇒問題提起

圖取締役会による新株予約権の行使条件の変更決議の効力

ア　行使条件の定めについての委任は，明示の委任がないかぎり，株主総会当時の諸事情のもとにおける適切な行使条件を定めることを委任する趣旨のものであり，行使条件を新株予約権の発行後に適宜実質的に変更することまで委任する趣旨のものではない。また，委任に基づき定められた行使条件を付して新株予約権が発行された後に，取締役会の決議によって行使条件を変更することは，その変更が行使条件の細目的な変更にとどまるものでないかぎり，新たに新株予約権を発行したものというに等しく，238条2項，309条2項6号の上記の趣旨にも反する。　　　　　　35

そこで，新株予約権の発行後に上記行使条件を変更することができる旨の明示の委任がされているのであれば格別，そのような委任がないときは，当該新株予約権の発行後に上記行使条件を取締役会決議によって変更することは原則として許されず，これを変更する取締役会決議は，上記株主総会決議による委任に基づき定められた新株予約権の行使条件の細目的な変更を　　　　　　40

⇒規範

するにとどまるものであるときを除き，無効と解する
べきである。45

イ　本件において，上場条件は，Gに発行された新株予 ➡あてはめ
約権がGへの成功報酬であることにかんがみれば，G
の業務へのインセンティブを担保するためのものであ
り，本件新株予約権の中心的な内容を構成していたと50
いえる。

　　したがって，上場条件の廃止は細目的な事項の変更
とはいえず，また明示の委任があったという事情もな
いから，このような上場条件を廃止する取締役会決議
は，事後に行使条件を変更するものとして無効であり，55
本件には行使条件違反がある。

(3)　では，このような新株予約権の行使条件違反は重大な ➡問題提起
瑕疵として新株発行無効事由にあたるか。 論行使条件に違反する新株予約
権の行使による株式発行の効
力

ア　非公開会社においては，募集株式を発行するには，
株主総会の特別決議によるものとされ（199条2項，60
1項，309条2項5号），無効の訴えの提訴期間も1年
とされている（828条1項2号括弧書）。また，株主の
持株比率維持への利害が強い。これらにかんがみると，
既存株主の意思に反する新株発行は重大な瑕疵として，
新株発行無効の訴えにより救済するのが法の趣旨と解65
される。そうだとすれば，非公開会社において，株主
総会の特別決議を経ないまま株主割当て以外の方法に
よる募集株式の発行がされた場合，その発行手続には
重大な法令違反があり，この瑕疵は上記株式発行の無
効原因になると解するべきである。70

　　また，株主総会によって付された行使条件が当該新
株予約権の重要な内容を構成しているにもかかわらず，
同条件に反した新株の発行がなされた場合には，既存
株主の持株比率がその意思に反して影響を受けること
になる。この点において，株主総会の特別決議を経な75
いまま株主割当て以外の方法による募集株式の発行が
された場合と異なるところはないから，このような行 ➡規範
使条件に反した新株予約権の行使による株式の発行に
は，重大な瑕疵があると解するべきである。

イ　本件において，Gに発行された新株予約権は成功報80 ➡あてはめ
酬であり，上場条件は，Gの業務への意欲や士気の高
揚を目的とする重要な内容を構成する行使条件である。
したがって，本件新株発行には重大な瑕疵があり，無
効事由にあたる。

4　よって，本件新株発行は無効である。85

以上

本問の題材は，2015（平成27）年の司法試験民事系第2問設問3を改題したものである。以下は，法務省が公表した出題趣旨のうち，該当箇所を抜粋した。

「設問3では，会社法上の公開会社でない会社における新株予約権の発行に関する規律を念頭に置きつつ，①株主総会の決議により新株予約権の行使条件（上場条件）の決定を取締役会に委任することの可否，②仮に，このような委任ができるとした場合に，当該行使条件を取締役会の決議により廃止することの可否を論じた上で，③瑕疵のある手続により発行された新株予約権の行使により発行された株式の効力，又は行使条件に反した新株予約権の行使により発行された株式の効力について，論理的に整合した論述をすることが求められる。」

論点

1 新株発行の無効原因
2 新株予約権の行使条件を取締役会に一任することの可否
3 取締役会による新株予約権の行使条件の変更決議の効力
4 行使条件に違反する新株予約権の行使による株式発行の効力

答案作成上の注意点

① はじめに

本問は，最判平成24年4月24日民集66巻6号2908頁（会社法百選29事件）を題材とした司法試験の問題をアレンジしたものです。問題文は長いですが，解答のヒントにもあるように，結局は「2019年12月12日に発行された甲社株式」が有効か無効かを考えていくことになります。

② 新株発行の無効原因

この点については，第12問で詳しく解説しているため割愛しますが，会社法828条の無効事由は重大な法令，定款違反といった重大な瑕疵にかぎられるので，本件でそのような重大な瑕疵があるかを検討します。

なお，本問において新株発行は新株予約権の行使によるもので，本問の新株予約権はいわゆる成功報酬としてのストック・オプションとしての性質をもつものですが，ストック・オプションについては第25問で詳しく解説します。

③ 新株予約権の行使条件を取締役会に一任することの可否

1 まず，新株予約権の行使条件を取締役会に委任すること自体許されるのか否かが問題となります。というのも，「新株予約権の内容」（238条1項1号）は，「募集事項」として株主総会決議で決定しなければならないからです（同条項2号）。238条2項の趣旨は，新株予約権の内容を株主総会決議で決定することで，既存株主の議決権，財産的利益の保護を図る点にあります。

たしかに，新株予約権の行使条件は「新株予約権の内容」として掲げられる236条1項各号にはありません。しかし，236条1項各号以外の事項を別途新株予約権の内容として定めることは可能であり，行使条件を定めた場合には，その行使条件が「新株予約権の内容」となると考えられています。そうだとすれば，文言上，行使条件は常に株主総会で定めなければならないと考えるのが素直です。

2 しかし，行使条件は，基本的には新株予約権の行使を制約するものですから，取締役会によって恣意的に行使条件が定められる等の濫用のおそれは小さいと考えられます。したがって，行使条件が取締役会に委任されたとしても，既存株主の利益が害されるおそれは小さく，行使条件の

決定を取締役会に委任したとしても238条1項1号の趣旨に反しないといえます。また，文言上も，新株予約権の内容のうち，236条1項各号に掲げられている事項と，それ以外の事項を区別し，238条1項1号および239条1項1号の「新株予約権の内容」は前者にかぎられると考える余地もあります。このように考えれば，行使条件は「新株予約権の内容」には含まれるものの，236条1項各号に掲げられていないため，238条1項1号の「新株予約権の内容」には含まれず，必ずしも株主総会決議を要しないといった解釈をすることが可能となり，文言上の解釈の問題点も解決できます。

3　したがって，新株予約権の行使条件は取締役会に一任することができると考えるべきでしょう。

④　取締役会による新株予約権の行使条件の変更決議の効力

1　新株予約権の行使条件を取締役会に一任することが認められるとすれば，その行使条件を変更することも取締役会に一任されているとも考えられます。

2　しかし，行使条件の決定については，上記のように，取締役会に委任しても濫用のおそれは小さいのに対し，行使条件の変更についても濫用のおそれが小さいといえるでしょうか。通常行使条件が変更される場合というのは，本問のように当初定められた行使要件をみたすことが困難となった状況において，これを緩和する場合が多いと考えられます。そう考えると，行使条件の決定の委任に比べ，行使条件を変更する決定の委任は，取締役会による濫用のおそれが比較的大きいといえます。

3　したがって，行使条件の変更の委任は無条件に認めてしまうと，上記の238条1項1号の趣旨に反することになってしまいます。行使条件の変更の委任が認められるのは，上記趣旨に反しない場合，すなわち，新株予約権発行後にその行使条件を変更できる旨の明示の委任があるか，その行使条件の細目的変更にとどまる場合にかぎられると考えるべきです。

⑤　行使条件に違反する新株予約権の行使による株式発行の効力

1　取締役会によって新株予約権の行使条件を変更することが許されないのに，その変更された行使条件にしたがって新株予約権が行使された場合，その新株発行の効力はどのように考えるべきでしょうか。上記②で記載したように，このような行使条件違反が重大な瑕疵にあたるかが問題となります。

2　本問の甲社のような非公開会社では，株主が会社の経営に関与し，会社の経営支配権について強い関心を抱いているのが通常です。また，答案例にもあるように，募集株式を発行するには，株主総会の特別決議によるものとされ（199条2項，1項，309条2項5号），無効の訴えの提訴期間も1年とされています（828条1項2号括弧書）。これらにかんがみると，非公開会社においては，既存株主の利益の保護を重視し，その意思に反する株式の発行は株式発行無効の訴えによって解決しようとするのが会社法の趣旨と考えられます。したがって，非公開会社において，株主総会の特別決議を欠く募集株式の発行がなされた場合，その発行手続には重大な瑕疵があり，株式発行の無効事由にあたると考えられます。

3　そして，行使条件が，新株予約権を発行した趣旨に照らして，その新株予約権の重要な内容を構成している場合に，このような行使条件に反した新株予約権を行使することは，既存株主の意思に反してその持株比率が影響を受ける点において，何ら変わることはありません。そうだとすれば，このような行使条件の違反は，重大な瑕疵にあたり，無効事由にあたると考えるべきでしょう。

⑥　おわりに

本問の題材となった前述の判例は，一般には非公開会社における株主総会の特別決議を欠く新株発行の効力（⑤2の部分）として紹介されることが多いです。しかし，実際の事件としては，このように新株予約権の行使条件の違反が新株発行の無効事由となるかが争われていたことを知らなかった場合もあるでしょう。論証集の論証だけでなく，実際の判決にあたってみないと，本問は難し

かったかもしれません。

　なお，非公開会社における株主総会の特別決議を欠く新株発行の効力に関連して，公開会社における取締役会決議，株主総会決議を欠く新株発行の効力もあわせて復習しておくと，より理解が深まります（第12問参照）。

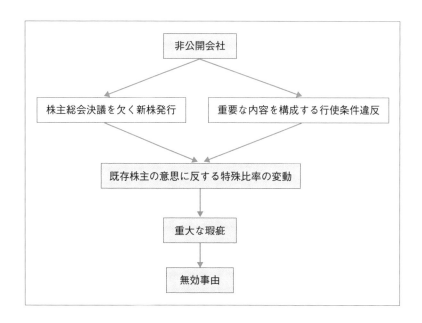

【参考文献】
試験対策講座・会社法7章第2節⑩【1】。全条解説・会社法239条②。

第15問 A　議決権の代理行使における代理人資格の制限

　A株式会社（定款ですべての株式について譲渡制限を定めている。以下「A社」という）の定款には，「株主は，代理人により議決権を行使することができる。ただし，代理人は，当会社の株主にかぎるものとする。」との規定がある。
1　この定款規定は有効か。
2　以下の各場合において，当該株主総会決議は決議取消しの訴えの対象となるか（ただし，乙および丁はA社の株主ではないものとする）。
　⑴　A社が，株主総会において，株主甲社の従業員乙による議決権の代理行使を認めた場合
　⑵　A社が，株主総会において，株主丙の委任を受けた弁護士丁による議決権の代理行使を拒絶した場合

【解答へのヒント】

1　小問1について

　会社法は，株主総会における議決権の代理行使を広く認めています。本件の定款規定は，このような会社法の規定に抵触しないでしょうか。

2　小問2について

　本件の定款規定が有効であったとしても，この定款規定は常に適用されるのでしょうか。

　⑴では，A社株式会社（以下「A社」という）は非株主である乙による議決権の代理行使を認めています。そのため，定款規定の適用が肯定された場合には，決議方法が定款に違反することになりそうです。

　逆に，⑵では，A社は非株主である丁による議決権の代理行使を拒絶しています。そのため，定款規定の適用が否定された場合には，決議方法が法令に違反することになりそうです。

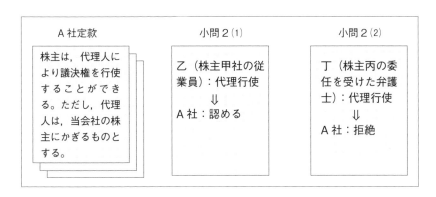

第1　小問1について

　　株主の議決権行使につき代理人資格をA会社の株主に限定する定款規定（以下「本件規定」という）は，議決権の代理行使を認める会社法310条1項前段（以下法名省略）に反し，無効とならないか。

⬛問題提起

🔲議決権行使の代理人資格を制限する定款規定の効力

　1　たしかに，310条1項前段は，株主に議決権行使の機会を保障する趣旨を有する強行規定であるから，代理人資格を制限する定款規定は，同条項前段に反し無効とも思える。

　　しかし，株主総会が第三者によりかく乱されるという弊害を防止して会社の利益を保護するために，代理人資格を制限する必要がある。また，同条項前段は代理人の資格について，定款自治を完全に否定する規定とは解釈できない。

　　そこで，代理人資格を制限する定款規定は，合理的な理由による相当程度の制限である場合には，同条項前段に反せず有効であると解する。

⬛規範

　2　本件規定は，株主総会が株主以外の第三者によってかく乱されることを防止し，会社の利益を保護する趣旨に出たものであって合理的な理由があるといえる。

⬛あてはめ

　　また，すべての株式の譲渡制限を定めるA会社は，制限を設けていない会社に比べ株主間の人的関係が密であるといえるため，株主が他の株主に議決権を代理行使するよう依頼することが容易である。そのため，本件規定は，相当程度の制限と評価できる。

　3　よって，本件の定款規定は，有効である。

第2　小問2(1)の場合

　　A会社が，株主甲社の従業員乙による議決権の代理行使を認めたことは，決議方法の定款違反（831条1項1号）にあたり，当該株主総会決議は決議取消しの訴えの対象となるか。乙の代理行使が定款に反するかが問題になる。

⬛問題提起

🔲代理人資格を限定する定款規定の適用範囲

　1　たしかに，代理人資格を株主にかぎる定款規定は有効と解されることから，非株主に代理行使をさせれば定款に違反するとも思える。

　　しかし，代理人が非株主であるという理由で議決権の代理行使が認められないとすれば，株主の議決権行使が不当に制約されてしまう場合がある。

　　そもそも，前述のように，代理人資格を株主にかぎる旨の定款規定の趣旨は，株主総会がかく乱されることを防止し，会社の利益を保護することにある。

⬛規範

　　そこで，①株主総会がかく乱されて会社の利益が害されるおそれがなく，②代理行使を認めなければ，株主の議決権行使の機会が事実上奪われる場合には，定款規定の効力は及ばず，非株主による代理行使は認められると

2　これを本件についてみると，乙は甲社の従業員であり，会社組織の一員として上司の命令に従う義務を負うことから，株主たる甲社の意図に反する行動ができないといえるため，乙に代理行使を認めても株主総会がかく乱されて会社の利益が害されるおそれはない（①充足）。　50

また，特に，甲社が複数の株式会社の株主であるような場合には，甲社の代表取締役が，みずから株主総会に逐一出席して議決権を行使することは，事実上不可能であり，従業員による代理行使を認めなければ，甲社は意見を株主総会の決議のうえに反映することができず，事 55 実上議決権行使の機会を奪われるといえる（②充足）。

したがって，乙による代理行使には定款規定の効力が及ばず，乙の代理行使は認められる。

3　よって，A会社が乙の代理行使を認めたことは，決議方法の定款違反にはあたらず，当該株主総会決議は決議 60 取消しの訴えの対象とならない。

第3　小問2⑵の場合

1　A会社が，株主丙の委任を受けた弁護士丁による議決権の代理行使を拒絶したことは，決議方法の法令違反（831条1項1号）にあたり，当該株主総会決議は決議 65 取消しの訴えの対象となるか。

この点について，本件に定款の効力が及ばなければ，丁による代理行使が認められ，A会社による拒絶は，310条1項前段に反し，決議方法の法令違反にあたるため，定款の効力が及ぶかにつき前述の基準で検討する。　70

⑴　本件において，丙から議決権の代理行使を受任した丁は弁護士であり，弁護士丁が丙の意図に反する行動をとることは通常考えられないため，株主総会がかく乱されて会社の利益が害されるおそれはない（①充足）。

しかし，丙はみずから議決権行使をすることができ，75 かりに，丙がみずから議決権行使をすることが困難な事情があったとしても，A会社は株式の譲渡制限を定めており，株主間の人的関係が密であると認められることからすれば，丙が他の株主を代理人とすることは十分に可能であるので，丁に代理行使させなければ事 80 実上議決権行使の機会を奪うとはいえない（②不充足）。

⑵　したがって，丁による議決権の代理行使には，定款の効力が及び，かかる代理行使は認められない。

2　よって，A会社が丁の代理権行使を拒絶したことは決議方法の法令違反にはあたらず，当該株主総会決議は，85 決議取消しの訴えの対象とはならない。

以上

　代理人資格を株主にかぎる旨の定款による制限は，判例百選にも掲載されている会社法の基本論点のひとつである。司法試験でも2017（平成29）年に出題されており，今後も出題が予想される。そこで，基本論点の確認をするべく出題した。

論点

1　議決権行使の代理人資格を制限する定款規定の効力
2　代理人資格を限定する定款規定の適用範囲

答案作成上の注意点

1　議決権行使の代理人資格を制限する定款規定の効力

　A社は，株主の議決権行使につき代理人資格をA会社の株主に限定する定款規定を設けています。このような定款規定は，株主に議決権行使の機会を保障するために議決権の代理行使を認めた会社法310条1項前段に反し，無効とならないかが問題となります。

　この点について，最判昭和43年11月1日民集22巻12号2402頁（判例シリーズ37事件）は，310条1項前段は，「合理的理由がある場合に，定款の規定により，相当と認められる程度の制限を加えることまでも禁止したものとは解されず，右代理人は株主にかぎる旨の所論上告会社の定款の規定は，株主総会が，株主以外の第三者によって攪乱されることを防止し，会社の利益を保護する趣旨にでたものと認められ，合理的な理由による相当程度の制限ということができる」から，310条1項前段に反することなく，有効であるとしています。

2　代理人資格を限定する定款規定の適用範囲

1　もっとも，代理人資格を株主に限定する定款規定は，株主の固有権たる議決権行使の機会を事実上制限するものなので，制限の範囲を株主総会のかく乱防止のため必要な限度に絞る必要があります。

2　小問2(1)の会社の従業員による代理行使については，最高裁判例（最判昭和51年12月24日民集30巻11号1076頁〔判例シリーズ42事件〕）があるので，これをふまえて論述する必要があります。

　すなわち，本判決は，株主である県，市，株式会社がその職員または従業員を代理人として株主総会に出席させたうえ，議決権を行使させても，特段の事情のないかぎり，株主総会がかく乱され会社の利益が害されるおそれはなく，かえって，これを認めなければ議決権行使の機会を奪うに等しく，不当な結果をもたらすとして，代理人を株主に限定する定款規定の適用を否定しています。

3　小問2(2)のように弁護士が代理人となる場合，総会かく乱のおそれがないとして定款の適用を否定する裁判例（神戸地尼崎支判平成12年3月28日判タ1028号288頁）がある一方，代理人来場時にその都度代理人の職種を会社に確認させた場合に起こる，受付事務の混乱のおそれ等の問題点を指摘し，定款の適用を肯定した裁判例（宮崎地判平成14年4月25日判タ1185号102頁，東京高判平成22年11月24日資料版商事法務322号180頁）もあります。

　このように，具体的場面における定款の適用の有無について裁判例は分かれていますが，定款による代理人資格の制限の趣旨をふまえ，自分なりの規範を立ててあてはめることができるのであれば，結論はどちらでもよいでしょう。

【参考文献】
試験対策講座・会社法8章2節。判例シリーズ37事件，42事件。全条解説・会社法310条2 3。

1．甲株式会社（以下「甲社」という）は，携帯電話の販売を目的とする会社法上の公開会社である。Aは，甲社の創業者として，その発行済株式総数1000万株のうち250万株の株式を有していたが，平成21年12月に死亡した。そのため，Aの唯一の相続人であるBは，その株式を相続した。なお，甲社は，種類株式発行会社ではない大会社である。

2．甲社の代表取締役であるCは，甲社の経営を立て直すため，甲社株式30万株を有する乙株式会社（以下「乙社」という）との間で資本関係を強化して，甲社の販売力を高めたいと考えた。そこで，Cは，乙社に対し資本関係の強化を求め交渉したところ，乙社から，「市場価格を下回る価格であれば，更に甲社株式を取得してよい。ただし，Bに甲社株式を手放させ，創業家の影響力を一掃してほしい。」との回答を受けた。

3．これを受けて，甲社は，Bとの間で，Bの有する甲社株式250万株のすべてを取得した。そこで，甲社は，乙社と再交渉の結果，乙社との間で，甲社が，乙社に対し，Bから取得した甲社株式250万株を市場価格の80パーセントで処分することに合意した。

4．甲社は，平成22年6月1日に取締役会を開催し，同月29日に開催する予定の定時株主総会において，乙社にその自己株式を処分することを議案とすることを決定した。

5．甲社は，同月29日，定時株主総会を開催した。議案の審議に入り，Cは，乙社に特に有利な金額で自己株式の処分をすることを必要とする理由を説明したが，甲社の株主であるDが，「処分価格を市場価格の80パーセントと定めた根拠を明らかにされたい。」と質問したのに対し，Cが「企業秘密に関わるため，その根拠を示すことはできない。」と述べて説明を拒絶したことから，審議が紛糾した。その結果，多くの株主が反対したものの，乙社が賛成したため，Cは，出席した株主の議決権の3分の2をかろうじて上回る賛成が得られたと判断して，議案が可決されたと宣言した。

6．甲社は，同年7月20日，乙社に対し，250万株の自己株式の処分を行い，その対価として合計16億円を得た（以下「本件自己株式処分」という）。同年9月20日現在，Dは本件自己株式処分が無効であると主張して裁判所に訴えることを考えている。

〔設問〕Dが本件自己株式処分の効力を争う方法を検討したうえで，その可否についても論ぜよ。

【解答へのヒント】
　本件自己株式処分を行うための定時株主総会における代表取締役Cの説明や乙社の議決権行使等が当該処分の効力を左右しそうです。争う方法の選択については，すでに本件自己株式処分がされていることや出訴を考えている時点に着目してください。

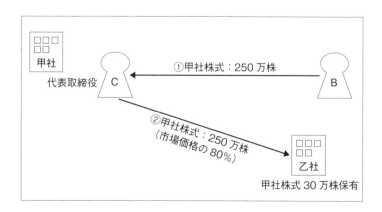

第1　Dが本件自己株式処分の有効性を争う手段としては，
　本件自己株式処分の無効の訴え（会社法828条1項3号。
　以下「会社法」法名省略）を提起することが考えられる。
　　そして，本件自己株式の処分が行われた7月20日から
　「6箇月以内」の9月20日時点では，出訴期限を充足する　　5
　（828条1項3号）。また，Dは甲社の株主であり，原告適
　格もみたす（828条2項3号）ので，各訴訟要件はみたす。
第2　続いて，無効事由が認められるかにつき検討する。
　　本件自己株式処分が「特に有利な金額」によるものであ
　れば，株主総会特別決議による承認が必要となり（199条　10
　2項，201条1項，199条3項，309条2項5号），この決議
　に生じた事情は本件自己株式処分の効力に影響を及ぼしう
　る。
　1　そこでまず，本件自己株式処分につき株主総会の特別
　　決議が必要かについて，同処分が「特に有利な金額」に　　15　　■➡問題提起
　　よるものであるかが問題となる。　　　　　　　　　　　　　　■論「特に有利な金額」の意義
　　　(1)　この点について，「特に有利な金額」とは，公正な
　　　　価額と比較して特に低い金額をいい，公正な価額とは，
　　　　資金調達目的と既存株主保護の調和の見地から，資金
　　　　調達目的が達せられるかぎりで既存株主にとって，も　　20
　　　　っとも有利な金額をいうと考える。
　　　(2)　これを本件についてみると，市場価格よりも20パー　　　　　　　■➡あてはめ
　　　　セントも低い本件自己株式処分の処分は明らかに公正
　　　　な価額を下回っているといえ，本件自己株式処分は
　　　　「特に有利な金額」によるものといえる。　　　　　　　25
　　　(3)　したがって，株主総会特別決議による承認が必要に
　　　　なる。
　2　では，本件自己株式処分の承認決議につき，本件自己　　　　　　　■論説明義務違反の有無
　　株式処分の効力に影響を及ぼしうる事情につきそれぞれ
　　検討する。　　　　　　　　　　　　　　　　　　　　　　30
　　　(1)　199条3項の説明義務違反の有無
　　　　　「特に有利な金額」による自己株式の処分の承認を
　　　　求める株主総会においては，当該払込金額によること
　　　　の理由が説明されなければならない（199条3項）と
　　　　ころ，Cは株主総会において理由を説明しているため，35
　　　　199条3項の義務は尽くされたといえ，同項の義務の
　　　　違反はない。
　　　(2)　314条本文の説明義務違反の有無
　　　　　同株主総会において，株主たるDはCに対し処分価
　　　　格の根拠につき説明を求めているところ，Cには拒否　　40
　　　　事由（314条ただし書）がないかぎり，当該事項につ
　　　　き説明義務が生じる（同条本文）。ここで，Cは説明
　　　　を拒絶しているところ，Dの質問が企業秘密にあたる
　　　　とすれば，拒否事由たる「株式会社……の権利を侵害

する」（同条ただし書，会社法施行規則71条2号）も 45
のといえ，Cは説明を拒絶できる。そこで，Dの質問
内容が企業秘密にあたるかが問題となる。

　本件で，処分価格の算定根拠を明らかにしてしまう
と，甲社と乙社の資本関係強化の交渉経緯が明らかに
されてしまう。そうすると，Dの質問は企業秘密にあ 50
たるため，Cは説明を拒絶できる。

　したがって，Cに上記説明義務違反はないといえる。

(3)　831条1項3号の取消事由の有無

　まず，乙社は，本件議案が可決されれば「特に有利
な金額」により甲社株式を引き受けることができ，上 55
記決議により他の甲社株主が獲得することのできない
特殊な利益を得る立場にあるといえ，「特別な利害関
係を有する者」にあたる。

　また，上記決議は可決要件たる出席株主の議決権の
3分の2をかろうじて上回ったため可決したところ， 60
甲社株式を30万株有する乙社が「議決権を行使したこ
とによって」決議されたものといえる。さらに，当該
決議により乙社は，直近6か月の平均株価の80パーセ
ントという格段に安い価格により甲社株式を取得する
ことになり，乙社以外の少数株主にとって，この決議 65
は「著しく不当」なものとなる。

　よって，上記決議は831条1項3号の取消事由を有
する。

3　では，上記取消事由が本件自己株式処分の無効事由 ➡問題提起
（828条1項3号）となるか。 70 論無効事由の意義

(1)　この点について，公開会社では，いったん行われた
自己株式処分を無効とすると，多数の利害関係人の取 ➡規範
引安全を害することになるため，無効事由は限定的に
解釈される。

　そこで，無効事由は重要な瑕疵にかぎられると解す 75
る。

(2)　ここで，自己株式処分は会社の業務執行に準ずるも ➡あてはめ
のであり，株主総会特別決議の要件も取締役会の権限
行使についての内部的要件にすぎず，取締役会の決議
に基づき代表取締役が自己株式を処分した以上，取引 80
安全を重視すべきであるから，特別決議の瑕疵は自己
株式処分の無効原因たりえないと考える。

　よって，上記取消事由は本件自己株式処分の無効事
由とはならない。

　以上より，Dが上記自己株式処分の無効の訴えを提 85
起したとしても，認容されない。

以上

本問の題材は，2011（平成23）年の司法試験民事系第2問を改題したものである。以下は，法務省が公表した出題趣旨を参考にしている。

本件自己株式処分には，定時株主総会に際して説明義務（会社法314条）の違反があるかどうか，決議の採決に際して特別利害関係人（乙社）が議決権を行使したことが会社法831条1項3号に掲げる場合に該当するかどうかについて検討したうえで，これらが肯定されるとした場合に，それらが自己株式処分無効の訴え（828条1項3号）の無効原因となるかどうかについて論述することが求められる。

論点

1 「特に有利な金額」の意義
2 説明義務違反の有無
3 無効事由の意義

答案作成上の注意点

□ 総論

本問は，「本件自己株式処分の効力を争う方法を検討したうえで，その可否についても論ぜよ」との出題形式となっており，まずは争う方法を考える必要があります。

本問の場合には，株主総会での取締役による説明や利害関係を有する乙社による議決行使が問題になりそうなので，株主総会決議の取消し（831条）も考えられそうです。

しかし，Dが出訴を検討している時点では，すでに本件自己株式処分は行われているので，株主総会決議が取り消されたとしても，ただちに本件自己株式処分が違法になるとなるとはいえず，むしろ，本件自己株式処分の無効の訴え（828条1項3号）について検討するほうが直截的といえ，この手段によるべきといえます。

つまり，本件株主総会での問題が，無効事由の認定へとつながるのか否かということが主な検討課題ということになります。以下では，無効事由が認められるかを概観していきます。

□ 株主総会の特別決議と自己株式処分

まず，前述したように本問では，定時株主総会での代表取締役Cの説明が十分であったのか，乙社の議決権行使が「特別な利害関係を有する者」にあたるのではないかということが，素朴に疑問となります。

しかし，その前提として，これらの問題が生じた株主総会の特別決議が本件自己株式処分において法令上必要な手続でなければ，どのような瑕疵があったとしても何ら問題は生じないことになってしまうので，株主総会の特別決議が必要であることを示さねばなりません。

本件は，あまり見慣れない自己株式処分が題材となっており，わかりにくい面もありますが，基本的に会社法上の規制としては，募集発行と同様の規制が自己株式の処分にも課されていますので，戸惑う必要はありません。取締役会設置会社では，「特に有利な金額」（199条3項）の場合には株主総会の特別決議が必要になることは自己株式処分の局面でも変わりません。「特に有利な金額」の認定に関しての詳細は第12問に譲りますが，本件は，これに該当すると考えられるので，上記2点についての検討の実益が生まれることになります。

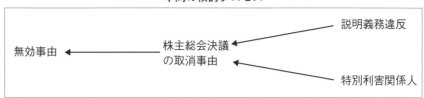

本問の検討プロセス

説明義務違反 → 株主総会決議 → 無効事由
特別利害関係人 → の取消事由

③ 説明義務

1 説明義務の有無

　本件において，代表取締役Cが株主Dからの質問に対して「企業秘密に関わるため，その根拠を示すことはできない。」と述べて説明を拒絶したことが，株主総会での説明義務を定めた会社法314条本文に反しないかを検討する必要があります。

　条文上は「株主から特定の事項について必要な説明を求められた場合」に説明義務が生じると規定されているので，Dから質問された時点で，説明義務は発生しているといえそうです。しかしながら，会社法は一定の例外を許容しており，以下の場合には，説明義務が発生しないとしています（314条ただし書）。

> ①株主総会の目的である事項に関しないものである場合
> ②説明をすることにより株主共同の利益を著しく害する場合
> ③法務省令で定める場合
> →会社法施行規則71条各号
> 　　i 説明をするために調査をすることが必要な場合
> 　　ii 説明をすることにより株式会社その他の権利を侵害する場合
> 　　iii 実質的に同一の事項について説明を求める場合
> 　　iv その他正当な理由がある場合

　会社法施行規則まで参照しないと詳細な規定まで読み取れず，難しく思えますが，会社法施行規則71条は重要な規則のひとつといえるので，意識はしておきましょう。本件の場合には，Dの質問は甲乙社間の資本関係強化にいたる経緯を明らかにしかねない重要な事実を問うものであり，企業秘密にあると評価できます。そうだとすれば，会社の権利を侵害するものとして会社法施行規則71条2号に該当するので，説明義務は生じないことになります。よって，説明義務が発生しない以上，その違反も観念することができず，314条本文違反にはなりません。

2 求められる説明の程度

　そもそも，314条の説明義務違反を検討するにあたっては，以下の2とおりが考えられます。それは，①説明自体がされていない場合と，②いちおうの説明がされている場合です。

　①の際には，説明義務が発生すればただちに314条違反となるので，説明義務の有無のみを検討すれば足りるものといえます。

　一方で，②の場合には，説明義務があったとしても，行った説明が説明義務を果たしていれば314条違反は構成しないので，行った説明が説明義務を果たしたといえる程度のものかの検討が必要になります。

　本問の場合には，Dの質問に対して何ら応答していないので，説明義務が発生していればただちに説明義務違反が認められる関係にあり，①に該当することになります。したがって，説明義務を果たしているかの検討は不要となります。②の場合が問われることもあるので，以下では本問で問題とならなかった求められる説明の程度について簡単に説明を加えます。

　求められる説明の程度について，裁判例は一括説明の適法性が問題となった事案において「株主が会議の目的事項を合理的に判断するのに客観的に必要な範囲の説明であれば足りる」（東京高判昭和61年2月19日判時1207号120頁〔判例シリーズ38事件〕）との判断をしており，同裁判例以降

の下級審裁判例も平均的な株主が議題を合理的に理解・判断しうる程度の説明が要求されると解しています（会社法百選35事件解説参照）。そこで，これらの判断を参照しつつ説明義務を果たしたといえるかの基準を定立したうえで，あてはめることが必要です。

4 特別利害関係人

続いて，本件株主総会では本件自己株式処分によって，当該株式を受領する乙社が議決権行使をした結果，特別決議が可決しているので，「特別の利害関係を有する者が議決権を行使したことによって，著しく不当な決議がなされた」（831条1項3号）といえ，取消事由が認められないかを検討する必要があります。

ここにいう「特別の利害関係」とは，株主としての資格をなんらかの意味で離れた個人的利害関係をいうと解されるので，本件乙社が，これに該当するのかを検討することになります。本件では，前述したとおり自己株式処分の対象株式をすべて譲り受ける地位にあるので，会社の利益最大化を望む株主としての資格と離れた個人的利害関係を有しているといえ，「特別の利害関係を有する」といえそうです。

この点について，裁判例は，退職慰労金を支給する決議において支給を受けるものが「特別の利害関係を有する者」として認めていますので（浦和地判平成12年8月18日判時1735号133頁），具体例とセットで理解しておくようにしてください。また，831条1項3号の要件は，「著しく不当な決議がなされた」ことまで必要なので，答案上での検討を忘れないようにしましょう。

5 株主総会の取消事由と無効事由

ここまでの議論は，あくまで株主総会の手続等に瑕疵，取消事由が存在するかというものであり，ただちに本件自己株式処分の効力が否定されるわけではありません。つまり，ここまでで示した瑕疵等が無効事由に該当するのかを検討する必要があり，その際には無効事由の解釈をしなければなりません。

一般的には，法令や定款違反が認められればただちに当該行為が無効になるとも解されます。しかし，すでに効力の生じている自己株式処分を無効としてしまえば新株主や第三者に不測の損害を被らせかねないので，一般的に無効事由は狭く解されています。したがって，当該規範に照らし，本件における瑕疵が重要なものであるかを説得的に論じることが必要になります。

【参考文献】
試験対策講座・会社法6章3節③【1】(4)，8章2節⑤【1】(2)，⑥【1】(2)。判例シリーズ38事件。全条解説・会社法199条③2，314条②2，828条②2(2)，831条②2。

第17問 A　特別利害関係人

　甲株式会社は（以下「甲社」という），ホテル業を営む取締役会設置会社であり，代表取締役会長Aおよび代表取締役社長Bのほか，Bの配偶者C，弟DおよびAの知人Eが取締役に就任している。また，甲社は，監査役設置会社である。

　乙株式会社（以下「乙社」という）は，不動産業を営む取締役会設置会社であり，代表取締役Cのほか，BおよびDが取締役に就任している。

　Bは，大量の不稼動不動産を抱えて業績が悪化した乙社を救済するため，同社の所有する土地（以下「本件土地」という）を甲社に5億円で売却しようと考え，その承認のための甲社取締役会を招集した。入院中のAを除いたB，C，DおよびEの4名が出席して取締役会が開催され，当該取締役会において，Bが本件土地の売買についての重要な事実を開示してその承認を求めたところ，Eから5億円の価格に難色が示されたものの，Bからバブル時代の土地価格を考えれば5億円の価格は決して高くないとの発言があっただけで，価格の相当性について議論がされることはなく，Cを議決に加えずに採決が行われた結果，Eは棄権したが，BおよびDの賛成により本件土地の購入が承認された。なお，Eは取締役会議事録に当該決議に関する異議をとどめてはいない。

　数日後，Bは，甲社を代表して，乙社との間で本件土地を5億円で買い受ける売買契約を締結し，所有権移転登記手続と引換えに代金5億円を支払い，さらに，遅滞なく，本件土地の売買についての重要な事実を甲社の取締役全員が出席する取締役会で報告した。

　その後，上記売買契約当時の本件土地の価格は，高く見積もっても3億円を超えないことが判明した。また，乙社は取引後に経営が破綻して無資力になった。

　甲社は，A，B，C，DおよびEに対し，それぞれどのような責任を追及することができるか。なお，429条に定められている取締役の対第三者責任については検討不要である。

【解答へのヒント】
　甲社が乙社から5億円で買った土地には，高く見積もっても3億円を超えない程度の価値しかありませんでした。この取引には，何かウラがあるとは思えませんか？だれが損をし，だれが得をしているのでしょうか。それぞれの取締役ごとに条件を整理し，会社法上どういったかたちで責任を追及できるか，考えてみてください。

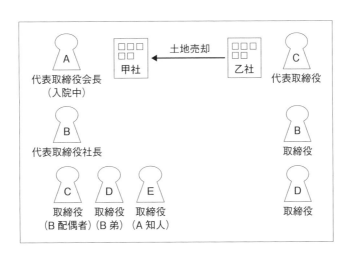

第1　甲株式会社としては，本件土地の売買が，利益相反取
　　引（会社法365条1項，356条1項2号。以下法名省略）に
　　あたるとして，取締役Aらに対し，損害賠償責任（423条
　　1項）を追及することが考えられる。
　1　まず，甲社は，本件取引が利益相反取引にあたると主　　5　■問題提起
　　張する必要がある。Cは「第三者のために」（365条1項，　　　　■「第三者のために」の意義
　　356条1項2号）取引をしたといえるのか。
　　⑴　基準としての明確性の観点から，「第三者のため　　　　■規範
　　　　に」とは，第三者の代理もしくは代表として，という
　　　　意味であると解する。　　　　　　　　　　　　　　10
　　⑵　Cは乙社の代表として本件取引を行っているから，　　　■あてはめ
　　　　Cは「第三者のために」取引（直接取引）をしたとい
　　　　える。
　　　　　よって，本件取引は利益相反取引にあたる。
　2　次に，甲社は，Aらが「任務を怠った」（423条1項）　　15
　　と主張する必要がある。
　　　　Aは，取締役会に出席し，取締役の業務執行を監視す
　　る義務を負う（362条2項2号参照）ところ，本件土地
　　の売買を承認する取締役会に出席しておらず，他の取締
　　役を監視していないため，「任務を怠った」といえる。　　20
　　次に，Bは，甲社を代表して本件売買契約を締結してお
　　り，「当該取引をすることを決定した取締役」（423条3
　　項2号）に該当するため，「任務を怠った」と推定され
　　る（同項柱書）。また，Cは前述のように利益相反取引
　　を行った取締役であり，「第365条第1項……の取締役」　　25
　　（同項1号）にあたり，「任務を怠った」と推定される。
　　さらに，Dは，決議に賛成しているから，「決議に賛成
　　した取締役」（同項3号）にあたり，「任務を怠った」と
　　推定される。そして，Eは，決議の際に棄権しているも
　　のの，議事録に異議をとどめていないため，「その決議　　30
　　に賛成したものと推定」され（369条5項），その結果，
　　「決議に賛成した取締役」（423条3項3号）にあたり，
　　「任務を怠った」と推定される。
　3　これに対して，Aらは，善管注意義務を尽くした，あ
　　るいは，任務懈怠の要件として故意・過失が必要である　　35
　　と解する（428条1項反対解釈）ところ，上記任務懈怠
　　につき故意・過失が存しないと反論することが考えられる。
　　　　Aは，決議をした当時入院中であった。それゆえ，本
　　件取引についての監視義務の懈怠は，やむをえないもの
　　であり，Aには過失がない。　　　　　　　　　　　　　40
　　　　次に，Bは，バブル時代の土地の価格から現在の土地
　　の価格をBの推測で算定しており，何らの鑑定にも付し
　　ていない。また，CおよびDは，取締役会に出席してい
　　る以上，価格の相当性について議論を尽くすことができ

たにもかかわらず，これを尽くしていない。そして，E 45
も，価格について難色を示したにすぎず，価格の相当性
について議論を尽くしたとはいえない。
　　したがって，B，C，DおよびEは，善管注意義務を尽く
したとはいえず，また，これにつきやむをえない事由も
存しないから無過失であるともいえない。 50
4　それでは，甲社につきいかなる「損害」（423条１項）
が生じたといえるか。BおよびDが特別利害関係人にあた
る場合，本件取締役会決議が瑕疵を帯びたものとして無
効となり，連鎖的に本件取引も無効となる可能性がある。
　　そこで，「特別の利害関係」（369条２項）の意義，瑕 55
疵ある取締役会決議の有効性および当該決議の無効によ
って生じる本件取引への影響の内容が問題となる。

→問題提起
論「特別の利害関係」の意義

(1)　369条２項の趣旨は，取締役の忠実義務違反によっ
　　て会社が損害を被ることを防止する点にあるから，
　　「特別の利害関係」とは，忠実義務違反をもたらすお 60
　　それのある，会社の利益と衝突する個人的利害関係を
　　いうと解する。

→規範

　　　本件取締役会決議に参加したBおよびDは，本件取
　　引の相手方乙社の取締役で，かつ，同社代表取締役C
　　の配偶者やその弟であるから，忠実義務違反をもたら 65
　　すおそれのある，会社の利益と衝突する個人的利害関
　　係を有する取締役であるといえ「特別の利害関係」を
　　有する取締役にあたる。

→あてはめ

(2)　そして，瑕疵ある取締役会決議の効力については，
　　株主総会決議と異なり，明文規定がないことから，一 70
　　般原則に従い，無効と解すべきである。

論承認なき利益相反取引の無効
を第三者に主張できるか

　　　もっとも，会社が，内部手続の瑕疵による利益相反
　　取引の無効を常に相手方に主張できるとすれば，取引
　　の安全が害される。そこで，会社は，当該取引が利益
　　相反取引にあたり，当該取引につき取締役会の承認が 75
　　なされていないことについて悪意または重過失のある
　　相手方に対してのみ，無効を主張できると解する。

→規範

　　　これを本件についてみると，甲社の取締役Cが乙社
　　の代表取締役であるから，乙社は本件取引につき甲社
　　取締役会による承認がないことについて悪意といえ， 80
　　甲社は本件売買の無効を主張できる。

→あてはめ

(3)　したがって，甲社には５億円の「損害」が認められ
　　る。
第２　よって，B，C，DおよびEは，甲社に生じた損害につき，
　　連帯して賠償する責任を負うから（430条），甲社は，B， 85
　　C，DおよびEに対し，当該損害賠償責任を追及すること
　　ができる。

以上

本問の題材は，2007（平成19）年度旧司法試験第１問を題材にしたものである。

解答にあたっては，利益相反取引をめぐる諸問題や特別利害関係についての基本的な理解，およびこれらに関連する条文を適切に運用する能力が求められている。

論点

1 取締役の利益相反取引
 (1) 「第三者のために」の意義
 (2) 承認なき利益相反取引の無効を第三者に主張できるか
2 「特別の利害関係」の意義

答案作成上の注意点

① はじめに

1 具体的検討に入る前に

本問は，本書の問題のなかでも，登場人物の数がトップクラスといえるほど多く，事案が複雑です。しかし，司法試験の問題文は，本問よりも更に長大かつ混とんとしています。本問の問題文を読んでめまいがしたり，このページをそっと閉じ，「こんな問題は見なかったことにしよう」と思ったりしたかもしれませんが，Ａランクの問題ですから気合を入れて，答案を書いてみましょう。

事案が複雑である場合，まずは問題文掲載頁にあるような当事者関係図を書いてみるとよいでしょう。必要に応じて問題文の情報を整理できるようにしておくと，答案構成・答案作成が非常にスムーズになります。

2 おおまかな解答方針

本問では，「それぞれどのような責任を追及することができるか」という問い掛けがされています。これを読んで，まずは，登場人物ごとに条件を整理する必要性を感じとってほしいところです。そして，問われているのは取締役らに対する「責任」追及の可否ですから，会社法423条１項の適否が問題となってきます。結論として，それぞれの取締役ごとに任務懈怠責任の有無を検討していくことになります。

② 利益相反取引該当性

甲社取締役であるＣは乙社の代表取締役でもあります。まずはここに着目しましょう。ここに着目できれば，甲乙間取引の利益相反取引該当性にも気づくことができるはずです。「自己又は第三者のために」（356条１項２号）とは，取締役が自己の名をもって，または第三者の代理もしくは代表として取引を行う場合をさすと解される（名義説）ところ，取締役Ｃは第三者たる乙社の代表として甲社と取引をしています（詳細については，第24問参照）。それゆえ，甲乙間取引は利益相反直接取引に該当することになります。

なお，契約当事者が甲乙であることに着目し，甲乙間取引を間接取引と認定することも，考え方のひとつとしてありうるところでしょう。もっとも，直接取引該当性が認められる場合にあえて間

接取引該当性を論じる実益はほとんどありません。直接取引であることを端的に認定すればそれで十分です。

③ 423条3項の適用

では，甲乙間取引が利益相反直接取引にあたるとして，AからEまでの各取締役は任務懈怠責任を負うのでしょうか。

利益相反取引があった場合には，423条3項各号により任務懈怠の推定がされます。本問は書くべきことがかなり多い問題ですから，こういった部分の論述に時間をかけるのは悪手です。必要なことだけを書き，スピーディに突破するのがベターでしょう。423条3項各号の規定内容に照らして，それぞれの取締役ごとに任務懈怠およびその推定の有無を淡々と論じていけば十分です。

なお，Aに関しては，同項各号による推定が及ばないので，監視義務違反を突いていく必要があります。

	決議での行動	取引に関連するその他の行動	任務懈怠およびその推定の有無
A	欠席		監視義務違反（362Ⅱ②）
B	賛成	甲社代表取締役として，乙社と取引	423Ⅲ②により推定
C	議決不参加	乙社代表取締役として甲社と取引	423Ⅲ①により推定
D	賛成		423Ⅲ③により推定
E	棄権		369Ⅴ→423Ⅲ③により推定

④ 取締役会決議の瑕疵

過失がない以上，Aに対しては任務懈怠責任を問いえません。しかし，BCDEには過失があり，これを問うことができます。そうだとして，賠償額はいくらになるのでしょうか。

取締役会決議に瑕疵があり，無効になるのであれば，甲社は乙社に対して取引の無効を主張できるかもしれません。そして，それが認められた場合，甲社は乙社から支払った金銭の返還を受けうる（民法121条の2第1項）のですから，損害は返還を受けられなかった部分についてのみ認められる，ということになります。もっとも，本件では，乙社は取引後に経営が破綻し，無資力になっています。そのため，乙社から金銭の返還を受けることは困難であり，甲社の損害は5億円となります。

取引の無効を主張できない場合は，支払った分が返ってこないのですから，支払額全額分の損害が生じている，ということになります。そこで，①取締役会決議に瑕疵があるか，②取締役会決議に瑕疵があった場合に当該決議は無効となるのか，③取締役会決議による承認を欠く利益相反取引は無効となるか，無効になるとして，その無効を相手方に常に主張できるのか，といったことが問題となってきます。

1　①について──特別利害関係

　　BおよびDは乙社の取締役であり，かつ，Cの身内です。これらの事情から，両者が特別利害関係人にあたるのではないか，との疑いをもってほしいところです。

　　特別利害関係とは，忠実義務違反をもたらすおそれのある，会社の利益と衝突する個人的利害関係のことをいうと解されています。本件では上述のような事情がある以上，BおよびDが特別利害関係人にあたることを容易に認定できるはずです。

2　②について

　　取締役会決議に手続または内容上の瑕疵があった場合の当該決議の効力に関して，会社法は特に定めておらず，また，株主総会決議に関するような特別の訴えも用意していません。したがって，民法の一般原則に従い，瑕疵のある取締役会決議は無効になると解されます。

　　よって，BCDEによってされた決議も，特別利害関係人の決議参加という瑕疵がある以上，無効となります。

3　③について

　　上述のことから，甲社のした取引行為は取締役会決議に基づかないものということになります。

そして，取締役会決議による承認を欠く利益相反取引は無効になると解されている（神田・会社法240頁）ので，甲乙間取引も無効になると考えられます。

　しかし，甲社は，このような無効を乙社に対して主張できるのでしょうか。

　ここで，判例（最判昭和43年12月25日民集22巻13号3511頁〔判例シリーズ62事件〕）は，善意の第三者を保護する必要があるとし，会社が第三者に対して利益相反取引の無効を主張するには，その取引について取締役会の承認がないことのほか，相手方がそれを知っていたことも立証しなければならないとしています（相対的無効説）。本件は，乙社代表取締役のCが甲社取締役であることから，乙社の悪意を認定することができます。それゆえ，甲社は乙社に対して取引の無効を主張できます。この論点についても，判例の考えに則った端的な論述を心掛けましょう。

【参考文献】
試験対策講座・会社法8章4節④【4】(3)，⑥【2】(2)。判例シリーズ62事件。全条解説・会社法423条②1，3。

第18問 B　取締役会決議の瑕疵

取締役会設置会社である甲，乙および丙株式会社（以下それぞれ「甲社」「乙社」「丙社」という）の各株主が，株主総会決議取消しの訴えを提起した。次の各場合における訴えは認められるか。

1　甲社の臨時株主総会の招集の決定にあたり，会議体としての取締役会は開かれなかった。しかし，「特定の日に臨時株主総会を開催する」旨の承諾書にすべての取締役が自宅で署名押印をしていた。その後，臨時株主総会が開催され，Xが取締役に選任された。

2　乙社の定時株主総会の招集を決定する取締役会には，5名の取締役のうち2名しか出席しなかったが，欠席した3名の取締役は，株主総会の招集通知の発信までに，個別に定時株主総会の招集に同意していた。その後，定時株主総会が開催され，Yが取締役に選任された。

3　取締役の選任に関する会社提案を決定するための丙社の取締役会では，選任対象である取締役Zが会議に参加し「賛成」の議決権を行使していた。その後，株主総会が招集され，Zが取締役に再任された（株主総会の招集決定それ自体は有効になされたものとする）。

【解答へのヒント】

小問1から小問3までは，いずれの場合も取締役会の決議が通常とは異なる方法で行われていますが，設問自体は，あくまで株主総会決議取消しの訴えが認められるか否かです。そのため，論点に飛びつかず，訴えとの関係で本問の問題点に触れるようにしましょう。

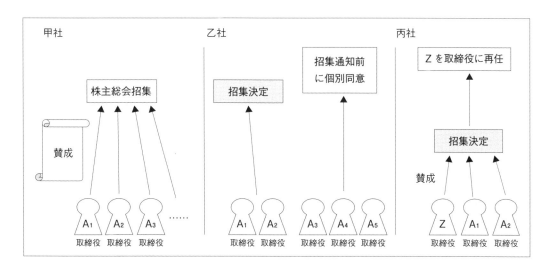

答案例

第1　小問1について

1　本件において，取締役会を開催せず各取締役が署名押印しただけにすぎない持回り決議が無効であれば，株主総会の招集の決定は取締役会決議を経ずに行われたことになるため，甲社の株主総会は「招集の手続」が「法令」（会社法298条4項・1項。以下法名省略）に違反し（831条1項1号），決議取消原因が存在することになる。

そこで，持回り決議の有効性が問題となる。

■⇒問題提起
■⇒持回り決議の有効性

(1)　取締役会設置会社において株主総会の招集決定を必ず取締役会決議により行わなくてはならない（298条4項）のは，株主総会招集の業務としての重要性にかんがみ，取締役の協議により適切な意思決定がなされることが期待されるためである。

そうだとすれば，持回り決議は，協議を省略するものであるから，原則として認められない。

■⇒規範

もっとも，機動的な意思決定をする必要のある場合もあることから，370条の定款の定めがあれば，持回り決議も有効となる。

(2)　本件では，甲社にこのような定款の定めがあるとの事情はない。したがって，株主総会の「招集の手続」が「法令」に違反し，決議取消原因が存在する。

■⇒あてはめ

2　そして，株主総会が有効に招集されることは会社の実質的所有者である株主による議決権（308条1項本文）行使の前提である以上，本件招集手続の法令違反の瑕疵は重大といえ，訴えは，裁量棄却（831条2項）されない。

3　よって，本件の訴えは認められる。

第2　小問2について

本件の取締役会には，取締役5名のうち2名しか出席していないから，その決議は定足数要件（369条1項）をみたさないという瑕疵を有する。

このことにより取締役会決議が無効となるのであれば，乙社の株主総会は取締役会決議を経ずに行われたことになるため，「招集の手続」が「法令」（298条4項・1項）に違反し（831条1項1号），決議取消原因が存在することになる。

そこで，瑕疵ある取締役会決議の有効性が問題となる。

■⇒問題提起
■⇒取締役会決議の瑕疵
■⇒規範

1　取締役会決議には，株主総会決議とは異なり特別の訴えの制度が設けられていないから，一般原則に従い，原則として，瑕疵のある取締役会決議は無効となると解する。

もっとも，瑕疵がなくても決議の結果に影響がないと認めるべき特段の事情があるときは，例外的に，取締役会決議は有効になると解する。

2　本件では，欠席した3名の取締役はすべて招集通知の
　発信までに個別に定時総会の招集に同意しているから，
　欠席した取締役が出席して発言していたとしても，他の
　取締役の判断に影響を与えることはなかったといえる。
　　しかも，小問1における臨時株主総会と異なり，定時
　株主総会の招集決定においてはせいぜい従来の慣例に従
　っていつどこで開催するかを決めるだけであり，取締役
　の間には通常は見解の対立はないので，欠席が決議の結
　果に影響を与えることは，一般的にも考えづらい。
　　したがって，上記特段の事情が認められ，取締役会決
　議は有効になり，株主総会には決議取消原因はない。
　3　よって，本件の訴えは認められない。
第3　小問3について
　　本件では，選任対象となる取締役Zが取締役会に参加し，
　議決権を行使しているところ，Zが「特別の利害関係を有
　する取締役」（369条2項）にあたり取締役会決議が無効に
　なれば，株主総会決議には，無効な会社提案に対する決議
　をしたという「決議の方法」の「法令」違反があることに
　なり（831条1項1号），決議取消原因が存在することにな
　る。
　　そこで，Zが，取締役選任に関する会社提案に「特別の
　利害関係」を有しているかが問題となる。

　1　369条2項の趣旨は，取締役が忠実義務（355条）に従
　　い会社の利益のために議決権を行使すべきことの実効性
　　を確保するため，自己の利益のために議決権を行使する
　　おそれのある取締役について事前にその議決権行使を排
　　除することにある。
　　　したがって，「特別の利害関係」とは取締役の忠実義
　　務違反をもたらすおそれのある，会社の利益と衝突する
　　取締役の個人的利害関係をいうと解する。

　2　本問で，たしかに，Zが自己の保身のため議決権行使
　　をすることはありえないことではない。しかし，取締役
　としての適任者を提案することは業務執行の決定への参
　加に他ならず，取締役の忠実義務の履行そのものといえ
　るから，Zが有する利害関係は個人的なものではない。
　この点が，忠実義務の履行が期待しがたい解職議案とは
　異なるといえる。
　　したがって，Zは「特別の利害関係を有する取締役」
　にあたらず，取締役会決議は有効といえ，株主総会には
　決議取消原因はない。
　3　よって，本件の訴えは認められない。
　　　　　　　　　　　　　　　　　　　　　　　　　　以上

45

50

55

60

65

70

75

80

85

➡あてはめ

➡問題提起
論「特別の利害関係を有する取締
　役」が参加した場合の取締役
　会決議の効力

➡規範

➡あてはめ

取締役会は会社の業務執行その他株主総会の権限以外の事項について会社の意思を決定する重要な機関であり，その決議の有効性については多くの論点が存在する。他方で，株主による会社経営の適正化を確保する手段として，株主総会決議取消しの訴えは重要な制度である。

これらのことから，両者を関連づけながら論じる力を養ってもらうために本問を出題することとした。小問間で事情の違いを意識しながら論じてほしい。

論点

1　持回り決議の有効性
2　取締役会決議の瑕疵
3　「特別の利害関係を有する取締役」が参加した場合の取締役会決議の効力

答案作成上の注意点

1　はじめに

まず，本問においては，全体をとおして，各小問における取締役会決議の諸問題が，株主総会決議の効力にどのような影響を与えるのかをしっかり意識して答案を書くことが必要です。すなわち，たとえば小問1において，取締役会決議の不存在または無効が，会社法831条1項各号のいずれに該当するのかといった点を具体的に示すことなく，「したがって株主総会決議の取消原因がある」などと結論のみを示すような答案を書くことのないようにしましょう。

2　本問の特殊性

正直に言うと，この点に関して，小問3はかなり難しいです。株主総会決議事項に関する会社提案を決定するための取締役会決議に特別利害関係人が関与した場合に，株主総会決議にはどのような瑕疵があるといえるでしょうか。問題文では，「（株主総会の招集決定それ自体は有効になされたものとする）」という限定がされています。そこで，答案例においては，適正に成立していない会社提案に関する総会決議がされている点を捉えて，「決議の方法」の「法令」（309条5項）違反（831条1項1号）を問題にしています。もっとも，このような限定がなければ「招集の手続」の「法令」（298条4項・1項）違反（831条1項1号）を問題にすることも考えられます。自分がどのように考えたのかをしっかり表現できたかどうかを確認してください。

【参考文献】
試験対策講座・会社法8章2節6【1】，4節3。全条解説・会社法369条2 2，83条2 2。

第19問 A　株主総会，取締役会への権限委譲

> 　取締役会および監査役を設置する会社において，次の事項のうち，(1)，(2)を取締役会の権限とし，(3)，(4)を株主総会の権限とすることができるかどうかについて論ぜよ。
> (1)　事業の全部の譲渡または重要な一部の譲渡のうち当該譲渡にかかる資産の帳簿価額が総資産額の5分の1を超えるものの決定
> (2)　取締役の報酬の決定
> (3)　会社の業務執行の決定
> (4)　代表取締役の選定

【解答へのヒント】

1　(1)，(2)は，会社法によって取締役会以外の機関の権限とされています。このような事項を取締役会の権限とすることができるでしょうか。(1)，(2)を取締役会以外の機関の権限とした会社法の規定の趣旨から考えてみましょう。

2　(3)，(4)は，会社法によって株主総会以外の機関の権限とされていますが，これらの事項を株主総会の権限とすることができるでしょうか。(3)については，295条2項が取締役会設置会社における株主総会の権限を縮小させた趣旨等から考えてみましょう。(4)については，これを株主総会の権限とすることで取締役会の代表取締役に対する監督機能が損なわれないか，という観点から検討してみましょう。

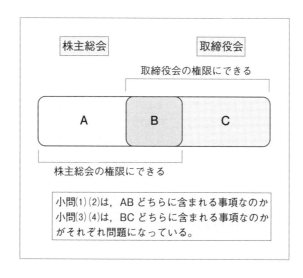

答案例

第1　小問(1)について
　　事業の全部の譲渡または重要な一部の譲渡のうち当該譲
　渡にかかる資産の帳簿価額が総資産額の5分の1を超える
　ものの決定は，株主総会の権限とされる（会社法467条1
　項1号，2号。以下法名省略）。　　　　　　　　　　　　　5
　　そこで，(2)を取締役会の権限とすることはできるか。

➡問題提起
論事業譲渡の決定を取締役会の
権限とすることの可否

　1　この点について，事業譲渡は取引行為であって，業務
　　執行の一環であるから，その決定を取締役会の権限とし
　　てよいとも思える。
　　　しかし，467条1項は，一定の事業譲渡が会社の営業　　10
　　基盤や会社組織に重大な変更を生じ，株主の利益に重大
　　な影響を及ぼすおそれのあることから，その決定を株主
　　総会の権限としたのである。
　　　そして，会社法によって株主総会の権限と定められて
　　いる事項は株主の利益に重大な影響を及ぼすため，かか　　15
　　る事項については株主総会以外の機関の権限とすること
　　は許されない（295条3項）。

➡規範

　　　したがって，事業の全部または重要な一部の譲渡の決
　　定を取締役会の権限とすることはできない。
　2　よって，(1)を取締役会の権限とすることはできない。　　20

➡あてはめ

第2　小問(2)について
　　取締役の報酬の決定は，定款の定めがないかぎり，株主
　総会の権限とされている（361条1項）。
　　そこで，(2)を取締役会の権限とすることはできるか。

➡問題提起
論取締役の報酬の決定を取締役
会の権限とすることの可否

　1　361条1項の趣旨は，取締役が自己の報酬を決定する　　25
　　とお手盛りの弊害が生じるおそれがあり，かかる弊害を
　　防止する点にある。
　　　そして，前述のように，会社法によって株主総会の権
　　限と定められている事項については株主総会以外の機関
　　の権限とすることは許されない（295条3項）。　　　　　30
　　　したがって，取締役の報酬の決定を取締役会の権限と
　　することはできない。
　　　もっとも，取締役の報酬の総額を株主総会で決めれば
　　お手盛りによる会社財産の不当な流出はなく，株主の利
　　益に影響はないため，361条1項および295条3項の趣旨　　35
　　は全うすることができる。

➡規範

　　　そこで，総額を株主総会で決するのであれば，具体的
　　配分の決定を取締役会の権限とすることができる。
　2　よって，総額を株主総会で決するのであれば，(2)のう

➡あてはめ

　　ち，具体的配分の決定については，取締役会の権限とす　　40
　　ることができる。
第3　小問(3)について
　　会社の業務執行の決定は基本的には取締役会の権限（362
　条2項1号）とされている。しかし，定款の定めにより株

主総会の権限を拡大することは許される（295条2項）。　45

そこで、定款により(3)を株主総会の権限とすることができるか。

➡️問題提起

📝会社の業務執行の決定を株主総会の権限とすることの可否

1　この点について、業務執行の決定が取締役会の権限とされる趣旨は、経営の合理化を図る点にある。

そうだとすれば、会社の実質的所有者たる株主が経営　50
の合理化を犠牲にしてもみずから意思決定することを望むのであれば、これをあえて禁止する必要はない。

したがって、株式会社の本質または強行法規に反しないかぎり、定款で会社の業務執行の決定を株主総会の権限とすることは許されると解する。　55

もっとも、業務執行すべての決定権限を株主総会の権限とすると取締役会の存在意義が没却されることになる。

そこで、業務執行すべての決定権限を株主総会の権限　　➡️規範
とすることはできないと解する。

2　よって、(3)のうち一定の事項についての決定について　60　➡️あてはめ
は、株主総会の権限とすることができる。

第4　小問(4)について

代表取締役の選定は取締役会の権限とされている（362
条2項3号）。しかし、前述のごとく定款の定めにより株
主総会の権限を拡大することは許される。　65

そこで、定款により(4)を株主総会の権限とすることができるか。

➡️問題提起

📝代表取締役の選定を株主総会の権限とすることの可否

1　この点について、代表取締役は会社の代表機関であって、取締役会の代表機関ではないから、代表取締役の選定を必ずしも取締役会が行う必要はない。　70

また、代表取締役の選定を株主総会の権限とすれば、解職も株主総会の権限となるため、取締役会の監督権の実効性は弱まるが、解職権限が株主総会に属しても、それにより取締役会の監督命令権が失われるわけではないし、取締役会は代表取締役の解職を議題とする株主総会　75
の招集を決定することもできる。

さらに、監督権の実効性を確保する方法として差止請求等もあるから、解職権限が株主総会に属しても取締役会の監督機能の実効性が欠けることはない。

したがって、定款により代表取締役の選定を株主総会　80　➡️規範
の権限とすることはできると解する。

2　よって、(4)を株主総会の権限とすることはできる。　　➡️あてはめ
以上

85

本問の題材は，旧司法試験の1980（昭和55）年度第1問を改題したものである。

取締役会設置会社において，株主総会の権限とされている事項を取締役会の権限とすることや取締役会の権限とされている事項を株主総会の権限とすることの可否について問うている。

論点

1 事業譲渡の決定を取締役会の権限とすることの可否
2 取締役の報酬の決定を取締役会の権限とすることの可否
3 会社の業務執行の決定を株主総会の権限とすることの可否
4 代表取締役の選定を株主総会の権限とすることの可否

答案作成上の注意点

1 取締役会への権限委譲

1 問題の所在について

取締役会設置会社においては，株主総会の法定権限は，(i)取締役・監査役などの機関の選任・解任に関する事項，(ii)株式会社の基礎的変更に関する事項（定款変更，合併・分割，解散等），(iii)株主の重要な利益に関する事項（株式併合，剰余金配当等），(iv)取締役に委ねたのでは株主の利益が害されるおそれが高いと考えられる事項（取締役の報酬の決定等）です。そして，会社法は，株主総会の法定の権限について，取締役，執行役，取締役会その他の株主総会以外の機関が決定することができることを内容とする定款の定めは，その効力を有しないと規定しています（295条）。

株主総会の法定権限

(i)機関の選任・解任に関する事項 ・取締役・監査役・会計監査人・会計参与・清算人の選任・解任（329 I，339 I，478 I ③，479 I。ただし，種類株主の特則） ・提出・提供資料検査役（316 I），および少数株主が招集した株主総会における業務財産調査検査役（316 II）の選任
(ii)株式会社の基礎的変更に関する事項 ・定款変更（466） ・資本金額の減少（447 I） ・解散（471 ③） ・株式会社の継続（473） ・株式会社の合併・分割（783 I，795 I，804 I） ・株式交換（783 I，795 II），株式移転（804 I） ・事業の譲渡等（467 I）
(iii)株主の重要な利益に関する事項 ・計算書類の承認（438 II，ただし，会計監査人設置会社の特則） ・一定の自己株式取得（156 I，160 I，171 I，175 I） ・株式の併合（180 II） ・取締役等の株式会社に対する責任の一部免除（425 I） ・公開会社以外の株式会社での募集株式・新株予約権の発行に関する事項の決定（199 II，200 I，202 III ④，238 II，239 I，241 III ④） ・公開会社における募集株式・新株予約権の有利発行の場合における募集事項の決定（201 I，199 II，240 I，238 II）
(iv)会社役員の専横防止に関する事項 ・役員報酬の決定（361 I，379 I，387 I。ただし，指名委員会等設置会社の特例など）

しかし，295条3項は，株主総会の決議事項の決定を取締役等の下位機関の決定に委ねてはならないという意味であって，株主総会の決議に基づく細目の決定権限を下位機関に授権したり，株主総会の決議の効力を第三者の承認等にかからしめたりすることまでを否定するものではないと解されています。

2　小問(1)について

　　事業の全部の譲渡または重要な一部の譲渡のうち当該譲渡にかかる資産の帳簿価額が総資産額の5分の1を超えるものの決定は，株主総会の権限とされています（467条1項1号，2号）。467条1項は，一定の事業譲渡が会社の営業基盤や会社組織に重大な変更を生じ，株主の利益に重大な影響を及ぼすおそれのあることから，その決定を株主総会の権限としたのです（上記(ii)，(iv)）。

　　したがって，295条3項により，(1)の事項を取締役会の権限とすることはできません。

3　小問(2)について

　　取締役の報酬の決定は，定款の定めがないかぎり，株主総会の権限とされています（361条1項）。361条1項の趣旨は，取締役が自己の報酬を決定するとお手盛りの弊害が生じるおそれがあるため，このような弊害を防止する点にあります（上記(iv)）。したがって，(1)と同様，(2)の事項を取締役会の権限とすることはできません。

　　もっとも，前述のように，295条3項は株主総会の決議に基づく細目の決定権限を下位機関に授権することまでを否定するものではありません。そこで，(2)について，具体的配分の決定を取締役会の権限とすることができないかが問題となります。

　　この点について，取締役の報酬の総額を株主総会で決めればお手盛りによる会社財産の不当な流出はなく，株主の利益に影響はないため，361条1項および295条3項の趣旨は全うできます。

　　したがって，総額を株主総会で決するのであれば，具体的配分の決定については，取締役会の権限とすることができると解されています。

② 株主総会への権限委譲

1　小問(3)について

　　取締役会設置会社においては，株主総会の権限は法定の事項および定款で定めた事項にかぎられます（295条2項）。そこで，定款によりどこまで株主総会の権限を拡大させることができるか，具体的には，会社法が取締役会の決議事項として定めた事項について，定款で株主総会の決議事項とすることができるかが問題となります。

　　この点について，295条2項が株主総会の権限を縮小させた趣旨は，一般的には，経営の意思も能力もない株主が経営に介入せず，専門的知識をもった取締役に経営を委ねることが適時かつ的確な意思決定を可能にし，かえって株主の利益となり，かつ，それが株主の合理的意思に合致すると考えられたためです。そうだとすれば，会社の実質的所有者である株主が経営の効率性を犠牲にしてもみずから意思決定をしようと考えるときは，取締役会の決定事項を株主総会の権限としても上記趣旨に反しません。そこで，株式会社の本質または強行法規に反しないかぎり，取締役会の決定事項を定款で株主総会の決議事項とすることができると解されています。

　　もっとも，株主総会の招集（296条3項）は，事柄の性質上，株主総会の権限とすることはできないと解されています。株主総会みずからが招集することは現実的に不可能だからです。また，業務執行すべての決定を株主総会の権限とすることもできないと解されています。これを認めると，取締役会の存在意義を没却させることになるからです。

　　以上より，(3)の事項のうち，一定の事項についての決定については，株主総会の権限とすることができます。

2　小問(4)について

　　会社法は，取締役会が，取締役のなかから代表取締役を選定する旨を定めています（362条2項3号，3項）。そこで，定款で，代表取締役の選定を株主総会の権限とすることができるかが問題となります。この点について，株主総会が選定した代表取締役に関しては解職権も株主総会にあることになり，取締役会の代表取締役に対する命令監督の権限が実質的な裏づけを失うことに

なるとして，消極に解する説があります。

　しかし，取締役会はこれによって命令監督の権限を失ってしまうわけではないし，また，代表取締役の選定および解職が株主総会の決議事項とされても取締役会はその解職を議題として株主総会を招集することができます。さらに，代表取締役は株主総会の代表機関であって，取締役会の代表機関ではないと考えれば（並列機関説），代表取締役の選定を株主総会で行うこととしても，理論上問題はありません。

　したがって，代表取締役の選定を定款で株主総会の権限とすることができると解する見解があります。答案例では，このような見解をとっています。

　この点に関連して，最決平成29年2月21日民集71巻2号195頁は，「取締役会設置会社である非公開会社における，取締役会の決議によるほか株主総会の決議によっても代表取締役を定めることができる旨の定款の定めは有効であると解するのが相当である。」としています。ただし，この最高裁の決定は，「取締役会の決議によるほか株主総会の決議によっても代表取締役を定めることができることとしても，代表取締役の選定及び解職に関する取締役会の権限（法362条2項3号）が否定されるものではなく，取締役会の監督権限の実効性を失わせるとはいえない」ことを理由にあげています。これは，取締役会設置会社において，代表取締役の選定および解職に関する取締役会の権限を否定して，代表取締役はもっぱら総会決議により定める旨の定款の定めは，取締役会の監督権限を失わせるとして，効力を認めない趣旨であると解されます。それゆえ，本決定は，上記の並列機関説ではなく，派生機関説の考え方によるものと考えられます。派生機関説とは，業務執行の権限は取締役会に属しており，代表取締役の権限は取締役会の権限に由来するとみる見解です。

　いずれの見解をとってもかまいませんが，自説から説得的に論じられるようにしておきましょう。

【参考文献】
試験対策講座・会社法8章2節②【3】，8章4節⑥【2】(3)。全条解説・会社法295条②2(2)・(3)。

甲社は，事務用品の販売を目的とする会社法上の公開会社であり，監査役を設置している。甲社の総資産額は250億円であり，平均的な年間売上高は300億円である。2019年4月25日，甲社定時株主総会において，以下の2つの決議がなされた。決議の概略は，以下のとおりである。

　　決議1：「当会社の財産の処分は，株主総会の普通決議によってもすることができる。」とする旨の定款変更。
　　決議2：甲社所有のP倉庫を近隣の不動産価格に照らし，適正な価格で売却する。

　本件決議1および本件決議2を受け，甲社は乙社と交渉を開始し，2019年度中にP倉庫を適正な価格で売却することができる見込みがついた。ところが，2020年1月，甲社が所有するもう1つの大型倉庫（以下「Q倉庫」という）が所在するQ県において発生した大地震により，Q倉庫が倒壊したため，海外から到着する貨物をP倉庫において保管しなければならず，P倉庫を売却すると，競合他社に多数の顧客を奪われるなど，50億円を下らない損害が甲社に生ずることが見込まれた。他方で，P倉庫の近隣の不動産価格が下落する兆候は，うかがわれなかった。
　その後の甲社の取締役会においては，改めて本件決議1および本件決議2への対応について，取締役から，「適法な株主総会の決議を遵守することは取締役の義務であろうが，本件決議2については，これに従いP倉庫を売却することにより，損害が発生し，他方で，P倉庫の売却の交渉を中止しても，P倉庫の資産価値は維持されるし，現時点は，違約金等の負担も生じないので，遵守することにこだわるべきでない。」という意見が述べられた一方で，社外取締役から，「適法な株主総会の決議は，常に遵守すべきである。」という意見が述べられるなど，さまざまな意見が述べられたが，代表取締役社長Aが本件決議2に従いP倉庫を売却する旨の議案を提案し，当該議案が代表取締役社長Aの賛成を含む賛成多数により可決された。
　そこで，Aは，2019年度中にP倉庫を近隣の不動産価格に照らし適正な価格で乙社に売却したが，それにより，多数の顧客を奪われるなどした結果，多大な損害が甲社に発生した。
　この場合におけるAの会社法423条1項の責任について，本件決議1の効力を検討したうえで，論じなさい。

【解答へのヒント】
　決議1の内容について，まずは考えてみましょう。
　何かしらの規定と抵触するような気がしますが，どうでしょうか。Aの任務懈怠責任については，決議1・2がされたことにより，Aにいかなる義務が生じているのか，というところから検討を始めましょう。

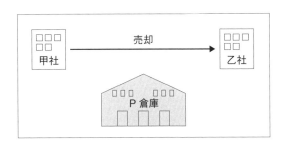

答案例

第1　本件決議1の効力について

　甲社は公開会社（会社法2条1項5号。以下「会社法」法名省略）であり，取締役会（362条1項）を設置している（327条1項）。そして，会社財産の処分は，取締役の業務執行権限に属する事項である（362条2項1号）。決議1 [5] はこのような行為を行う権限を株主総会にも与える趣旨のものであるが，このような決議は有効であるといえるのか。295条2項が取締役会設置会社における株主総会の権限を制限している趣旨との関係において，問題となる。

➡️問題提起
論 業務執行を行う権限を株主総会に与える旨の決議の有効性

　　1　295条2項は，株式会社における所有と経営を分離す [10] ることによって，経営を合理化し，もって株主の利益の保護・向上を図るための規定である。

　　　そうであるならば，会社の実質的所有者である株主が，経営の合理性を犠牲にしてまでも，取締役の業務執行権限に属する行為を行いたいとの意思を有しているのであ [15] れば，これを否定すべき合理的な理由は見出しがたい。

➡️規範

　　　したがって，取締役の業務執行権限に属する行為を行う権限を株主総会に与える旨の株主総会決議は，原則として有効であると考える。

　　　ただし，業務執行すべての決定権限を株主総会の権限 [20] とすると取締役会の存在意義が没却されることになるから，業務執行すべての決定権限を株主総会の権限とすることはできないと解する。

➡️あてはめ

　　2　本件決議1によって株主総会に与えられるのは，会社財産の処分を行う権限のみである。それゆえ，本件決議 [25] 1を認めたところで，取締役会は依然として会社財産の処分を含む業務執行一般を行いうるのだから，これによって取締役会の存在意義が没却されるようなことにはならない。

　　　よって，本件決議1は有効である。 [30]

第2　Aの423条1項の責任について

　本件決議1が有効である以上，これに基づきなされた本件決議2も有効である。そして，Aは本件決議2に基づき，P倉庫を売却している。しかしながら，この売却行為により，甲社には多大な損害が生じている。しかも，こういっ [35] た損害はあらかじめ予想されていた。

　そうだとして，Aは，「任務を怠った」（423条1項）といえるのか。Aには忠実義務の一内容として，本件決議2を遵守すべき義務が生じていたと思われる（355条）ところ，あくまで決議に従って行ったにすぎないAによる売却 [40] 行為は善管注意義務違反（330条・民法644条）を構成しないのではないか。株主総会決議に従った業務執行がなされた場合において，善管注意義務違反が肯定されることはありうるのか，ありうるとして，それはどんな条件のもとに

おいてであるのかが，355条の趣旨や忠実義務の内容・性質と関連して問題となる。

➡問題提起
論株主総会決議遵守義務と善管注意義務の関係性

1　取締役の忠実義務を定めた355条は，取締役がその地位を利用して自己の利益を追求することを防止し，会社の利益の最大化のために職務を遂行するよう動機づけるための規定である。

　そうだとすると，355条を，株主総会決議に従った業務執行がなされ，損害が生じた場合において，取締役の善管注意義務違反を常に否定するような免責的作用を有する規定であると解釈することはきわめて困難であるといわざるをえない。むしろ，上述した355条の趣旨からして，決議に従った業務執行によって会社に多大な損害が生ずることがあらかじめ明白である場合などは，その決議を遵守すべき義務があったとしても善管注意義務違反を肯定すべきであると考える。

➡規範

2　本件では，Q倉庫の倒壊により，海外から到着する貨物をP倉庫において保管しなければならないという状況が生じていた。そして，P倉庫を売却すると，競合他社に多数の顧客を奪われるなど，50億円を下らない損害が甲社に生ずることが見込まれており，このことは取締役会において情報共有がなされていたことから，Aも十分に認知していたはずである。また，50億円という金額は，甲社の総資産額の5分の1に相当し，平均的な年間売上高の6分の1にも相当する非常に大きい金額である。したがって，決議に従った業務執行によって甲社に多大な損害が生ずることはあらかじめ明白であったといえる。

➡あてはめ

　よって，AによるP倉庫売却は善管注意義務違反を構成し，Aは「任務を怠った」といえる。

3　そして，上述のことから，Aには任務懈怠につき重過失が認められ，また本件決議2に従って行われたP倉庫の売却により，甲社に多大な「損害」が生じている。そして，甲社の損害とAの任務懈怠との間には因果関係があるといえる。

4　以上より，Aは423条1項に定める任務懈怠責任を負う。

以上

出題趣旨

本問の題材は，2019（令和元）年司法試験民事系第2問設問3を改題したものである。

株式会社における機関権限の分配の趣旨や，忠実義務と善管注意義務の関係性についての理解を問うている。

論点

1　業務執行を行う権限を株主総会に与える旨の決議の有効性
2　株主総会決議遵守義務と善管注意義務の関係性

答案作成上の注意点

① 本問の解答指針

試験において大切なことは，しっかり問いに答えようとする姿勢です。本問では，「本件決議1の効力を検討したうえで」任務懈怠責任について論じることが求められていますから，これに従って検討しましょう。

また，上述のような問い方がされているのですから，決議1の効力とAの任務懈怠責任との関係性について，答案構成の段階で意識しておくようにしてください。

② 決議1の効力について

決議1は，会社財産の処分を株主総会の決議によってなしうるとするものです。しかし，取締役会設置会社においては，会社財産の処分は取締役の業務執行権限に属する行為であって，本来株主総会が行う類のことではないとされています（会社法295条2項）。そのため，このような権限の拡大が許されるのかが問題となってきます。

295条2項の趣旨は，株主総会の権限を会社の基本的事項に関する意思決定に限定し，経営の専門家である取締役に経営を委ねることで，会社の合理的経営を実現することにあるとされています。したがって，株主が，取締役に経営を委ねるのではなく，経営の合理性を犠牲にしてまでもみずから経営に関する意思決定をしたいと考えるのであれば，取締役会の決議事項を株主総会の決議事項としても，295条2項の趣旨に反しない，ということができるでしょう。

ただし，会社法が所有と経営の分離を制度的に採用していることに照らし，取締役会の業務執行に関するすべての決定権限を株主総会の権限とする旨の定款変更を内容とする決議は，一般的に無効であると考えられています。

③ Aの任務懈怠責任

AのP倉庫売却行為により，甲社には多大なる損害が生じています。もっとも，上記売却行為は株主総会決議に従って行われたものです。それゆえ，上記売却行為が善管注意義務違反を構成するのか，忠実義務の一内容たる株主総会決議遵守義務（355条）との関係において問題となります。参考となる有名判例はありませんから，現場思考で適当な理屈を立て，妥当な結論を導きましょう。それができれば十分です。

【参考文献】
試験対策講座・会社法8章1節①【2】。全条解説・会社法295条②2(2)。

第21問 A　代表取締役の行為の効力

甲株式会社（取締役会および監査役を設置する会社とする。以下「甲社」という）の資産総額は200億円であり，甲社の内規によれば，10億以上の借入れには取締役会の決議が必要である。甲社の代表取締役Aが，甲社の名において乙銀行と次の取引をしたとき，それぞれの取引の効力はどうなるか。

1　Aは，取締役会の決議を経ることなく，20億円を借り入れた。なお，乙銀行は，甲社に上記内規が存在することおよび取締役会の決議が必要であることについては知らなかったが，知らなかったことについて過失があった。

2　Aは，自己の住宅購入資金にあてるため，2億円を借り入れた。なお，乙銀行は，Aがこのような目的で2億円を借り入れようとしていることは知らず，そのことについて過失もなかった。

【解答へのヒント】

1　小問1について

Aの行為は甲社の内規に違反していることは明らかです。もっとも，内規に違反していることを乙銀行に主張することができるのか，主張できないとすれば，ほかに乙銀行に主張しうるAの行為の無効事由は何かないのかを考えてみましょう。甲社の規模等に着目すると本件取引はAの独断で行ってよいものなのでしょうか。

2　小問2について

小問1と比べて2のAの行為は小規模ですが，Aは自己の利益を図る目的で取引を行っているようです。このことがAの行為の有効性に影響しないでしょうか。会社法以外の法令も参照する必要がありそうです。

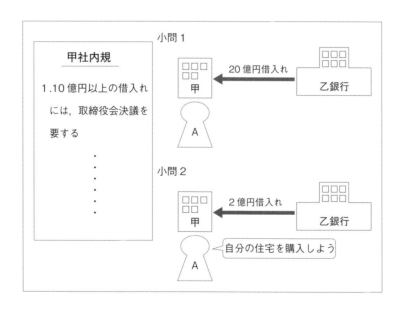

第1　小問1について

1　甲社の内規によれば，10億円以上の借入れには取締役
会の決議が必要であるにもかかわらず，Aは取締役会の
決議を経ることなく，20億円を借り入れている。

　　そこで，本件取引は無効とならないか。会社の内規に
違反した代表取締役の行為の効力が問題となる。　　　5

　　→問題提起

　　論代表取締役の代表権に加えた
　　　　制限

(1)　この点について，代表取締役の代表権は，会社の業
務に関するいっさいの裁判上・裁判外の行為に及ぶ包
括的なものであり（会社法349条4項。以下「会社
法」法名省略），これを制限しても，「善意の第三者」　10
には対抗できない（同条5項）。

　　そして，重過失は悪意と同視できるため，「善意」
とは，制限につき善意無重過失であることをいうと解
する。

(2)　本件では，乙銀行は甲社の内規を知らなかったので　15
あるから，「善意の第三者」にあたり，内規によるA
の代表権の制限を乙銀行に対抗することはできない。

　　→あてはめ

2　もっとも，本件借入れが「多額の借財」にあたる場合
には，法律上取締役会の決議を要する（362条4項2号）。
そこで，この場合，取締役会の決議を経ることなくした　20
本件取引は無効とならないか。

(1)　まず，20億円の借入れが「多額の借財」にあたるか。

　　→問題提起

　　論「多額の借財」の意義

ア　この点について，362条4項2号の趣旨は，多額
の借財となる行為は，その後の会社の事業活動に影
響を及ぼすことになるため，取締役会の決議事項と　25
することでその判断に慎重を期すことにある。

　　そうだとすれば「多額」といえるか否かは，①当
該借財の額，②その会社の総資産・経常利益等に占
める割合，③借財の目的および④会社における従来
の取扱い等の事情を総合的に考慮して判断すべきで　30
ある。

　　→規範

イ　これを本件についてみると，借入額20億円は，甲
社の資産200億円の10分の1にあたるため，その金
利の支払が甲社の事業活動に与える影響は大きいと
考えられるし，また，20億円という額は内規により　35
取締役会の決議が必要とされる価額の2倍もの額で
ある。

　　→あてはめ

ウ　以上を考慮すると，20億円の借入れは「多額の借
財」にあたる。

(2)　では，取締役会の決議を経ることなくした本件取引　40
は無効とならないか。

　　→問題提起

　　論362条4項2号に違反した代
　　　　表取締役の行為の効力

ア　この点について，取締役会の決議を欠く個別的取
引行為は，取締役会の内部的意思決定と代表者のな
した意思表示に不一致があるから，心裡留保（民法

93条）に類似する構造が認められる。

　　そこで，民法93条を類推適用し，原則として有効であるが，相手方が取締役会の決議を欠くことにつき悪意・有過失の場合には，例外的に無効となると解する。

➡規範

　イ　本件では，Aが20億円の借入れにつき取締役会の決議を経ていないことについて，乙銀行は知らなかったが，知らなかったことについて過失があった。したがって，本件取引は無効となる。

➡あてはめ

第2　小問2について

1　Aは，2億円を借り入れているにすぎないから，本件取引は甲社の内規には反しない。また，小問1とは異なり，本件では，2億円を借り入れているにすぎないところ，この価額は内規により取締役会の決議が必要とされる価額の5分の1にすぎないから，2億円の借入れは「多額の借財」にはあたらないと考えられる。

2　しかし，2億円の借入れは，Aの住宅購入資金にあてるため行われた。

　　そこで，本件取引は，代表権の濫用（349条4項，民法107条）にあたり，無権代理として無効とならないか検討する。

🔖代表取締役の権限濫用

⑴　本件では，代表取締役Aは上記のように甲社を包括的に代表するから，「代理人」にあたる。そして，2億円の借入れは，Aの住宅購入資金にあてるため行われたのであるから，「自己……の利益を図る目的で代理権の範囲内の行為をした」といえる。

➡あてはめ

⑵　しかし，乙銀行は，Aが自己の住宅購入資金にあてるため2億円を借り入れたことについて知らず，そのことについて過失もなかった。したがって，「相手方がその目的を知り，又は知ることができた」とはいえない。

⑶　したがって，無権代理行為とならず，本件取引は有効である。

以上

本問の題材は，旧司法試験の1988（昭和63）年度第1問を改題したものである。

小問1は，代表取締役が借財をした事案において，その取引の有効性について，代表取締役の代表権に加えた内部的制限の基本的理解と，「多額の借財」の該当性判断，会社法362条4項2号で要求される取締役会決議を欠く代表取締役の行為の効力を検討させるものである。小問2は，代表取締役の行為が客観的に代表取締役の代表権の範囲内にあるが，主観的には本人に利益を帰属させる意思がない，いわゆる代理権濫用の場合において，適切な処理ができるかを問うものである。

論点

1　代表取締役の代表権に加えた制限
2　「多額の借財」の意義
3　362条4項2号に違反した代表取締役の行為の効力
4　代表取締役の権限濫用

答案作成上の注意点

1　代表取締役の代表権

1　代表取締役とは，その名のとおり，株式会社を代表する取締役をいいます（47条1項括弧書）。代表取締役を定めていない場合には，各取締役がそれぞれ株式会社を代表します（349条1項，2項）が，「他に代表取締役その他株式会社を代表する者を定めた場合」には，その者が代表権を有し，他の取締役は代表権を有しません。
2　代表取締役の代表権は株式会社の業務に関するいっさいの裁判上・裁判外の行為に及ぶ包括的なものであり（349条4項），これを内規や取締役会決議等で内部的に制限しても善意の第三者に対抗することはできません（349条5項）。

2　「多額の借財」の意義

1　もっとも，内部的な制限は善意の第三者に対抗することはできませんが，会社法上の違反などの内部的でない制限については，別途検討が必要になります。本件では，20億円の借入れが「多額の借財」（362条4項2号）にあたるかが問題となります。
2　「多額の借財」の判断基準

取締役会設置会社において，「多額の借財」については，その決定を取締役に委任することができません（362条4項柱書）。したがって，必ず取締役会の決議が必要となります。もっとも，「多額の借財」という概念は相対的なものであって，すべての株式会社にとって共通な画一的基準というものはありません。したがって，株式会社の規模，業種や，取引の種類または取引の相手方等により，具体的個別的に判断するしかありません。

これは，「重要な財産の処分」（362条4項1号）についても同様で，判例は，「重要な財産の処分」にあたるかの判断につき，「①当該財産の価額②その会社の総資産に占める割合，③当該財産の保有目的④処分行為の態様および⑤会社における従来の取扱い等の事情を総合的に考慮して判断すべきである」としています（最判平成6年1月20日民集48巻1号1頁〔判例シリーズ68事件〕）。

この最高裁判決を受けて，「多額の借財」についても，裁判例（東京地判平成9年3月17日判時1605号141頁）は「①当該借財の額，②その会社の総資産・経常利益等に占める割合，③借財の目的および④会社における従来の取扱い等の事情を総合的に考慮して判断すべき」としており，態様が考慮要素にあげられていないこと以外は同様となっています。

注意してほしいのは，「重要な財産の処分」「多額の借財」の判断において，これらすべてを考

慮する必要はなく，また，これら以外の事情を考慮してはいけないというわけでもないことです。これらの該当性の判断が出題されたときには，なるべく問題文から使えそうな事情を拾ってあてはめるのが大事です。

③　362条４項２号に違反した代表取締役の行為の効力

1　では，本件のように362条４項２号（１号も同様）に該当するのに，取締役会の決議を経ずに行われた代表取締役の行為の効力はどのように考えるべきでしょうか。

2　362条４項各号に規定されるような重要な業務執行を取締役会の専属的決議事項とした趣旨は，このような業務執行について特定の取締役だけに判断させることなく，全取締役の集合である取締役会によって決議させるほうが適切であって，会社の利益に適うという点にあると考えられます。この趣旨を重視すれば，362条４項２号（１号）に違反した代表取締役の行為はすべて無効にすべきであるとも思えます。

　　しかし，支配人の選任（３号）等とは異なり，「重要な財産の処分」や「多額の借財」の場合，代表取締役の行為を有効と信じた相手方その他の第三者の利益を考慮する必要性が高いと考えられています。すなわち，このような代表取締役の行為は原則として有効であると考えて，会社の利益よりも取引の安全を優先する必要があるということです。

　　判例も「代表取締役は，株式会社の業務に関し一切の裁判上または裁判外の行為をする権限を有する点にかんがみれば，代表取締役が，取締役会の決議を経てすることを要する対外的な個々的取引行為を，右決議を経ないでした場合でも，右取引行為は，内部的意思決定を欠くに止まるから，原則として有効であって，ただ，相手方が右決議を経ていないことを知りまたは知り得べかりしときに限って，無効である，と解するのが相当である。」としています（最判昭和40年９月22日民集19巻６号1656頁〔判例シリーズ69事件〕）。判決中に明言はされていないものの，一般にこの判例は民法93条１項ただし書の規定を類推適用する構成であると考えられています。すなわち，代表取締役には代表権（意思表示を行う権限）はあるものの，その権限の源となる業務執行の決定（意思形成）をする権限はないため，会社の真意と異なる表意行為が行われた場合と同視できると考えて，民法93条１項ただし書を類推適用すると考えるのです（会社法百選64事件解説）。

3　ちなみに，本問とは直接関係しませんが，このような場合における無効はだれでも主張できるのかについて，362条４項の趣旨が代表取締役への権限集中の抑制，取締役相互の協議による結論に沿った業務の執行の確保という会社の利益の保護にあることを理由に，無効の主張は原則として会社のみがすることができ，会社以外の者は，当該会社の取締役会が上記無効を主張する旨の決議をしていることなどの特段の事情がないかぎり，これを主張することができないと解するとする判例があります（最判平成21年４月17日民集63巻４号535頁）。

④　代表取締役の権限濫用

　　上記のように，代表取締役は包括的な代表権を有しています。したがって，本問のように特に代表取締役の行為が会社法その他の規制にかからないときは，その行為は有権代理として有効とされるはずです。

　　しかし，このときの利益状況は民法における代理権濫用と何ら変わりませんから，代表権の濫用について会社法上に規定がない以上，一般法である民法107条が適用されることになります。

⑤　おわりに

　　今回は362条４項２号（１号）で要求される取締役会決議を欠く代表取締役の行為の効力が問題となっており，問題集等では取締役会決議を欠く代表取締役の効力といった題名で掲載されていることが多い問題です。ここで注意してほしいのは，本問で取り扱ったいわゆる民法93条類推適用説は，あくまで362条４項２号（１号）で要求される取締役会決議を欠く代表取締役の行為の効力においてのみ妥当する議論であり，他の事由によって要求される取締役会決議を欠く場合には妥当しないという点です。たとえば，公開会社における募集株式の発行についても取締役会の決議が必要

ですが，この場合は取引の安全の保護の必要性が非常に高いことから何ら留保なく有効と考えられています。このように，決議が必要であるのに決議に基づかない代表取締役の行為の効力は，その行為を無効にすることによって守られる株式会社の利益と，代表取締役の行為を有効であると信じて行為をした第三者の利益とを比較考量して考えていくしかなく，結局は個別的に検討していくしかないのです。

○代表取締役の行為の効力についての思考フローチャート

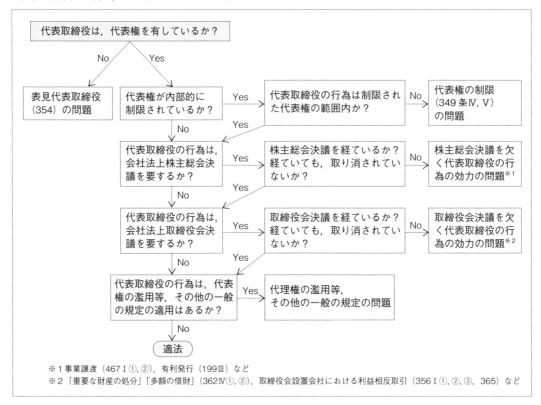

【参考文献】
試験対策講座・会社法8章4節④【2】・⑤【4】。判例シリーズ68事件，69事件。全条解説・会社法349条①，②2(1)，362条③2(1)。

第22問 A 競業避止義務

　関東地方に店舗網を有し，主に大衆向けの衣料品の販売業を営んでいる取締役会設置会社である株式会社Aはかねてから関西地方に進出することを企画していた。
1　同社の取締役甲は，会社に無断でみずから，大阪において「A大阪店」という商号を用い，高級衣料品の販売を開始し，3億円の利益を得た。この場合に株式会社Aは，甲に対し，会社法上どのような措置をとることができるか。
2　甲が「株式会社A」という取締役会を設置しない株式会社を設立して，その取締役となり，同じく大阪において，高級衣料品の販売を開始した。衣料品の販売により「株式会社A」が得た利益の額は34億円である。この場合，株式会社Aは，会社法上どのような措置をとることができるか。

【解答へのヒント】
1　小問1について
　　甲の横暴を放置したままでは，かりにA社が関西に進出したとしても，「A大阪店」と顧客の奪い合いが発生し，十分な利益を得られない可能性がありそうです。ここで，A社の採りうる手段としては，まず，甲に対する損害賠償請求が考えられます。しかし，これだけで十分といえるでしょうか。A社としては「A大阪店」という商号を使われたくないはずですが，どのような措置をとることになるでしょうか。
2　小問2について
　　小問1との違いに留意しつつ，解答しましょう。

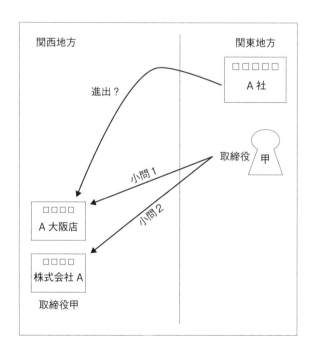

第1　小問1について

1　A社は，甲に対し，会社法423条1項（以下法名省略）に基づき，3億円の損害賠償請求をすることが考えられる。

(1)　まず，「任務を怠った」といえるか。任務懈怠は法令定款違反の場合に認められるので，以下検討する。 5

　　　ここで，後述する356条1項1号の趣旨から，「自己……のために」とは，「自己の計算において」という意味であると解されるところ，A社の「取締役」である甲は，みずから高級衣料品の販売を行っており，これにより獲得された経済的利益は甲に帰属するのだから，甲は 10 「自己……のために」衣料品販売を行ったといえる。

　　　そして，高級衣料品の販売が「事業の部類に属する取引」（356条1項1号）にあたれば，甲は必要となる取締役会の承認（365条1項，356条1項1号）を得ずに「無断で」販売を開始しているため，ここに法令違反が認め 15 られ，「任務を怠った」（423条1項）といえる。そこで，高級衣料品の販売が「事業の部類に属する取引」にあたるか。同文言の意義が問題となる。

> 　356条1項1号の趣旨は，取締役がその地位を利用して会社の取引先を奪うなど，会社に損害を与えることを 20 防止する点にある。
> 　そこで，「事業の部類に属する取引」とは，会社の実際に行う事業と市場において取引先が競合し，会社と取締役の間に利益衝突が生じる可能性のある取引をいうと解する。 25

　　　たしかに，A社が関東地方に店舗網を有するのに対して，甲は大阪で販売を開始しており，販売地域が異なる。また，A社が大衆向けの衣料品を販売しているのに対し，甲は高級衣料品を販売している。

　　　しかし，A社はかねてから関西地方に進出することを 30 企画していたため，将来において販売地域が競合する可能性がある。また，大衆向けの衣料品と高級衣料品はともに衣料品という点では共通しており，その区別もあいまいであるため，目的物も競合する可能性がある。

　　　そうすると，甲の販売は，会社の実際に行う事業と市 35 場において取引先が競合し，会社と取締役の間に利益衝突が生じる可能性のある取引といえるため，「事業の部類に属する取引」にあたる。

(2)　また，取締役である甲は，A社が関西地方への進出を企画していることを認識していたと考えられる。 40

　　　にもかかわらず，無断で大阪において高級衣料品を販売しており，任務懈怠につき少なくとも過失がある。

(3)　そして，甲が販売により得た利益の額である3億円は，A社に生じた損害の額と推定される（423条2項）。

論「自己……のために」の意義

➡問題提起

論「事業の部類に属する取引」の意義

➡規範

➡あてはめ

（4）　よって，A社は，上記措置をとることができる。　45

2　また，A社は，甲に対し，8条2項に基づき，「A大阪店」という商号の使用の差止めを請求するという措置をとることが考えられる。

論商号使用の差止め

（1）　まず，「不正の目的」（8条1項）とは，一般人に自己の事業を他の者の事業と誤認させる目的をいうと解される　50　ところ，A社の関西地方への進出企画を認識していたはずの甲が，あえてA社の名を用いていることから，一般人に自己の事業をA社の事業と誤認させる目的があり，「不正の目的」があるといえる。

（2）　また，「A大阪店」との商号は，A社の支店であると　55　の誤認を生じさせるものであり，「他の会社であると誤認されるおそれのある……商号」といえる。

（3）　そして，甲の販売行為により，A社の将来の関西地方での売上が減少するおそれがあり，A社には「営業上の利益を……侵害されるおそれ」（8条2項）がある。　60

（4）　よって，A社は，上記措置をとることができる。

第2　小問2について

1　A社は，甲に対し，423条1項に基づき，34億円の損害賠償請求をするという措置をとることが考えられる。

（1）　まず，甲は自己の設立した「株式会社A」を代表して，65　「第三者のために」，「事業の部類に属する取引」（365条1項，356条1項1号）を行ったといえる。

それにもかかわらず，甲はA社取締役会の承認を得ていないため，「任務を怠った」といえる。

（2）　また，甲は任務懈怠について過失があるといえる。　70

（3）　この場合，「株式会社A」が得た利益の額34億円が損害の額と推定される（423条2項）。

（4）　よって，A社は，上記措置をとることができる。

2　次に，A社は，8条2項に基づき，「株式会社A」という商号の使用差止請求をするという措置をとることが考えられ　75　る。ここで，「営業上の利益を侵害する者」は「株式会社A」であり甲でないため，甲に対しては上記請求をすることができないが，「株式会社A」に対し上記請求をするという措置をとることができないか。

（1）　まず，小問1と同様に，「株式会社A」の代表権を有　80　する取締役甲に「不正の目的」（8条1項）が認められるため，同社に「不正の目的」があるといえる。

（2）　次に，「株式会社A」という商号は，A社と同一の商号であるから，「他の会社であると誤認されるおそれのある……商号」といえる。　85

（3）　そして，A社には「営業上の利益を……侵害されるおそれ」（8条2項）があるといえる。

（4）　よって，A社は上記措置をとることができる。　以上

本問の題材は，1981（昭和56）年度旧司法試験第1問である。

本問では，競業避止義務および商号使用差止請求権についての基本的理解を問うている。

論点

1　「自己……のために」の意義
2　「事業の部類に属する取引」の意義
3　商号使用の差止め

答案作成上の注意点

① 本問の解答指針

A社のとりうる措置としては，まず，423条1項に基づく損害賠償請求が考えられます。また，A社としては「A大阪店」や「株式会社A」という商号の使用もやめさせたいはずです。8条2項に規定されている商号使用差止請求についても検討の必要があるでしょう。

② 競業避止義務

まずは，423条1項に基づく損害賠償請求のほうから考えてみましょう。

A社は甲の法令・定款違反を主張しなくてはなりません。本件では競業避止義務違反という主張がされることになるかと思われますが，これは一体どのようなものなのでしょうか。

1　競業取引の意義

「事業の部類に属する取引」は，一般的に競業取引と称されています。競業取引とは，会社の実際に行う事業と市場において取引先が競合し，会社と取締役との間に利益衝突が生じる可能性のある取引のことをいうと解されています。これに関しては，以下に述べる競業取引規制の趣旨からしっかり書けるようにしておきましょう。

2　競業取引規制の趣旨

取締役は，会社の業務執行の決定に関わる地位にあり，会社の事業上の機密に精通しています。それゆえ，取締役が競業取引を自由に行いうるとしてしまうと，その地位に基づいて知った顧客情報やノウハウなどを利用し，会社の利益を犠牲にして，自己または第三者の利益を図ろうとするおそれがあります。このような事態の発生を防止するため，競業取引を規制する必要があるのです。

もっとも，取締役の活動の自由を過度に制約してしまうのは避けなければなりません。ですから，会社法は，競業取引全般を規制するのではなく，取締役が自己または第三者のために会社の事業の部類に属する取引をしようとするときは，取締役会の承認を要求することとしています。

3　競業避止義務違反の要件

競業避止義務違反は，取締役が，①自己または第三者の「ために」，②会社の「事業の部類に属する取引」をした場合に認められます。

(1)　自己または第三者の「ために」

「ために」という文言の解釈については，名義説と計算説という2つの説が対立しています。本問との関係では，両説によって結論に差異が生じないため実益がなく，重要性が高いとはいえませんが，いちおう確認しておくとよいでしょう。

名義説は，権利義務の帰属主体がだれであるかを重視する見解です。この説によれば，「ために」は，「名において」という意味であると解されることになります。

他方，計算説は，経済的利益の帰属主体がだれであるかという点に着目する考えです。この

説を採った場合,「ために」は「計算において」ということを示している,と解釈することになります。

　会社法において規制違反があった場合の介入権の制度が廃止されたこと（平成17年改正前商法264条3項の廃止）や,条文の文言上「計算において」（120条1項参照）と「ために」の使い分けがされていることなどを理由に,名義説を支持するというのも,1つの考え方としてありうるところでしょう。しかしながら,先に述べた競業取引規制の趣旨からすれば,計算説を採るのが素直であると思われます（神田・会社法242頁）。

(2)　会社の「事業の部類に属する取引」

　「事業の部類に属する取引」の意義については,上述のとおりです。競業取引に関する問題が出題された場合,基本的には,これに該当するか否かを丁寧に検討していくことが求められることになります。

4　本問における競業取引該当性についてのあてはめ

　A社は関西への進出を企図しており,将来において「A大阪店」および「A株式会社」と業務エリアが重複することになるでしょう。もっとも,A社は大衆向けの衣料品を販売しており,甲は高級衣料品を販売しています。この販売品目の違いをどう評価するかによって,結論は異なりえます。答案例では,「大衆向けの衣料品と高級衣料品はともに衣料品という点では共通しており,その区別もあいまいである」として,競業取引該当性を肯定しています。しかしながら,大衆向けの衣料品と高級衣料品の区別が曖昧であるとは必ずしも言い切れません。高級衣料品と大衆向け衣料品の両方を扱う店舗はあまり多くなく,両製品のターゲット層にズレがあることは明らかであるため,競合する可能性を否定する余地があります。答案例とは違った評価をし,競業取引該当性を否定してもまったく問題ないでしょう。

5　423条2項による損害額の推定

　取締役が356条1項の規定に違反して競業取引を行った場合,当該取引によって取締役または第三者が得た利益の額は,会社の被った損害の額と推定されます（423条2項）。競業取引により会社に損害が生じたとしても,その額を立証するのは困難です。それゆえ,会社法は,会社の立証負担を軽減するため,このような特則をおいています。

要件	自己または第三者の「ために」	・自己または第三者の計算で取引すれば足りる（大阪高判平成2年7月18日判時1378号113頁）
	「会社の事業の部類に属する取引」	・株式会社と同種または類似の商品・役務を対象とし,株式会社の実際の事業と市場で競合し,株式会社と取締役との間に利益衝突のおそれがある取引 ・一時的な休止中,または開業準備中の事業も含む ・他の株式会社の無限責任社員や平取締役になることは含まない
	承認機関の承認がないこと	・取締役会設置会社では取締役会,取締役会非設置会社では株主総会が承認を行う（356Ⅰ①,365Ⅰ） ・承認は原則として具体的な取引について個別的に得る必要 ・承認は事前に得る必要（解釈） ・取締役会設置会社では,取引をした取締役に取引についての重要な事実を取締役会に報告する義務（365Ⅱ）
承認がない場合の効果	私法上の効果	・有効
	会社に対する損害賠償責任	・過失責任（423Ⅰ） ・取締役・第三者が取引で得た利益の額が,株式会社の損害と推定される（423Ⅱ）
	取締役の解任	・解任の正当事由（339Ⅱ参照） ・取締役解任の訴えにおける法令違反の事実（854Ⅰ）

③ 商号使用差止請求

　8条は，名称や商号の誤認によって，会社が営業上の損失を被ることを防止するための規定です。ですから，8条1項の「不正の目的」とは，一般人に自己の事業を他の者の事業と誤認させる目的をいうと解されます。商号使用差止請求については，条文の文言を淡々とあてはめていけば十分です。ただし，小問1と小問2で「営業上の利益を侵害する者」が違う点には留意しておきましょう。

【参考文献】
試験対策講座会社法8章4節⑥【2】⑴，2章3節②【2】。判例シリーズ59事件。全条解説・会社法8条②，356条②1⑴。

第23問 A　354条の類推適用

> 　甲株式会社（取締役会設置会社である。以下「甲社」という）の営業部長Aは，取締役でないにもかかわらず，副社長と称して取引をなしていたが，甲社代表取締役Bはこれを知りつつ放置していた。Aは，甲社副社長A名義で乙株式会社（以下「乙社」という）から商品を購入した。その際，Aが代表取締役であることを疑わせるような事情はなかったため，乙社はAを代表取締役と信じ，登記簿の調査や甲社への確認をしなかった。
> 　乙社は，甲社に対して代金の支払を請求できるか。

【解答へのヒント】

　営業部長Aは甲社の代表権を有していないため，Aと乙社との間でされた取引の効果は甲社に帰属しないのが原則です。もっとも，Aは甲社副社長A名義で上記契約を締結しており，乙社はAが代表取締役であると信頼して取引を行っています。このような場合に，乙社の信頼を保護する規定が何かなかったでしょうか。Aは代表取締役でないだけでなく，取締役ですらないという点に注意しましょう。

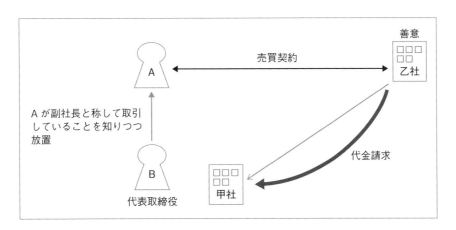

第1　乙社が甲社に対して代金の支払を請求するためには，乙社とAとの間で締結された，商品の売買契約（民法555条）の効果が，甲社に帰属していることが必要である。

ここで，Aは，甲社の使用人である営業部長であるにすぎず，代表権（会社法349条4項参照）を有していないため，上記契約の締結は無権代表行為であるといえる。したがって，甲社の追認（民法116条本文）がないかぎり，上記契約の効果は甲社に帰属しないのが原則である。

第2　もっとも，Aは甲社副社長A名義で上記契約を締結しており，乙社はAが代表取締役であると信頼して取引に入っているところ，このような契約を常に無効としてしまっては取引の安全を害し妥当でない。

そこで，乙社は，表見代表取締役について定めた会社法354条（以下法名省略）により保護されないか。

1　まず，Aは甲社の使用人であり「取締役」ではないため，354条を直接適用することはできないが，同条を類推適用することができないか。会社の使用人の行為に同条を類推適用しうるかが問題となる。

> 354条の趣旨は，代表権を有する取締役であるかのような名称を信頼し会社と取引を行った相手方を保護し，取引の安全を図る点にある。
>
> かかる趣旨からすれば，取締役の行為と使用人の行為とを区別して取り扱うべき実質的理由はないといえる。
>
> そこで，使用人の行為にも354条は類推適用しうると解する。

2　そして，会社が名称の使用を明示または黙示に認めた場合，会社はその名称を「付した」ものと解するところ，甲社の営業に関する包括的な業務執行権を有する甲社代表取締役であるBは，Aが甲社副社長A名義で取引をしていることを知りつつ放置していたのであるから，黙示にかかる名称の使用を認めており，甲社は「副社長」という名称をAに「付した」といえる。

3　そうだとしても，乙社はAが代表権を有しないことにつき「善意」であるといえるか。

(1)　まず，代表取締役の氏名および住所は登記事項（911条3項14号）であるところ，登記を見ればAが代表権を有しないことを知りうるため，908条1項によりAが代表権を有しないことにつき，乙社の悪意が擬制されるのではないか。354条と908条1項の関係が問題となる。

> この点について，354条は，虚偽の名称を付したという会社側の帰責事由を前提として，相手方が登記を確認しなくても，名称を信頼した場合には，これを保護するという908条1項の特則であると解する。

➡問題提起
論 表見代表取締役──使用人への類推適用の可否

➡規範

➡問題提起
論 354条と908条1項の関係

したがって，354条が優先的に適用され，悪意は擬制されない。

(2) 次に，「善意」に無過失まで要求されるかが問題となる。

　　この点について，迅速性が要求される商取引においては，取引の安全を図る必要性が大きいため，無過失まで要求するのは妥当でない。また，文言上も354条は無過失を要件としていない。

　　しかし，第三者の正当な信頼を保護しようとする354条の趣旨から，重過失ある者まで保護する必要はない。

　　そこで，354条により保護されるためには善意無重過失であることが必要であると解する。

　　これを本件についてみると，乙社はAが代表取締役であると信じて取引しているため，善意といえる。また，乙社は登記簿の調査や甲社への確認をしていないものの，Aが代表取締役であることを疑わせるような事情はなかったことから，重過失は認められない。

4　したがって，354条が類推適用される。

第3　よって，上記契約の効果は甲社に帰属し，乙社は，甲社に対して代金の支払を請求できる。

以上

➡規範

➡問題提起
論表見代表取締役──相手方の主観的要件

50

55

➡規範

➡あてはめ

60

65

70

75

80

85

本問は，表見代表取締役の規定が適用される要件について問う問題である。そのなかで，表見代表取締役の規定と商業登記制度との関係についても検討することが求められている。

論点

1　表見代表取締役——使用人への類推適用の可否
2　354条と908条1項の関係
3　表見代表取締役——相手方の主観的要件

答案作成上の注意点

① 使用人への類推適用の可否

会社法354条は，本来，取締役の地位を前提とするので（「代表取締役以外の取締役に」），株式会社の使用人に副社長の名称を付しても，本条を直接適用することはできません。しかし，外観への信頼を保護するという354条の趣旨に照らして，会社の使用人にも本条が類推適用されると解されます（最判昭和35年10月14日民集14巻12号2499頁）。ただし，裁判例のなかには，雇用関係またはそれに準じた関係にない者には，本条は類推適用されないとするものがあります（浦和地判平成11年8月6日判時1696号155頁）。

② 「付した」の意義

会社が名称の使用を明示または黙示に認めた場合，会社はその名称を「付した」といえます。そして，黙示的に認めた場合とは，取締役の過半数または代表取締役の1人が承認していることを意味します（前掲最判昭和35年10月14日）。

③ 354条と908条1項の関係

代表取締役の氏名と住所は登記事項となっているので（911条3項14号），登記がされれば登記の効果として，第三者は悪意が擬制され，株式会社は表見代表取締役の行為について，代表取締役でないことをすべての第三者に対抗できるはずです（登記の積極的公示力。908条1項後段反対解釈）。表見代表取締役に関する354条と908条1項との関係について，通説は，354条は908条1項の例外規定であり，354条が適用または類推適用されるかぎり，908条1項の適用はないと考えます。外観を信頼した第三者がいっさい保護されないとすれば取引の安全を害するおそれがあるからです。

④ 相手方の主観的要件

判例（最判昭和41年11月10日民集20巻9号1771頁）は，354条が会社を代表する権限を有するものと認めるべき名称を付したことに基づく責任を特に重くするための規定であることを根拠に，第三者が善意であるかぎり，過失がある場合においても株式会社は責任を負うとしています。

もっとも，正当な第三者を保護すれば足りるので，重過失によりその代表権の欠缺を知らない第三者に対し会社は責任を負いません（最判昭和52年10月14日民集31巻6号825頁〔判例シリーズ52事件〕）。

代表取締役であるか否かは登記簿を調べればわかりますが，商取引の性質上，その都度登記簿を調べることを要するとするのは妥当でないので，第三者が登記簿の閲覧・調査を怠っても重過失があるとはいえません。しかし，代表取締役であるかどうかを疑うに足りる相当の理由のある場合には，登記簿の調査・株式会社への確認を怠るならば，重過失が認められます。

【参考文献】
試験対策講座・会社法8章4節⑤【5】。判例シリーズ52事件。全条解説・会社法354条②。

第24問 A⁺　利益相反取引，「多額の借財」（362条4項2号）

　次の各事例において，会社法上，A株式会社（以下「A社」という）の取締役会の決議が必要か。ただし，A社は，取締役会設置会社であり，大会社ではないものとする。
1　A社の代表取締役BがC株式会社（以下「C社」という）の監査役を兼任する場合において，A社が，C社のD銀行に対する10億円の借入金債務について，D銀行との間で保証契約を締結するとき。
2　A社の取締役EがF株式会社（以下「F社」という）の発行済株式総数の70パーセントを保有している場合において，A社が，F社のG銀行に対する1000万円の借入金債務について，G銀行との間で保証契約を締結するとき。
3　ホテルを経営するA社の取締役Hが，ホテルの経営と不動産事業とを行うI株式会社の代表取締役に就任して，その不動産事業部門の取引のみを担当する場合。

【解答へのヒント】
1　小問1について
　当事者間の利益状況を整理してみましょう。特に，AB間におけるそれについて，よく検討してみてください。また，A社は大会社でないとのことですが，これは何を意味するのでしょうか。
2　小問2について
　小問1との相違点を意識しましょう。
3　小問3について
　A社とI社は，ホテル経営という同一の事業を行っており，当該事業の分野において競合関係にあるといえそうです。Hは不動産事業部門の取引しか担当しないことになっており，一見すると何も問題がないようにも思えますが，HのI社における立場を考えてみましょう。

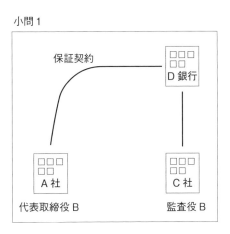

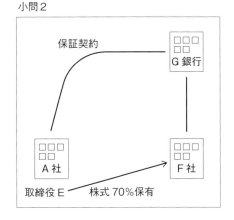

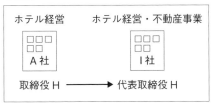

第1　小問1について

1　本件保証契約は、「株式会社」たるA社と「取締役以外の者」たるD銀行との間の取引である。これは、「株式会社」A社と「当該取締役」たるBとの「利益が相反する取引」（間接取引。会社法365条1項、356条1項3号。以下法名省略）にあたり、A社の取締役会決議が必要ではないか。　5

➡️問題提起

論利益相反取引（該当性の判断基準）

(1)　356条1項3号の趣旨は、取締役が会社の利益の犠牲のもと、自己または第三者の利益を図ることを防止する点にある。それゆえ、会社の犠牲のもとで取締役が利益を得るような行為は利益相反取引にあたると考える。　10

ただし、間接取引の範囲を明確にして取引の安全を図る必要性のあることは否定できないから、そのような行為にあたるか否かは、外形的客観的観点から判断すべきであると考える。　15

➡️規範

(2)　BはC社の監査役にすぎず、C社を経営する権限を有しているわけではないので、本件保証契約は、外形的客観的にみて会社の犠牲のもとで取締役が利益を得るような行為とはいえず、間接取引にあたらないから、取締役会決議は不要である。　20

➡️あてはめ

2　そうだとしても、債務の保証も「借財」（362条4項2号）にあたると解されるところ、本件保証契約は「多額の借財」にあたり、取締役会の決議が必要ではないか。

➡️問題提起

論「多額の借財」の判断基準

(1)　多額の借財となる行為は、その後の会社の事業活動に影響を及ぼすことになるため、取締役会の決議事項とすることでその判断に慎重を期させる必要がある。そして、362条4項2号は上記必要性をみたすための規定である。　25

そこで、「多額」といえるか否かは、会社の規模、会社の業種、金利や返済期限等の契約内容、相手方等の事情を考慮して判断すべきであると考える。　30

➡️規範

(2)　これを本件についてみると、A社は大会社（2条6号）でないため、資本金5億円・負債200億円未満の会社であり、C会社が主債務を履行しなかった場合、A社は資本金の2倍・現負債の20分の1以上の弁済義務を負う危険を負担することとなる。このような負担はA社の財務状況に大きな影響を与えるから、「多額」といえる。　35

➡️あてはめ

3　したがって、取締役会の決議が必要である。　40

第2　小問2について

1　本件保証契約は、間接取引にあたり、A社の取締役会決議が必要ではないかが小問1と同様に問題となる。前述の基準に従って検討する。

EはF社の取締役等ではないものの，その発行済株式 45
の70パーセントを有する株主であり，F社からの剰余金
の分配，解散時の残余財産の分配等を通じ，F社の財産
状況がEの利益に大きく影響することは明らかである。
そうだとすると，本件保証契約を締結することは，外形
的客観的にみて会社の犠牲のもとで取締役が利益を得る 50
ような行為といえ，間接取引にあたり，取締役会の決議
が必要である。
2　また，A社は，大会社ではないため，資産規模次第で
は，本件保証契約の締結が「多額の借財」に該当し，取
締役会の決議が必要である。 55
第3　小問3について
1　HがI社の代表取締役に就任し不動産事業部門の取引
のみ担当することは，競業取引に該当し，取締役会の決
議が必要ではないか（365条1項，356条1項1号）。

(1)　ここで，取締役がその地位を利用して会社の取引先 60
を奪うなど，会社に損害を与えることを防止するとい
う356条1項1号の趣旨から，同号の「ため」とは，
「計算」を意味すると解する。
これを本件についてみると，HまたはI社の計算で
取引をなした場合には，この要件をみたす。 65
(2)　次に「事業の部類に属する取引」（356条1項1号）
にあたるか。

356条1項1号の趣旨は，取締役が，強大な権限を
有し，営業の機密に通じているという自己の地位を利
用して，会社の利益を犠牲にし，自己または第三者の 70
利益を図ることを防止する点にある。
そこで，「事業の部類に属する取引」とは，会社の
実際に行う事業と市場において取引先が競合し，会社
と取締役との間に利益衝突を来す可能性のある取引を
というと解する。 75

これを本件についてみると，たしかに，HがI社の
不動産事業部門のみ担当するのであれば，A社がこの
事業を行う予定がないかぎり，「事業の部類に属する
取引」にはあたらない。しかし，HがI社の代表取締
役としてホテル事業に関する取引を行った場合，Hは 80
会社の包括的代表権（349条4項）を有する以上，不
動産事業担当であるとしても，その制限は善意の第三
者に対抗できない（349条4項，5項）。この場合，A
社のホテル経営と市場において取引先が競合し，A社
とHとの利益衝突を来す可能性があるといえ，「事業 85
の部類に属する取引」に該当する。
2　したがって，Hが実際にホテル事業に関する取引を行
う場合には，取締役会決議が必要である。 以上

あてはめ

論「自己……のために」の意義

問題提起
論「事業の部類に属する取引」の意義

規範

あてはめ

本問は，2003（平成15）年度旧司法試験第1問を題材としたものである。

利益相反取引や取締役会決議を要する行為，競業取引といった会社法の基本的知識に関する理解を問うている。

論点

1　利益相反取引（該当性の判断基準）
2　「多額の借財」の判断基準
3　「自己……のために」の意義
4　「事業の部類に属する取引」の意義

答案作成上の注意点

1　小問1について

　D銀行はC社に融資を行っており，この融資によってC社の事業活動はより充実したものになると思われます。そして，BはA社の代表取締役であるとともに，C社の監査役でもあります。C社の利益が増大すれば監査役であるBがその恩恵を受けることもありうるので，C社の利益≒Bの利益といえるかもしれません。その一方で，C社の負う債務につき保証をしたA社は，これにより何ら利益を得ていません。このように分析すると，AB間の利害対立の可能性が浮き彫りになってきます。

　そうすると，当然検討すべきことになってくるのは本件保証契約の利益相反取引該当性です。以下では，利益相反取引規制について概観し，本問についての検討を行います。
1　利益相反取引の意義・趣旨

　取締役が自己または第三者のために会社と取引をする場合（直接取引），取締役が会社の利益を犠牲にして自己または第三者の利益を図るおそれがあります。また，会社が取締役以外の第三者との間で取引する場合（間接取引）においても，これによって取締役と会社の利益が相反するときには，同様のおそれがあるといえます。それゆえ，そういった取引は利益相反取引として規制されているのです。

　もっとも，会社法は利益相反取引を一般に禁止し，無効としているわけではありません。このような規制によって会社の事業活動の自由を損なうこととならないよう，利益相反取引に該当するような行為であっても，取締役会による事前の承認があるかぎりにおいては有効になしうることとされています（356条1項2号，3号，365条1項）。ただし，承認を受けたうえでそのような取引をした場合であっても，これにより会社に損害が発生した場合には，別途善管注意義務違反の生ずる可能性があります。
2　直接取引・間接取引

　利益相反取引には，直接取引（356条1項2号）と間接取引（同項3号）という2つの類型があります。前者には428条の適用があり，後者にはこれがありません。答案は，責任追及をしていく側の立場で書くのですから，まずは直接取引該当性から検討していくのが筋でしょう。

　間接取引該当性は，直接取引に該当しない場合にはじめて問題になります。間接取引該当性が問われている問題においては，直接取引該当性に言及せずに，いきなり間接取引該当性を論じてもよいでしょう。

　しかし，答案を書き始める前の段階においては，頭のなかで直接取引該当性からきちんと検討しましょう。直接取引と間接取引の区別は，"なんとなく"ですませてしまいがちです。けれども，こういった答案に表れてこない部分に注意を払えるかどうかが，実はかなり重要なのです。これ

ができていないと，試験本番で未知の問題と遭遇したときに，それとは気づかずに罠に引っ掛かってしまう可能性があります。そして，生死を分かつ高配点の問題でそんなことをしてしまったら，もう目もあてられません。そうはならないように，日頃から，自分のなかの"なんとなく"を潰していくような勉強をするよう心掛けましょう。

(1) 直接取引とは，取締役が自己または第三者のために会社と行う取引をいいます。自己または第三者の「ために」とはどういうことか，この論点については名義説と計算説という2つの学説が対立していますが，多数説である名義説を採ればよいでしょう。名義説によった場合，取締役が自己の名をもって，または第三者の代理もしくは代表として行う取引が，直接取引にあたることになります。

　名義説を採る理由としては，2つがあげられます。①直接取引には428条の適用があるところ，直接取引と間接取引の区別を明確にする必要があり，形式的基準をもって判断するのが適切であることと，②名義説を採ったとしても，取締役みずからが当事者とならない，会社と第三者間の取引について，間接取引に該当するとして規制を及ぼすことができるということです。

　理由づけを書くかどうかは，時間との相談になるかと思います。けれども，①くらいはいちおうおさえておいたほうがよいでしょう。

(2) 間接取引とは，会社と取締役以外の第三者との間で行う，会社と当該取締役の利益が相反する取引をいいます。間接取引該当性の判断は，直接取引におけるそれとは違い，外形的・客観的に行います。具体的には，会社が取締役を通じて取締役以外の第三者と取引を行う場合，外形的・客観的にみて，それが取締役との利益相反を生ずるものであるかを考察することになります。

3　本問についての検討

　本問では，DA間の契約の利益相反取引該当性が問題となっているところ，これは直接取引にはあたりません。ですから，本件保証契約については，間接取引該当性を検討することになります。

利益相反取引と承認

		責任を負う者	責任の内容・免除の要件
承認が必要な場合	承認を得ていた場合	・①当該行為をした取締役，②取引の決定をした取締役，③取締役会決議に賛成した取締役（なお，369 V）が対象 ・事後の承認も有効（多数説）	・原則として過失責任（423 I），総株主の同意による免除（424），株主総会の特別決議による一部免除あり（425 I，309 II ⑧） ・会社に損害が生じた場合，責任を負う者は任務を怠ったものと推定される（423 III）。 　→監査等委員会の承認を受けたときは，適用がない（423 IV）。 　→任務懈怠（または過失がないことを立証することで免責される。 ・例外的に，自己のために会社と直接取引した取締役は無過失責任を負い（428 I），総株主の同意（424）がないかぎり，責任の免除は不可（428 II）
	承認を得ていなかった場合	・①当該行為をした取締役，②取引の決定をした取締役が対象 ・会社は，当該取締役および取締役が代理した直接取引の相手方に対しては取引の無効を主張できるが，第三者に対しては当該取引につき承認を得ていないことおよびその悪意を立証しないかぎり無効を主張できない（相対的無効説，最大判昭43・12・25民集22巻13号3511頁〔会社法百選58事件〕）。	
承認が不要な場合		・一人会社の株主が，取締役のひとりとして取引した場合（最判昭45・8・20民集24巻9号1305頁） ・株主全員の同意がある場合（最判昭49・9・26民集28巻6号1306頁〔判例シリーズ60事件〕）	

　冒頭で述べたように，BはC社の監査役ですから，Dの融資によってBが間接的に利益を受ける

ことも，ありえなくはないでしょう。もっとも，Bはあくまで監査役にすぎず，C社の得た利益がただちに還元される立場にはないのですから，C社の利益はすなわちBの利益である，とまではいいきれません。ですから，これのみをもって間接取引該当性を肯定するのは難しいと思われます。

なお，本問では「多額の借財」に該当するか否かという点も問題となります。この論点の詳しい内容については，第21問を参照してください。本問では，問題文にわざわざ「A社は……大会社ではない」と書かれていますから，これをヒントに答案例のようなあてはめを行いましょう。

結論としては，取締役会決議が必要，ということになります。

② 小問2について

本問でも間接取引該当性につき検討していくことになります。

EはF社の株式を70パーセントも保有しています。そして，株主には，配当などのかたちで，会社の得た利益がフィードバックされます。それゆえ，小問1とは違い，F社の利益とEの利益が強固に結びついているといえます。したがって，間接取引該当性を肯定することができます。

よって，本件保証契約を締結するには取締役会決議が必要です。

③ 小問3について

A社とI社はホテル事業という業務分野において競合しています。それゆえ，A社取締役であるHがI社の代表取締役としてホテル事業に関する取引を行った場合，これは競業取引に該当します（競業取引該当性の判断手法に関しては，第22問を参照）。また，かりに，I社がHの代表権を不動産事業に関する部分のみに限定していたとしても，原則として代表取締役の代表権が包括的なものである（349条4項）ことから，Hはこれを善意のA社に対抗できません（同条5項）。

そうすると，善意のA社との関係では，HがI社代表取締役として行ったホテル事業に関する取引行為は，常に有効ということになります。

したがって，HがI社の代表取締役としてホテル事業に関する取引行為を行う場合には，取締役会の承認（356条1項1号，365条1項）が必要となります。

【参考文献】
試験対策講座・会社法8章4節⑥【2】(1)・(2)。判例シリーズ60事件。全条解説・会社法356条②1(1)・2(2)。

第25問 A　取締役，監査役の報酬①

甲，乙および丙株式会社（いずれも監査役設置会社であり，会社法上の公開会社である。以下それぞれ「甲社」「乙社」「丙社」という）が定時株主総会において普通決議の方法でした次の各決議について，会社法上どのような問題があるか論ぜよ。

1　甲社では，「本総会終結時に退任する取締役Aおよび監査役Bに対し当社の退職慰労金支給規程に従って退職慰労金を支給することとし，その具体的な金額，支給時期および方法の決定は取締役会に一任する。」と決議した。

2　乙社では，1年前の定時株主総会で任期2年，月額報酬70万円として選任されていたC専務取締役について，取締役会決議によりその職務内容が非常勤取締役に変更されたため，「Cの月額報酬を7万円に変更する。」と決議した。

3　丙社では，「取締役にストック・オプションとして行使価額の総額を10億円とし，目的たる株式を普通株式合計10万株とする新株予約権を付与することとし，その具体的な発行時期および方法の決定は取締役会に一任する。」と決議した。

【解答へのヒント】

1　1のような決議が有効であるとすると，退職慰労金がある程度取締役会の裁量によって支払われることとなります。このような決議を有効としてよいのでしょうか。退職慰労金の性質から考える必要があります。

2　2の決議について

　C の取締役報酬を勝手に株主総会決議で変更することは許されるのでしょうか。取締役と会社の関係および取締役報酬の性質から考える必要があります。

3　3の決議について

　1と同様に，このような決議が有効であるとすると，ストック・オプションがある程度取締役の裁量によって支払われることになります。これも，ストック・オプションの性質から考える必要がありそうです。

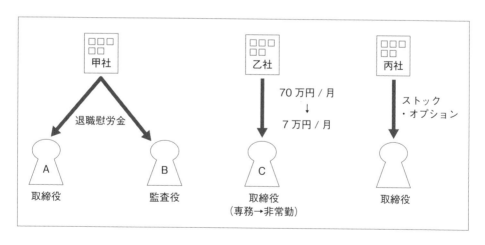

第1　1の決議について
 1　取締役Aの退職慰労金に関する決議について
 ⑴　Aの退職慰労金の金額等の決定を取締役会に一任す
　　る本件決議は，取締役の「報酬等」の決定に株主総会
　　決議を要求する会社法361条1項（以下「会社法」法　　5
　　名省略）に反し，違法とならないか。
　　ア　まず，取締役の退職慰労金は「報酬等」にあたる
　　　かが問題となる。
　　　　361条1項の趣旨は，お手盛りによる会社財産の
　　　流出を防止する点にあるところ，退職慰労金につい　　10
　　　ても，取締役が先例や慣行として自己に有利にはた
　　　らくよう期待するという，お手盛りに準じた弊害が
　　　ある。また，退職慰労金は，報酬の後払的性質を有
　　　する。
　　　　そこで，退職慰労金も「報酬等」にあたると解す　　15
　　　る。
　　イ　したがって，本件退職慰労金も「報酬等」にあた
　　　る。
 ⑵　次に，具体的な金額の決定を取締役会に一任する本
　　件決議が「その額」（361条1項1号）の決議として有　　20
　　効であるかが問題となる。
　　ア　お手盛り防止という361条1項の趣旨からすれば，
　　　①慣行や内規等によって一定の支給基準が確立され
　　　ており，②基準が株主にも推知できるものであって，
　　　③決議が黙示的にその支給基準によって決まる額を　　25
　　　もって限度とする範囲内において相当な金額を支給
　　　すべきものとする趣旨である場合には，「その額」
　　　の決議として有効であると解する。
　　イ　本件では，退職慰労金の支給は甲社の退職慰労金
　　　支給規程に従うとされ，一定の支給基準が確立して　　30
　　　いるといえる（①）。また，退職慰労金の額の決定
　　　が，一定の基準に従い取締役等に一任されている場
　　　合には，株主にその基準を知らせる措置がとられる
　　　（会社法施行規則82条2項）ため，甲社の退職慰労
　　　金支給規程は株主に推知できるものであるといえる　　35
　　　（②）。そして，本件決議は，退職慰労金支給規程
　　　によって決まる額をもって限度とする範囲内におい
　　　て相当な金額を支給すべきものとする趣旨であると
　　　いえる（③）。
 ⑶　よって，本件決議は有効であって，適法である。　　40
 2　監査役Bの退職慰労金に関する決議について
　　監査役の退職慰労金も，報酬の後払的性格を有するの
　　で387条1項の「報酬等」にあたると解されるところ，
　　その決定を取締役会に一任する本件決議は同条項に反し

→問題提起
論退職慰労金の「報酬等」該当
　性

→規範

→あてはめ

→問題提起
論取締役の退職慰労金の金額等
　の決定の取締役会への一任の
　可否
→規範

→あてはめ

→問題提起
論監査役の退職慰労金の金額等
　の決定の取締役会への一任の
　可否

違法とならないかが問題となる。   45

　　387条1項の趣旨は、監査役の独立性を報酬の面から
　確保する点にある。そうすると、監査役の退職慰労金の
　具体的金額等の決定を監査役から監視されるはずの取締
　役会に一任することは、報酬の面から監査役の独立性を
　害するおそれがある。   50

　　そこで、監査役の退職慰労金の具体的金額等を取締役　　　　　　　➡規範
　会に一任することは、387条1項に反し違法となると解
　する。

　　よって、本件の決議は387条1項に反し、違法である。

第2　2の決議について   55

　　本件決議はCの任期中に報酬の減額を定めるものである　　　　　➡問題提起
　ところ、任期中の報酬の減額が認められるかが問題となる。　　　　論取締役の報酬の一方的変更の
　　　　　　　　　　　　　　　　　　　　　　　　　　　　　　　　　可否

　　この点について、取締役の報酬は、一度決定されれば会　　　　　➡規範
　社・取締役間の委任契約（330条）の内容となるから、原
　則として、任期中の変更は認められないと解する。   60

　　もっとも、任期中の役職変更に応じた額が支払われる慣
　行があり、当該取締役がそれを了知していた場合には、減
　額に関する取締役の黙示の同意があるといえる。

　　そこで、この場合には取締役の役職変更に伴う報酬の一
　方的変更が認められると解する。   65

　　本件では、Cの同意はなく、またこのような慣行がある　　　　　➡あてはめ
　といった事情はないから、Cの任期中の報酬を一方的に減
　額することは認められない。

第3　3の決議について

1　ストック・オプションの付与も職務執行の対価である   70
　から、「報酬等」（361条1項）にあたると解するところ、
　具体的な発行時期および方法の決定を取締役会に一任し
　た本件決議は、取締役の「報酬等」の決定に株主総会決
　議を要求する361条1項に反し違法とならないか。

⑴　本件の新株予約権は、発行時期等による決議時点で   75　　　　　
　の公正価額の算定が困難であり、また、公正価額の上
　限額等も定められていないから、361条1項2号の　　　　　　➡問題提起
　「額が確定していない」報酬等にあたる。さらに、新　　　　　論ストック・オプションの「報
　株予約権は「金銭でないもの」（同条項3号）にもあ　　　　　　酬等」該当性
　たるから、具体的な「算定方法」および「内容」の決   80
　定につき、株主総会決議が必要となる。

⑵　それにもかかわらず、本件決議は、行使価額の総額、　　　　　➡あてはめ
　目的たる株式の種類と数は定めるものの、具体的な発
　行時期や方法を明示しておらず、「算定方法」および
　「内容」が定められているとはいえない。   85

2　よって、本件決議は361条1項に反し、違法である。

　　　　　　　　　　　　　　　　　　　　　　　　以上

本問の題材は，旧司法試験2005（平成17）年度第1問を改題したものである。

取締役・監査役の報酬等に関係する株主総会の決議について，どのような法的問題があるかを問うものである。具体的には，退職慰労金の支給に報酬規制が及ぶか否か，取締役と監査役の報酬規制の違い，任期途中に職務内容に変更が生じた取締役の報酬額変更の可否，新株予約権の有利発行規制と報酬規制の関係等について，制度の趣旨と判例・学説の状況を理解したうえで論述をすることができるかどうかをみる点に主眼がある。

論点

1　退職慰労金の「報酬等」該当性
2　取締役の退職慰労金の金額等の決定の取締役会への一任の可否
3　監査役の退職慰労金の金額等の決定の取締役会への一任の可否
4　取締役の報酬の一方的変更の可否
5　ストック・オプションの「報酬等」該当性

答案作成上の注意点

1　はじめに

　会社法は，株式会社と取締役との間の関係（任用契約）は，委任に関する規定に従うと定めています（330条）。そして，取締役会設置会社において任用契約を締結するのは，株式会社の代表取締役ですから，取締役の報酬等の決定も，業務執行行為の性質を有するものとして，取締役会あるいは代表取締役の権限に属するとしてもよいはずです。しかし，報酬等を受け取る当事者である取締役会や代表取締役に，自己または同僚の報酬等を定めさせると，取締役が恣意的に報酬等を決定する，いわゆるお手盛りとなるおそれがあります。そこで，361条は，お手盛りの弊害を防止し株式会社の利益を保護するために，取締役の報酬等の決定は，定款または株主総会の決議で定めることを要求しました。すなわち，361条はお手盛り防止のための政策的規定であると考えられています（通説）。

2　1の決議の前半（取締役の退職慰労金の決定）について

1　退職慰労金が「報酬等」にあたるか
（1）　取締役の報酬とは，取締役の職務執行の対価として株式会社が与える財産上の利益をいい，名目や支給形態，あるいは金銭であるか金銭以外の現物報酬であるかを問いません。条文上も「賞与その他の職務執行の対価として株式会社から受ける財産上の利益」も報酬と同じ規制に含めることを明記しています（361条1項柱書）。なお，報酬と合わせて「報酬等」といいます。
（2）　取締役退職時に支払われる退職慰労金が「報酬等」にあたるか否かについては争いがありますが，判例は，「退職慰労年金は，取締役の職務執行の対価として支給される趣旨を含むものと解されるから，会社法361条1項にいう報酬等に当たる」（最判平成22年3月16日判時2078号155頁）としています。
（3）　答案例にもあるように，退職慰労金は，在職中の功労に報いるためのものであるとしても，取締役の在職中の職務行為の対価，すなわち報酬等の後払的性質を有するものであり，両者は不可分に結びついていると考えられます。したがって，判例のように，退職慰労金も「報酬等」にあたると考えてよいでしょう。なお，取締役の死亡時に支払われる死亡慶弔金についても同様であると考えられています。
2　したがって，退職慰労金の決定についても，無条件に取締役会（取締役）に一任する旨の株主

総会の決議は無効であるはずです。しかし，実際には，退職慰労金については，一般の報酬と異なり，その総額または最高限度額が明らかにされず，その金額，時期，支給方法を取締役会に一任する旨の決議がされていることが多いです。その理由は，退任者が１人のこともあるので，金額を明らかにして決議をすると，特定の退任者に支払われる金額が明らかになってしまうからであるとされています。では，このような決議は無効なのでしょうか。

3　判例は，退職慰労金支給決議が，無条件に取締役会に一任する趣旨ではなく，株式会社の業績，退職役員の勤続年数，担当業務，功績の軽重等から算出した一定の基準により退職慰労金を決定する方法が慣行となっており，この慣行によって定める趣旨でされたときは有効な決議であるとしています（最判昭和39年12月11日民集18巻10号2143頁〔判例シリーズ65事件〕）。

　　この判決は，一定の支給基準が株主に周知されていることまでは明示的には要求していませんでしたが，その後の裁判例を見ると，程度の差こそあれ支給基準を株主が知りうる状況にあったということまで認定するものが多く見られます（最判昭和44年10月28日判時577号25頁など）。

　　したがって，これらをまとめると，答案例にもあるように，次の①から③までが，当該株主総会決議は361条１項に反することなく，（「その額」の決議として）適法であることになります。

> ①慣行や内規等によって一定の支給基準が確立されており，
> ②基準が株主にも推知できるものであって，
> ③決議が黙示的にその支給基準によって決まる額をもって限度とする範囲内において相当な金額を支給すべきものとする趣旨である場合

　　これらの要件をみたす場合には，一定の支給基準の適用によって退職慰労金が定まる以上，取締役および取締役会の恣意が介入する余地はほとんどなく，361条のお手盛り防止の趣旨は果たされると考えられます。したがって，このような場合，当該退職慰労金決議は適法であると考えてよいでしょう。

③　1の決議の後半（監査役の退職慰労金の決定）について

　　監査役の地位の独立性を報酬等の面からも確保するため，監査役の報酬等（＝報酬，賞与その他の職務執行の対価として会社から受ける財産上の利益。361条１項括弧書）は，監査の対象である取締役が定めるのではなく，定款または株主総会決議によって定めなければなりません（387条１項）。

　　監査役の退職慰労金も，報酬の後払的性格を有するので387条１項の「報酬等」にあたると解されます。そのため，監査役の退職慰労金の具体的金額等を取締役に一任することは，387条１項に反し，違法となります。

④　2の決議について

1　取締役の報酬の法的性質

　　取締役の報酬は，具体的に確定された場合，会社と取締役との任用契約の内容として当事者を拘束するため，取締役の同意なくして一方的に変更できないというのが原則であり，判例も同様の判断をしています（最判平成４年12月18日民集46巻９号3006頁〔判例シリーズ67事件〕）。

2　取締役の同意の内容

　　もっとも，この取締役の同意については，明示にされる必要はなく，黙示にされてもよいと考えられます。この黙示の同意については，広く認める裁判例も存在しますが（東京地判平成２年４月20日判時1350号138頁），正当な理由がなければ取締役解任の場合ですら損害賠償として従前の報酬相当額が得られる（339条２項）こととの均衡を考えると，報酬等の減額への黙示の同意の存在は簡単に認められるべきではないでしょう（江頭・株式会社法455頁）。裁判例（福岡高判平成16年12月21日判タ1194号271頁）も，「役職が取締役の報酬額決定の基準ないし基準の一つとなっており，役職の変更に連動して当然に一定額の報酬が減額されるような場合などのように，取締役にとって取締役報酬の減額が予測可能なものであり，そのような変更について取締役就任の際に当該取締役の黙示の同意があったと推認できる程度のものであって，初めて上記のような慣行の

存在を理由として，個別の変更に対する同意がなくても報酬額の減額が認められるというべきである」としており，黙示の同意が認められる場合を狭く解しています。

5　3の決議について

1　ストック・オプション
　　ストック・オプションとは，取締役に対し，いわゆるインセンティブ報酬の趣旨で，会社から付与される新株予約権です。新株予約権は，あらかじめ定められた期間内に，あらかじめ定められた価格の金銭等を出資することにより会社から一定数の同社株式を受けることができる権利です（2条21号，236条1項）。したがって，その権利者は株価が高くなるほど相対的に安い株価で株式を手に入れることができるため，取締役に新株予約権が付与されると，期間内に会社の業績を向上させ株価を上昇させようとのインセンティブがはたらきます（江頭・前掲456頁(3)）。

2　ストック・オプションが「報酬等」にあたるか
　　ストック・オプションも上記のように「職務執行の対価として株式会社から受ける財産上の利益」にあたる以上，361条の規制を受けます。したがって，上場会社などストック・オプションの公正な評価額を算定できる場合には，「報酬等のうち額が確定しているもの」（361条1項1号）に該当し「額」について決議する必要があります。一方，上場準備会社などで公正な評価額が算定できない場合には，「報酬のうち額が確定していないもの」（361条1項2号）として「その具体的な算定方法」について決議する必要があります。さらに，上記のどちらの場合でも，ストック・オプションは金銭報酬ではないため，「具体的な内容」（361条1項3号）についても決議する必要があります。
　　丙社は公開会社ではありますが，上場会社であるとの事情はないため，「その具体的な算定方法」および「具体的な内容」を株主総会の決議で定める必要があります。

6　おわりに

　取締役，監査役の報酬等の論点は司法試験においてもたびたび出題されており，重要であると考えられます。この問題に取り組む時は361条および387条の趣旨に立ち返って，支給される対価の性質を考えていけば，大きく的を外した答案にはならないでしょう。

【参考文献】
試験対策講座・会社法8章4節6【2】(3)。判例シリーズ65事件，67事件。全条解説・会社法361条1，2。

次の各事例における，甲，乙および丙株式会社（以下それぞれ「甲社」「乙社」「丙社」という）がした報酬の支払について，会社法上どのような問題点があるか論ぜよ。

1　甲社では，定款に報酬額を定めた規定がなかったが，甲社は，甲社の取締役として2年間職務執行をしていたAに対して，株主総会決議を経ずに総額1000万円の報酬の支払をした。なお，1000万円の報酬は社会通念上相当な額であったとする。

2　乙社では，定款に報酬額を定めた規定がなかったが，監査役Bに対して，株主総会決議を経ずに50万円の報酬を支払った。その後，乙社の株主総会において，報酬支払時にさかのぼって効力を生ずる条件付決議として，監査役の報酬を60万円以内とする旨の決議がなされた。

3　丙社では，会社の経営方針をめぐる対立から，Cが任期途中で常勤取締役から非常勤取締役に降格された。そこで，丙社はCの報酬を慣行上の非常勤取締役相当額に減額した。なお，丙社では，取締役の報酬額が具体的に定められており，Cは上記慣行を了知して取締役に就任していた。

【解答へのヒント】

1　小問1について

甲社は，定款に記載がなく，また，株主総会決議も経ていないのに取締役Aに対し報酬を支払っています。たとえ報酬が社会通念上相当な額であるとしても，このような報酬支払は許されるのでしょうか。取締役の報酬についての会社法上の規律，その趣旨に立ち返って考える必要があります。

2　小問2について

小問1と同様に，定款に記載がなく，株主総会決議を事前に経ていないのに監査役Bに対し報酬を支払っていますが，事後に株主総会決議を経ています。このことがどう影響してくるでしょうか。監査役の報酬についての会社法上の規律，その趣旨に立ち返って考える必要があります。

3　小問3について

Cは，もともと常勤取締役であり，常勤取締役相当額の報酬をもらっていたはずです。しかし，Cは任期途中で非常勤取締役に降格されたことに伴い，その報酬も非常勤取締役相当額に減額されています。Cの同意なくこのような報酬の減額を行うことが許されるのでしょうか。取締役と会社との関係に立ち返り，いったん定められた取締役の報酬がどのような法的性質をもつのか考えてみる必要があります。

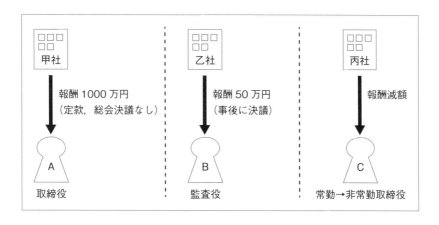

第1　小問1について

1　甲社の定款には報酬額について定めた規定はないところ，Aに対する報酬支払は株主総会決議を経ずに行われている。そこで，このような報酬支払は会社法361条1項柱書（以下法名省略）に反し，違法とならないか。 5

2　361条1項柱書が株主総会決議を必要とした趣旨は，取締役または取締役会に報酬を決定させると，自己の利益を図り高額な報酬を決定するという，お手盛りの弊害が生じるのでこれを防止する点にある。

　このような趣旨からすれば，本件では，報酬が「社会通 10 念上相当な額」であった以上お手盛りの弊害は生じないので，総会決議を経なくても，361条1項柱書に反しないとも思える。

　　しかし，361条1項柱書の趣旨は，お手盛りの弊害を防止することにかぎられるわけではなく，さらに，これを通 15 じて取締役の報酬の額の決定を会社の実質的所有者である株主の自主的な判断に委ねる点にある。

　　このような趣旨からすれば，株主の自主的な判断を尊重すべく，定款に報酬決定についての定めがない場合には，株主総会決議を経ることが不可欠であると解する。 20

3　よって，Aに対する報酬支払は，361条1項柱書に反し，違法である。

第2　小問2について

1　乙社の定款には報酬額について定めた規定はないところ，Bに対する報酬支払は株主総会決議を経ずに行われている。25 このような報酬支払は，387条1項に反し，違法となるのが原則である。

2　しかし，本件では，報酬支払があった後に，この報酬に関する株主総会決議がなされている。

　　そこで，このような場合には，387条1項に反さず，適 30 法になるのではないか。

　(1)　387条1項が株主総会決議を必要とした趣旨は，監査役の報酬を取締役会に決定させると，監査役が取締役からの影響を受けやすくなり，適正な監査が困難になるので，総会決議事項とすることにより，監査役の独立性を 35 保持し，さらに，これを通じて監査役の報酬の額の決定を株主の自主的な判断に委ねる点にある。

　　　そして，株主総会の決議を経ずに監査役の報酬が支払われた場合であっても，これについて後に株主総会の決議を経ることにより，事後的にせよ387条1項の趣旨は 40 達せられるものということができる。

　　　そうだとすれば，当該決議の内容等に照らして387条1項の趣旨目的を没却するような特段の事情があると認められないかぎり，当該監査役報酬の支払は株主総会決

右段：

➡問題提起

論定款または株主総会決議によって報酬額が定められていない場合の取締役の報酬請求権

➡規範

➡問題提起

論株主総会決議を欠く監査役の報酬の支払と総会の事後承認決議

➡趣旨

➡規範

⇨最判平成17年2月15日判時1890号143頁参照

│45

(2) これを本件についてみるに，本件決議の内容は，「報　→あてはめ
酬支払時にさかのぼって効力を生ずる条件付決議」とい
うものであるから，報酬支払時には総会決議がすでに存
在するというものである。

また，実際に支払われた報酬額も50万円であり，総会│50
決議で決定された「60万円以内」である。ここで，50万
円という具体的金額を取締役会が定めたとすると，監査
役の取締役に対する監督機能を害するのではないかとい
う問題がある。しかし，本件では具体的な報酬額が決定
された後で株主総会決議がなされたのであるから，株主│55
が具体的金額を定めたのと同視しうる。

そうすると，本件では，事後的に株主総会決議が得ら
れたとはいえ，株主の意思に基づいて監査役の報酬額が
決定されたものといいうる。

(3) したがって，本件では，当該決議の内容に照らして，│60
387条1項の趣旨を没却しないといえるから，Bへの報
酬支払は，株主総会の決議に基づく適法なものといえる。

3　よって，Bに対する報酬支払は，387条1項に反さず，
適法である。

第3　小問3について　　　　　　　　　　　　　　　　│65

1　本件では，Cに対する報酬が減額されているが，許され　→問題提起
るか。取締役の報酬の減額については会社法上明文がなく　📖取締役の報酬の減額変更
問題となる。

(1)　株式会社において取締役の報酬額が具体的に定められ　→原則
た場合，その報酬額は会社と取締役間の契約内容となり，│70
会社と取締役の双方を拘束する。

そのため，取締役の同意がないかぎり報酬を減額する　→規範①
ことはできないのが原則である。

(2)　しかし，常に減額できないとすると，臨機応変な役員
人事やこれに応じた報酬の分配ができず不都合である。│75

また，取締役にとっても，なんらかのかたちで報酬減
額が予見できれば，不利益は少ない。

そこで，①各取締役の報酬が役職ごとに定められ，②　→規範②
任期中に役職の変更が生じた取締役に対して当然に変更　⇨ 東京地判平成2年4月20日
後の役職について定められた報酬額を支払うというよう│80　　判時1350号138頁
な慣行がある場合，③このような慣行を了知して取締役
の就任に応じた者については，明示の承諾がなくても，
報酬の減額をすることができると考える。

(3)　本件では，①報酬が役職ごとに定められ，②役職変更　→あてはめ
に伴う報酬変更の慣行が丙社にあり，③Cもこれを了知│85
して取締役に就任した。

2　よって，Cに対する報酬の減額は許される。

以上

取締役・監査役等役員の報酬については，これに関連する判例が多数でており（最判平成４年12月18日民集46巻９号3006頁〔判例シリーズ67事件〕，最判平成15年２月21日金法1681号31頁〔判例シリーズ66事件〕，最判平成17年２月15日判時1890号143頁，最判平成21年12月18日判時2068号151頁〔会社法百選A18事件〕），判例・学説上活発な議論が行われている分野といえる。

また，会社法では，原則的な結論を述べたうえで，不都合性を示し，修正を図るという問題が多く出題される。

そこで，本問を通じて，上記の判例を学習してもらうとともに，既存の知識を基礎として，原則から自分なりに考える訓練をしていただきたく出題した。

論点

1　定款または株主総会決議によって報酬額が定められていない場合の取締役の報酬請求権
2　株主総会決議を欠く監査役の報酬の支払と総会の事後承認決議
3　取締役の報酬の減額変更

答案作成上の注意点

役員の報酬については，典型論点ですので，多くの人が一定の論述をできることと思います。もっとも，このような典型論点に関する問題であっても，趣旨や条文といった基礎的なことを書いているか否かで，大きな差がつきます。会社法361条１項の趣旨や，387条１項の趣旨について，しっかりと論述できるようにしておきましょう。

また，本問は，役員の報酬という典型論点についての問題でありながら，若干のひねりを加えてあります。こうした若干のひねり，すなわち問題文にあげられた特殊な事情については，必ず一定の配点がついていますから，これを意識した論述をすれば，その分点数が伸びることになります。司法試験および予備試験では，問題文が長文化していることもあって，拾うべき事情の取捨選択も重要になってきますが，まずは問題文の事情にはすべてに意味があるのではないかと疑って問題文に取り組むことが大切です。

なお，本問は判例を参考にして作成されていますが，このことは，参考にした判例をあらかじめ知識としておさえておく必要があるということを意味するものでは，必ずしもありません。判例を知らなかったとしても，基礎的な条文や趣旨から演えき的に考えていくことが大切です。細かい知識や先端的な議論にとらわれることなく，基礎を中心に学習するという姿勢を大切にしてください。

取締役，監査役の報酬等については，第25問で詳しく解説していますので，そちらも参照してください。

【参考文献】
試験対策講座・会社法８章４節⑥【2】(3)，６節②【5】(1)。判例シリーズ66事件，67事件。全条解説・会社法361条，387条。

　P株式会社（以下「P社」という）は，食品製造販売業を含む複数の事業を営む株式会社である。P社取締役会は，代表取締役X，取締役Yのほか，多数の取締役により構成されている。P社が販売する「Pバーガー」には，食品衛生法上日本国内では使用が認可されていない添加物が含まれていたことが，内部調査により発覚した。しかし，P社は，その事実を公表することなく，販売を継続することを決定した。後に，その事実が新聞報道され，P社への信頼は失墜し，大きく売上げが減少する損害を被った。

　この事例について，以下の問いに答えよ。なお，各問いは独立した問いである。

1　Q株式会社（以下「Q社」という）は，P社と同一の企業グループを構成し，Q社はP社の株式を2億4000万株保有しており，両者の間では年間400億円規模の取引があった。そのため，P社が破たんすると，グループ全体の社会的信用が失墜しかねず，Q社も大きな損害を被る可能性があった。そこで，Q社代表取締役Aは，P社に対し早期に支援を行う必要があると判断し，取締役会決議を経たうえで，P社の発行する優先株400億円分を引き受けることとした。その後P社が倒産し，P社優先株が無価値となってしまった場合，Q社はAに対してどのような責任を追及することができるか。

2　P社における，食品衛生法違反の事実を公表せず販売を継続するという決定は，Xの独断で決定されたものであった。Xは，食品衛生法違反の事実は認識していたものの，「Pバーガー」は売上げがよく消費者に好評だったことから，このまま販売を継続することがP社の利益になると考え，上記決定をしたものであった。この場合，P社はXに対してどのような責任を追及することができるか。また，かりにXがP社に対して責任を負う場合，Xは，「Pバーガー」の売上相当額について，損益相殺すべき旨を主張できるか。

3　P社には，食品衛生法違反行為を未然に防止するための法令遵守体制の一環としてコンプライアンス部門が設けられており，同部門は，これまでは適切に機能していた。しかし，同部門の責任者Yは，本件の処理にあたって，食品衛生法違反の事実を公表せず販売を継続するという決定を独断で行った。Xは，食品衛生法違反の事実について何ら知らず，Yが適法に職務を遂行しているものと信頼していた。この場合，P社はXに対してどのような責任を追及することができるか。

【解答へのヒント】

1　小問1では，どのような責任追及が可能かを問われているので，まずは会社が代表取締役に対して責任追及できる類型を考えます。条文は責任追及の根拠となりますから，どの条文が使えそうかという視点から考えましょう。また，AはQ社に大きな損害が生じる可能性が大きいことから優先株引受け行為を行った事情がありますが，この点がAへの責任追及の可否に影響しないでしょうか。

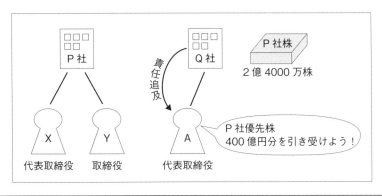

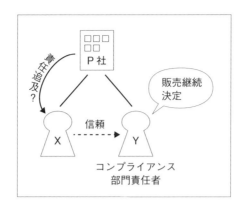

2　小問2でも，小問1と同様，まずは責任追及の類型から考えます。

　　次に，Xのだした決定は食品衛生法違反行為にあたる一方，P社の利益を考えてされたものです。これらの事情が責任追及の可否に影響しないでしょうか。

3　小問3では，Xがどのような義務に反したために責任を負うといえるのかしっかり示す必要があります。そして，XはYが適法に職務遂行していると信頼していた点が，Xへの責任発生を左右しないか考えてみましょう。

答案構成用紙

第1　小問1について
　1　Aは，経営が悪化しているP社の優先株400億円分を引き
　　受ける決定をし，Q社に「損害」を生じさせているが，こ
　　の決定について，Q社は，Aに対して，任務懈怠に基づく
　　損害賠償責任（会社法423条1項。以下「会社法」法名省　5
　　略）を追及することができないか。業務執行上の判断であ
　　るAのこの決定に善管注意義務（330条，民法644条）違反
　　があるのかが問題となる。

　2　利益獲得をめざす会社経営では，取締役は，通常，一定
　　のリスクを伴う判断をすることになる。当該判断につき取　10
　　締役を萎縮させることは，株主の利益にならない。
　　　そこで，業務執行上の判断については取締役の広い裁量
　　を認めるべきであり，裁量の範囲を超える場合にのみ善管
　　注意義務に違反するというべきである。
　　　具体的には，業界の通常の経営者として，当該状況のも　15
　　とでの事実認識に不注意な誤りがなかったか，その事実に
　　基づく意思決定の過程が著しく不合理なものでないか，と
　　いう観点から善管注意義務に違反するか否かを判断すべき
　　と考える（経営判断原則）。

　3　これを本件についてみると，まず事実認識についての不　20
　　注意があったような事情は認められない。
　　　また，Q社は2億4000万株もの大量のP社株式を保有し，
　　年間400億円規模の取引があるので，P社の破たんによる，
　　Q社に対する直接の影響，および企業グループ全体の信用
　　失墜を通じての影響は大きい。そうだとすると，Q社の代　25
　　表取締役として，P社を早期に支援する必要があると判断
　　し，本件決定をすることは，通常の経営者として著しく不
　　合理なものであるとはいえない。
　4　したがって，Aには善管注意義務違反がなく，Q社はA
　　に対し損害賠償責任を追及することができない。　　　　　30
第2　小問2前段について
　1　Xは，食品衛生法違反の事実を公表せずに「Pバーガー」
　　の販売を継続するという決定をした結果，後にその事実が
　　発覚した際に，信頼失墜による売上げ減少という「損害」
　　を発生させている。そこで，P社は，Xに対して，任務懈　35
　　怠に基づく損害賠償責任を追及できるかが問題となる。
　(1)　食品衛生法違反という法令違反行為についての業務執
　　　行上の判断に，経営判断の原則が適用されるか。
　　　ア　この点について，取締役には「法令」遵守が要求さ
　　　　れており（355条），法令違反行為自体が「任務を怠っ　40
　　　　た」といえるため，法令違反行為には経営判断原則は
　　　　適用されないと解する。
　　　　　そして，取締役が会社業務執行を決定し，これを行
　　　　うところ，会社に当然要求される法令遵守徹底のため，

➡問題提起
論経営判断原則

➡規範

➡あてはめ（事実認識の不注意）

➡問題提起
**論法令違反行為への経営判断
原則適用の可否，法令違反
の範囲**

➡規範

取締役の会社に対する義務を定める355条の「法令」 45
には，会社を名宛人とし，会社営業に際し遵守すべき
すべての法令が含まれると解する。

➡あてはめ

　イ　食品衛生法は会社を名宛人とし，Pバーガーという
食品を販売するP社がその営業に際し遵守すべき「法
令」にあたるところ，Xの決定はこれに反する行為で 50
あり，「任務を怠った」といえる。
⑵　さらに，役員等に故意・過失が必要であるところ（428
条1項参照），Xは故意に当該行為を行っている。
2　よって，P社はXに損害賠償責任を追及できる。
第3　小問2後段について 55
Xは，法令違反行為をしているが，それによってP社は「P
バーガー」の売上相当額分の利益を得ている。そこで，Xは
損益相殺を主張できるかが問題となる。

➡問題提起
🔲取締役の法令違反行為と損
益相殺の可否

社会的悪性の強い法令違反行為について損益相殺を認めて
しまうと，法令がそのような行為を禁止した趣旨が没却され 60
てしまうので，損益相殺を認めるべきではないと考える。

➡規範
➡あてはめ

本件では，食品衛生法違反の添加物を使用した食品を販売
するというものであり，食品の安全が消費者の生命，健康へ
の重大な影響を与えるおそれがあることからすると，当該決
定は社会的悪性が強い法令違反行為といえる。 65
したがって，損益相殺は認められない。
第4　小問3について
1　P社は，Xに対して，監視義務（362条2項2号）に違反
したことが原因で，売上げ減少の「損害」が発生したとし
て，任務懈怠に基づく損害賠償責任を追及することができ 70
ないか。Xは，食品衛生法違反の事実につき何ら認識して
おらず，Yの職務遂行を信頼していたため，監視義務違反
が認められるかが問題となる。

➡問題提起
🔲信頼の原則

⑴　この点，取締役がすべての業務を監視することは，合
理的な運営の点から適当ではなく，現実的にも不可能な 75
場合がある。そこで，取締役は，各業務担当者に業務を
委任することが許され，委任された者の行為については，
特に疑念を差し挟むべき事情がないかぎり，問題がない
ものと信頼することが許されると解する。

➡規範

⑵　本件の場合，P社は，法令遵守体制の一環として，コ 80
ンプライアンス部門が設けられており，食品衛生法違反
については同部門の担当者であるYに委任されていた。
そして，同部門はこれまでは適切に機能しており，ほか
にYの行為につき，特に疑念を差し挟むべき事情はない。
⑶　そうだとすると，XがYの行為を問題がないものと信 85
頼することが許され，監視義務違反はないといえる。
2　よって，P社はXに対し損害賠償責任を追及すること
ができない。　　　　　　　　　　　　　　　　　　　以上

➡あてはめ

経営判断原則については，司法試験2007（平成19）年論文式試験民事系第1問において出題されており，重要論点といえる。また，この点に関しては多くの裁判例がでており，実務上も重要な分野である。そして，論文式試験では，未知の問題について，基本的知識を手掛かりにして最低限の守りの答案を作成することが要求されることがある。そこで，経営判断原則の論証を確認し，損益相殺の可否，信頼の権利といった多くの受験生にとって理解の乏しい問題についての処理能力も訓練していただきたく，本問を出題した。なお，内部統制システムについては司法試験2012（平成28）年論文式試験民事系第2問において出題されているので，注意されたい。

論点

1　経営判断原則
2　法令違反行為への経営判断原則適用の可否
3　法令違反の範囲
4　取締役の法令違反行為と損益相殺の可否
5　信頼の原則

答案作成上の注意点

① 小問1について

問題文中にAによる業務執行の意思決定に付随する事情が多くあげられているため，経営判断原則が問題となっていることに気づくことができるでしょう。経営判断原則については，規範を定立できることは当然であり，いかにあてはめを説得的に論述できたかがポイントとなります。答案例では，本問類似の事例である東京地決平成16年6月23日金判1213号61頁（会社法百選60事件，ただし，取締役の違法行為差止め〔会社法360条〕に関する事件）の判断を参考にして，Aの善管注意義務違反を否定しています。もっとも，問題文にあげられている事情をしっかり拾って，説得的なあてはめができていれば，答案例と逆の結論を採用したとしても，十分合格点がつくでしょう。

② 小問2前段について

法令違反行為に経営判断の原則が適用されるのかという問題については，あまり考えたことがなかったかもしれませんが，あえて法令に違反する行為をするという判断を経営判断として合理的であるとするのは，結論としておかしいのではないか，ということは現場でも気づくことができたのではないでしょうか。この点についての悩みを一言示すことができれば，十分合格点がつくといえるでしょう。

③ 小問2後段について

取締役が法令違反行為をした場面での損益相殺という論点については，見たことがなかったかもしれませんが，安易に損益相殺を認めてしまうと，法令の趣旨が没却されるのではないかという問題意識には気づくことができたのではないでしょうか。その問題意識を一言答案上に示すことができれば，十分合格点がつくでしょう。答案例では，社会的悪性の強さを理由に損益相殺を否定しました（東京地判平成6年12月22日判時1518号3頁参照）が，商事法務1803号12頁では，本問と類似の事例である大阪高判平成18年6月9日判時1979号115頁（判例シリーズ56事件）について，損益相殺を肯定すべきという見解に立っているため，答案例と逆の結論をとることも可能といえるでしょう。また，上記裁判例と同様に，売上げによる利益は，Pバーガーの販売そのものに伴う利得であり，信用失墜による売上げの低下によって受けた利益ではないとして，そもそも両者の間には因果関係

がないと認定することも可能です。

④ 小問3について

　信頼の原則については，その名称は知らなくとも，素材となっているのは有名な大阪地判平成12年9月20日判時1721号3頁（判例シリーズ57事件）であり，問題意識には気づくことができたのではないでしょうか。その問題意識をもとに，Xの監視義務違反の有無を丁寧に検討できれば，十分合格点がつくでしょう。答案例では，コンプライアンス部門が適切に機能していた点を重視して，Xの監視義務を否定していますが，XがYの判断を信頼するのは相当でなく，疑念を差し挟むべきだったことを説得的に論ずることができれば，監視義務違反を肯定することも可能でしょう。

　ところで，内部統制システムに関する判例として，最判平成21年7月9日判時2055号147頁（会社法百選52事件）がありますので，ぜひ理解しておいてください。

【参考文献】
試験対策講座・会社法8章11節①【2】(1)。判例シリーズ53事件，55事件，57事件。全条解説・会社法423条②6。

第28問 A 監視義務

　　甲株式会社（取締役会設置会社である。以下「甲社」という）の代表取締役乙が，取締役会に諮問することなしに，独断で，明らかに過大な設備投資を行ったことにより，甲社は倒産するにいたった。その結果，甲社に対する債権を取り立てることができなくなった債権者丙は，甲社の取締役および監査役に対して，損害賠償の請求をすることができるか。なお，甲社には会社法389条1項の定款の定めがないものとする。

【解答へのヒント】
1　乙の独断専行的業務執行には，どういった点で問題があるのでしょうか。会社法の規定を確認してみましょう。
2　乙以外の取締役は，乙の業務執行に直接関与していません。しかし，これを看過していた以上なんらかの責任が生じるのではないでしょうか。
3　監査役の仕事って何でしょう？そこから考えてみましょう。

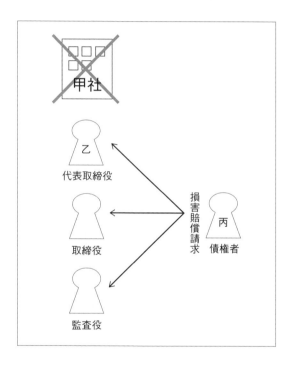

第1　代表取締役乙に対する請求について
1　丙は，代表取締役乙に対し，甲社の倒産により債権を
　取り立てることができなくなったことを「損害」として，
　会社法429条1項（以下「会社法」法名省略）に基づき，
　損害賠償の請求をすることが考えられる。　　　　　　　5

⊃論会社法429条1項の趣旨・法的
　性質

　(1)　429条1項の責任は，会社の経済社会に占める地位
　　および取締役の職務の重要性から，第三者保護のため
　　に課された法定責任であると考えられる。
　　　そこで，「悪意又は重大な過失」は任務懈怠につき
　　存すれば足り，「損害」には広く直接損害・間接損害
　　の双方が含まれると解する。　　　　　　　　　　10

➡規範

➡あてはめ

　(2)　本問では，乙は取締役として，「法令……を遵守」
　　する義務を有している（355条）。ここで，乙は，明ら
　　かに過大な設備投資を行っているところ，このような
　　設備投資は甲社を倒産にいたらしめるほど大規模なも　15
　　のなので，「重要な財産の処分」（362条4項1号）に
　　あたり，取締役会の承認決議を経る必要があった。そ
　　れにもかかわらず，乙は独断で上記設備投資を行って
　　おり，法令違反行為として，任務懈怠にあたる。
　　　そして，乙はこのような任務懈怠につき「悪意」で　20
　　あったといえ，この任務懈怠に「よって」，「第三者」
　　たる債権者丙に，甲社の倒産により債権を取り立てる
　　ことができなくなるという間接「損害」を負わせてい
　　る（429条1項）。
　(3)　よって，丙は上記請求をすることができる。　　25
2　また，上述のように，429条1項は一般不法行為とは
　別の法定責任を定めた規定であるから，要件をみたせば，
　丙は乙に対して別途不法行為に基づく損害賠償の請求を
　することもできる（民法709条）。
第2　甲社の乙以外の取締役に対する請求について　　　30
1　丙は，乙以外の取締役に対して，上記損害につき，
　429条1項に基づき，損害賠償の請求をすることが考え
　られる。
　(1)　まず，取締役会に代表取締役等の行為に対する監督
　　権限が付与されている（362条2項2号）以上，その　35
　　構成員たる取締役には，代表取締役の職務執行を監視
　　すべき義務があるといえる。したがって，乙の上記設
　　備投資を阻止できなかった点につき，監視義務違反が
　　認められるならば，乙以外の取締役に任務懈怠が認め
　　られる。　　　　　　　　　　　　　　　　　　　40
　　　もっとも，本件の設備投資は，乙が取締役会の決議
　　を経ずに独断で行ったものである。そこで，取締役会
　　に上程されていない事項についても，取締役の監視義
　　務が存在するか問題となる。

➡問題提起
⊃論代表取締役以外の他の取締役
　の監視義務

業務執行の監督の実効性を確保するという観点から，45
取締役は取締役会に上程された事項のみにとどまらず，
業務執行一般を監視する義務を負うと解する。この点
につき，法が取締役に取締役会の招集権限（366条）
を認めているのも，非上程事項に関する監視義務を前
提としているからであると考える。50
したがって，取締役会に上程されていない事項につ **→規範**
いても，取締役の監視義務が存在すると解する。

よって，乙以外の取締役に，乙の上記設備投資を阻 **→あてはめ**
止できなかった点につき，監視義務違反があるといえ，
任務懈怠が認められる。55

(2) そして，上記設備投資が明らかに過大であり，容易
に気づくことができるものであったことからすれば，
乙以外の取締役には，上記任務懈怠につき少なくとも
「重大な過失」が認められる。さらに，監視義務を尽
くしていれば丙に上記損害が生じるのを阻止しえたと 60
いえるので，上記任務懈怠に「よって」，「第三者」た
る丙に「損害」が生じている（429条1項）。

2 よって，丙は上記請求をすることができる。

第3 甲社の監査役に対する請求について

1 丙は，監査役に対して，上記損害につき，429条1項 65
に基づき，損害賠償の請求をすることが考えられる。

まずは，任務懈怠の有無を検討する前提として監査役
の義務を検討する。

取締役の職務執行の監査をその職責とする監査役(381 **論監査役の権限**
条）は，会社に対して，善管注意義務を負っており（330
条・民法644条），代表取締役等により不正行為が行われ 70
ようとしている場合には，取締役会の招集権限（383条
2項，3項）を通じて，取締役会に報告（382条）する
などしてその解職を促したり，不正行為の差止請求を行
ったりして（385条1項），不正行為を阻止するよう権限 75
を行使すべき義務があるといえる。

本件では，監査役は乙の上記設備投資を阻止できなか **→あてはめ**
ったのであるから，かかる義務に反し，任務懈怠がある。
そして，監査役には，上記任務懈怠につき少なくとも
「重大な過失」が認められ，上記任務懈怠に「よって」，80
「第三者」たる丙に「損害」が生じている（429条1項）。

2 よって，丙は上記請求をすることができる。

以上

85

本問の題材は，旧司法試験の1976（昭和51）年度第1問を改題したものである。取締役および監査役の義務および任務懈怠責任についての基本的理解を問うている。

論点

1　会社法429条1項の趣旨・法的性質
2　代表取締役以外の他の取締役の監視義務
3　監査役の権限

答案作成上の注意点

① 429条1項について

　取締役の任務懈怠責任については，会社法の423条1項と429条1項に規定されています。前者は対会社責任，後者は対第三者責任を定めたものであるところ，本件では請求の主体が債権者丙であることから，後者の適用について検討していくことになります。

　429条1項の責任について論じるにあたっては，まずその解釈を示さなければなりません。具体的には，「悪意又は重大な過失」の対象，「第三者」の範囲，「損害」の内容につき，問題文中の事情に応じて文言解釈を提示する必要があります。ここで，判例（最大判昭和44年11月26日民集23巻11号2150頁〔判例シリーズ74事件〕）は，「損害」の範囲につき，取締役の任務懈怠行為と相当因果関係のある全損害を含むと判示し，「悪意又は重大な過失」については，任務懈怠につき認められればよいとしています。本件では，債権者丙が「第三者」に含まれるという点に争いはないので，「損害」の範囲と「悪意又は重大な過失」の対象を示せば足りるでしょう。

② 乙に対する請求

　取締役と会社との関係は，委任に関する規定に従います。それゆえ，取締役の任務懈怠とは，会社に対する善管注意義務（330条・民法644条）および忠実義務（会社法355条）の違反であるといえます（江頭・株式会社法469頁参照）。

　本問について検討するに，乙の独断による過剰な設備投資が会社倒産の原因となっているのですから，乙の任務懈怠責任は肯定されそうです。しかし，乙の業務執行を法的にどう評価すれば任務懈怠責任の発生に結びつけることができるのでしょうか。任務懈怠責任を追及するには，「乙がやらかしたから会社が倒産したのだ！」という単なる事実的主張を，法的主張へと昇華させる必要があるはずです。

　乙の任務懈怠責任を追及するための主張としては，以下の2つが考えられます。すなわち，①362条4項1号に従った業務執行を行っていないことにつき，忠実義務（355条）の違反があるという主張と，②乙の独断による過剰な設備投資は全体として善管注意義務違反を構成するという主張です。答案例は，①について言及するのみで，②に触れてはいません。これは，法令違反が認められる場合には，それだけで任務懈怠を構成するため，経営判断原則について触れる必要がないと考えられているからです（大阪地判平成14年10月16日判タ1134号248頁参照）。ここでは，頭の整理のため両者につき説明します。

1　①の主張について

　①の主張は，乙が独断で業務執行を行ったという点に焦点をあてたものです。忠実義務には法令順守義務が含まれているところ，取締役は，取締役を名宛人としている規定にかぎらず，すべての法令を遵守して職務を執行しなければなりません。ここで，364条4項1号は，「重要な財産の処分」をするにあたり，取締役会の決議を要求しています。乙の行った設備投資は「明らかに

過大」だったのですから，「重要な財産の処分」にあたるとみてよいでしょう。そうだとすれば，法令順守義務の一環として，乙はこれを行う前に取締役会に諮問し，決議を得るべきだったことになります。ところが，乙はそのような決議なしに設備投資を行っています。ゆえに，乙の職務執行は法令に違反するものであり，忠実義務違反を構成します。このあたりの各概念の関係性への理解は，論述のクリアさに大きく影響しますから，正確に把握しておくとよいでしょう。

なお，「重要な財産の処分」の意義という論点はたしかに存在しますが，本問の解答にあたって，これを大きく展開する実益はないでしょう。具体的事情が少ないという点や「明らかに過大な」設備投資とされている点に着目してください。

2 ②の主張について

善管注意義務とは，行為者の地位や状況に応じて通常期待される一般的・抽象的な義務をいいます。ですから，善管注意義務違反の内容となるのは，具体的過失ではなく，抽象的過失です。この点には十分に注意しましょう。

乙による過剰な設備投資は，取締役として通常期待される一般的・抽象的な義務に違反しており，善管注意義務を構成します。

したがって，②の主張も認められるでしょう。

なお，本件における善管注意義務の検討にあたって，経営判断原則を使うことはできません。経営判断原則は，取締役が誠実に経営判断を下したことを前提としているところ，乙の過剰な設備投資は法令違反行為であり，誠実な経営判断に基づくものとはいえないからです（大阪地判平成12年9月20日判時1721号3頁〔判例シリーズ57事件〕）。

③ 乙以外の取締役に対する請求

ここでも429条1項に基づく請求を考えていくことになります。もっとも，乙以外の取締役は，乙のように，積極的に会社に損害を与える行為を行っているわけではありません。そこで，乙以外の取締役の責任追及をするために，どのような主張をすればよいのかが問題となってきます。

乙以外の取締役は，乙の行為を監視し，独断的な経営にストップをかけることができませんでした。取締役には，相互に監視し合う義務（362条2項2号）が課せられているところ，この違反を根拠に，任務懈怠があったことを主張できそうです。しかし，乙の業務執行の内容については，取締役会に上程されていませんでした。このような事項についても監視義務は及ぶのでしょうか。

判例（最判昭和48年5月22日民集27巻5号655頁〔判例シリーズ76事件〕）は，非上程事項についても取締役の監視義務が及ぶとしています。判例の考えを採用するならば，本問の場合でも乙以外の取締役の任務懈怠責任を肯定できるはずです。

なお，上述した監視義務の範囲とは別に，監視義務の内容・程度というものも，非業務執行取締役や名目的取締役などの監視義務の内容・程度について，よく問題になります。こちらについても，教科書などを読んでチェックしておいたほうがよいでしょう。

④ 監査役に対する請求

監査役の任務懈怠責任を論じるにあたっては，まず381条以下の規定に目をとおしてみるのがよいでしょう。監査役の善管注意義務違反を主張するにあたっては，その義務の内容を明らかにしていく必要がありますが，381条以下の諸規定がそれを行ううえでの大きな手掛かりとなっています。本問では，381条以下の諸規定をヒントに監査役の善管注意義務の内容を具体化し，その違反を論じていく，というのが基本的な解答方針になりますが，これができていればいちおうの論述はでき

ている，といえるのではないかと思います。

　かりに，本問のような問題を解くのがはじめてであったとしても，条文を根拠に丁寧に論じることができれば，十分に高得点をとることができます。逆に，この問題にまったく太刀打ちできなかったのであれば，それは，条文を検索する能力や条文の内容を把握する能力が不十分であるということの証左を示しています。会社法においては，他の科目以上にそういった能力をかん養することが肝となるので，これを機に条文を重視した学習へとシフトしていきましょう。

参考：善管注意義務と忠実義務の関係

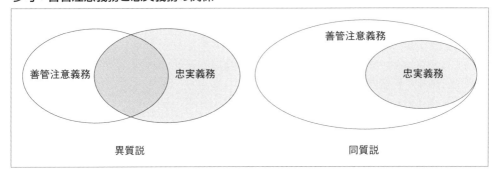

【参考文献】
試験対策講座・会社法 8 章 4 節⑥【1】(1)・(2)，6 節②【3】。判例シリーズ57事件，74事件，76事件。全条解説・会社法362条③2(2)，381条②(1)，429条②4(1)。

第29問 A⁺ 取締役の対第三者責任

> 　甲株式会社（以下「甲社」という）は取締役会設置会社であり，代表取締役Aのほか，B, C, D, Eが取締役として登記されていた。しかし，甲社の実際の経営は，すべてAが1人で取り仕切っており，会社の業務執行について取締役会に諮ることはなかった。Cは，Aと折り合いがつかず，すでに辞任しており，また，Dは取締役の選任決議を経ておらず，登記にあたって名義を貸しただけであった。Cの辞任後，Aは地価の上昇を見込んで大量の土地を取得したが，地価の下落により甲社は倒産するにいたった。この倒産により甲社に対する債権を回収できなくなったYは，CおよびDに対して損害賠償を請求できるか。なお，Cの退任登記は，いまだなされていない。

【解答へのヒント】

1　まず，Cへの請求を考えます。本件の原告はYです。そのため，第三者の責任追及を考えていくことになります。本件CはAと折り合いがつかず，すでに辞任しているため，取締役ではありません。もっとも，Cは退任登記をしておらず，甲社の取締役として登記されたままです。そこで，Cを取締役として第三者に対する責任が認められないかが問題となります。

2　次に，Dへの請求を考えます。Dへの請求もCの請求と同じように第三者の責任追及です。Dは取締役の選任決議を経ていないため，取締役といえないのが原則です。もっとも，Dも甲社の取締役として登記されているため，この登記をもって取締役といえないかが問題となります。

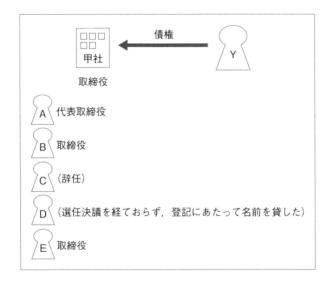

第1　Cに対する請求について

1　Yの，Cに対する会社法429条1項（以下法名省略）に
基づく損害賠償請求は認められるか。

2　まず，Cは取締役を辞任している以上「役員等」にあ
たらず，Yは上記請求をすることができないのが原則で
ある。　　　　　　　　　　　　　　　　　　　　　　　　5

もっとも，Cは，「登記した者」として908条2項の適
用を受け，「役員等」にあたらないか。

　⑴　まず，退任取締役は登記申請者でない以上，「登記
した者」にあたらず，908条2項を直接適用すること
はできない。　　　　　　　　　　　　　　　　　　10

しかし，同条項の趣旨は，虚偽の外観を作出した者
に，外観を信頼した第三者に対してその外観どおりの
責任を負わせることにある。そして，退任取締役は辞
任手続を代表取締役に委ねざるをえないことにかんが
みれば，退任取締役が，取締役の登記を残存させるこ　15
とにつき明示的に承諾を与えていたといった特段の事
情がある場合は，同項類推適用により，善意の第三者
に対して取締役でないことを対抗できず，その結果，
429条1項の責任を負いうると考える。　　　　　　20

　⑵　これを本件についてみると，CはAと折り合いがつ
かず取締役を辞任しており，登記の残存につきAに対
して明示的に承諾を与えた事情はみあたらない。

　⑶　したがって，Cは，908条2項の適用を受けず，429
条1項の責任を負わない。　　　　　　　　　　　　25

3　よって，Yは上記請求をすることができない。

第2　Dに対する請求について

1　Yの，Dに対する429条1項に基づく損害賠償請求は認
められるか。

　⑴　ここで，Dは選任決議を経ない登記簿上の取締役で　30
ある。そして，「役員等」とは適切な選任手続を経た
役員等をいうところ，Dは株主総会で選任されていな
い以上，「役員等」にあたらず，Yは上記請求をする
ことができないとも思える。

そうだとしても，Dは取締役として登記されている　35
以上，「登記した者」として908条2項の適用を受けて，
429条1項の責任を負いえないか。

　ア　この点について，「登記した者」とは登記申請者
たる会社をさすので，登記簿上の取締役に908条2
項を直接適用することはできない。　　　　　　40

しかし，前述した908条2項の趣旨は，不実の登
記に承諾を与えた者についても妥当するといえる。

そこで，会社が取締役の就任登記をして，それに
ついて承諾した者は，908条2項類推適用により，

⮕問題提起

論退任登記未了の退任取締役の
　責任

⮕規範

⮕あてはめ

⮕問題提起

論選任決議を欠く登記簿上の取
　締役の責任

⮕規範

　　自己が取締役でないことを善意の第三者に対抗でき
　　ず，その結果，429条1項の責任を負いうると解す
　　る。

　イ　これを本件についてみると，Dは取締役として登
　　　記がなされるにあたって名義を貸しており，不実の
　　　登記作出につき少なくとも承諾していたといえる。　50
　ウ　したがって，Dは429条1項の責任を負いうる。
⑵　また，本件では大量の土地取得は「重要な財産の
　　……譲受け」として取締役会決議事項となる（362条
　　4項1号）が，Aは取締役会の決議を経ずに土地取得
　　に及んでおり，かかる土地取得は法令に違反する。　55
　　　そのため，取締役を監督する取締役会（362条2項
　　2号）の構成員たる各取締役には，他の取締役の業務
　　執行について監視義務があるといえる。そして，各取
　　締役は取締役会の招集権限があるから（366条1項本
　　文），取締役会の非上程事項にも監視義務を負うと解　60
　　するところ，DはAの上記法令違反行為を見逃してお
　　り，任務懈怠が認められる。
⑶　その他の要件について，429条1項の責任は，会社
　　の経済社会に占める地位および取締役の職務の重要性
　　から，第三者保護のため取締役に課された法定責任と　65
　　解されるので，「悪意又は重大な過失」は，任務懈怠
　　につき存すれば足り，「損害」には広く直接損害・間
　　接損害の双方が含まれる。
　　　本問では，大量の土地取得は容易に気づきうること
　　からすれば，このような任務懈怠につきDに「重大な　70
　　過失」が認められ，これによって，「第三者」たるYに，
　　甲社の倒産により債権が回収できなくなるという間接
　　「損害」が生じたといえる。また，上記任務懈怠と損
　　害の間に因果関係が認められる。
2　よって，Yは，Dが選任決議を経た取締役でないこと　75
　につき善意であれば，上記請求をすることができる。
　　　　　　　　　　　　　　　　　　　　　　　　以上

80

85

　本問は，YのCDに対する会社法429条に基づく責任追及を検討する問題である。CはAと折り合いがつかず，すでに辞任しているため，取締役ではない。もっとも，Cは退任登記をしておらず，甲社の取締役として登記されたままである。そこで，908条2項を適用し，Cは取締役でないことをYに対抗できないか，いわゆる退任登記未了の取締役の論点を検討することになる。

　Dについても，Dは取締役の選任決議を経ていないため，取締役といえないのが原則である。もっとも，Dも甲社の取締役として登記されているため，この登記をもって取締役といえないか，いわゆる登記簿上の取締役の問題になる。

　本問は，429条の基本的な論点についての理解と429条1項の要件をすべてあてはめることができているのか確認するため，出題した。

論点

1　退任登記未了の退任取締役の責任
2　選任決議を欠く登記簿上の取締役の責任

答案作成上の注意点

1　Cに対する請求

1　本件は，YのCに対する請求として429条1項に基づく損害賠償請求が考えられます。429条1項の要件は，①「役員等」，②「職務を行うについて」すなわち，任務懈怠，③「悪意又は重大な過失」，④「損害」，⑤因果関係です。

2　①について，取締役といえれば「役員等」にあたります。Cはもともと甲社の取締役でしたが，Aと折り合いがつかず，すでに辞任しているため，取締役ではありません。そのため，「役員等」にあたらないのが原則です。原則をしっかり指摘してください。

　もっともCは「登記した者」として908条2項の適用を受け，「役員等」にあたるといえないか問題となります。908条2項は「故意又は過失によって不実の登記した者は，その事項が不実であることをもって善意の第三者に対抗することができない」と定めています。会社の登記は「当事者」（907条）である会社が行います。そのため，辞任取締役は登記申請者でない以上，「登記した者」にあたらず，908条2項を直接適用することはできません。

　もっとも，類推適用ができないかを検討します。908条の趣旨は虚偽の外観を作出した者に，外観を信頼した第三者に対してその外観どおりの責任を負わせることにあります。そして，退任取締役は辞任手続を代表取締役に委ねざるをえないことにかんがみ，退任取締役が，取締役の登記を残存させることにつき明示的に承諾を与えていた場合は，908条2項類推適用により，善意の第三者に対して取締役でないことを対抗できず，Cは「役員等」にあたることになります。

　本件についてみると，CはAと折り合いがつかず取締役を辞任しており，登記の残存につきAに対して明示的に承諾を与えた事情は見あたりません。そのため，Cは「役員等」にあたらないことになります。

2　Dに対する請求

1　YのDに対する請求として，429条1項に基づく損害賠償請求が考えられます。要件は上記と同様，①「役員等」，②「職務を行うについて」すなわち，任務懈怠，③「悪意又は重大な過失」，④「損害」，⑤因果関係です。

2　①について検討します。役員（取締役）は株主総会決議によって選任されます（329条1項）。Dは取締役の選任決議を経ていないため，原則「役員等」にあたりません。もっとも，Dは取締

役として登記されている以上,「登記した者」として908条2項の適用を受けて,429条1項の責任を負いえないでしょうか。前述のように,「登記した者」とは登記申請者たる会社をさすので,登記簿上の取締役に908条2項を直接適用することはできません。しかし,908条2項の趣旨は,不実の登記に承諾を与えた者についても妥当するといえます。そのため,この場合は908条2項を類推適用できます。

3 勘がよければ気づいたと思いますが,退任登記未了の取締役と登記簿上の取締役とでは908条2項の類推適用の要件が異なります。これはなぜでしょうか。

取締役は,取締役就任を登記する際には,就任承諾書を要求されます(商業登記法47条,同54条参照)。一方で退任の際にはこのような書類は要求されません。そのため,辞任取締役には,登記を変更する権利も義務もないことになります。そこで,原則は会社法908条2項を類推適用することができず,辞任登記の申請をしないで不実の登記を残存させることについて明示的に承諾を与えていた場合という特段の事情が存在する場合に類推適用ができるというように,908条2項を適用する要件をきわめて限定的に解釈しています。

要件	あてはめ	結論
「役員等」	原則:Dは選任手続を経ていないため,あたらない。もっとも,908条2項類推適用により,例外的にこの要件をみたすことになる。	○
任務懈怠	取締役は,他の取締役の業務執行について監視義務がある。本件ではこの義務を果たせていないため,この要件もみたす。	○
「悪意又は重大な過失」	大量の土地取得は容易に気づきうることからすれば,任務懈怠につきDに「重大な過失」が認められる。	○
「損害」	「第三者」たるYに,甲社の倒産により債権が回収できなくなるという間接「損害」が生じている。	○
因果関係	上記任務懈怠と損害との間に因果関係も認められる。	○

	選任	登記	業務執行	第三者に対する責任
名目的取締役	○	△*	×	429条1項直接適用
選任決議を欠く登記簿上の取締役	×	○	△	選任登記への承諾があれば908条2項類推
退任登記未了の取締役	-(退任済み)	○(退任登記なし)	×	特段の事情があれば908条2項類推
事実上の取締役	×	×	○	429条1項類推

* 名目的取締役は,登記の有無を問わず,取締役(429Ⅰ,423Ⅰ)にあたる。

【参考文献】
試験対策講座・会社法8章11節③【1】(1)・(5)。全条解説・会社法429条②1,4(1)・(2)・(3),908条②3。

第30問 A　株主代表訴訟

1　甲株式会社（以下「甲社」という）は，主に情報サービス事業を営む監査役会設置会社であり，その株式を東京証券取引所に上場している。甲社の資本金は30億円，その発行済株式の総数は100万株である。甲社の取締役は，平成20年6月に選任されたA，B，CおよびDの4名であり，Aが代表取締役社長である。甲社の監査役は，平成19年6月に選任されたE，FおよびGの3名であり，Eが常勤監査役，FおよびGが非常勤の社外監査役である。Hは甲社の株を1万株有している。

2　乙株式会社（以下「乙社」という）は，設立以来，株主も取締役もBだけの会社であるが，実際の事業活動は，ほとんど行っていない。また，乙社にはさしたる資産や収益もない。乙社は，平成21年7月に入り，金融業者から融資を受けて市場において甲社の株式を買い集め，平成22年1月に，甲社の株式33万株を有するにいたった。

3　取締役会で，Bは，甲社が乙社に対して平成22年7月中に15億円の貸付けを無担保で行う旨の提案をした（以下この貸付けを「本件貸付け」という）。これに対し，説明が不十分であるとしてFが強く異議を述べたものの，この提案は，議決に加わらなかったBを除くA，CおよびDの賛成により承認された。

〔設問〕Aが甲社を代表して本件貸付けを実行し，その後，乙社が倒産し，甲社が本件貸付けの返済を受けられなくなった。このことにより，甲社の株価が下落した。HおよびFは，本件貸付けに関し，AとCに対し，会社法上，どのような責任追及をすることができるかについて，論じなさい。

【解答へのヒント】

　本件では，甲社に生じた損害を取締役に責任追及する方法と，株主本人に損害が生じたとして直接取締役に責任追及する方法とがあります。

　提訴権限や任務懈怠の認定に注意をしながら，条文の要件をあてはめていくことになります。

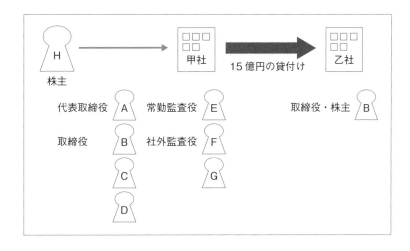

1　株主たるHは提訴請求および株主代表訴訟（会社法847条。以下「会社法」法名省略）により、また、監査役たるFは提訴権限（386条1項1号）により、本件貸付けによって、甲社が返済を受けられなくなった結果、損害を被ったとして、ACに対し423条1項の責任を追及することが考えられる。　　5

論株主代表訴訟

(1)　まず、Hは、「6箇月前……から引き続き株式を有する株主」（847条1項本文）にあたり、原告適格を有する。被告は甲社の役員であるAとCになる。また、以下のとおり、本件は423条1項に基づく責任追及であるため、「責任を追及する訴え」にあたる。したがって、HのACに対する請　　10
求の訴訟要件はみたす。

　　Fは、甲社の「監査役」である。甲社は「監査役会設置会社」であり、本件は甲社が423条1項に基づき取締役に対し、訴えているため386条1項1号の場合にあたる。したがって、FのACに対する本件訴えも訴訟要件をみたす。　　15

(2)　次に、423条1項の要件をみたすかを検討する。

　ア　ACは甲社の取締役であり「役員等」にあたる。

　イ　次に、ACが「任務を怠った」といえるか。

　　　まず、甲社の取締役であるBは本件貸付けの相手方である乙社の唯一の株主であり、Bと乙社は同一視するこ　　20
とができる。そのため、本件貸付けはBが「自己……のため」にした取引として直接取引（「356条第1項第2号……の取引」）にあたる。

　　　これに「よって」甲社は返済を受けられなくなるという「損害」を被っているため、423条3項各号の任務懈　　25
怠の推定規定が適用される。

　　　そのため、Aは、本件貸付けを「決定した取締役」として同条項2号により、Cは本件貸付けに関する取締役会の「承認の決議に賛成した取締役」として同条項1号により「任務を怠った」と推定される。　　30

　　　そして、ACにはこれらの推定を覆すような事情もないため、ACは、「任務を怠った」といえる。

　ウ　乙社は、事業活動をほとんど行っていない。また、乙社にはさしたる資産や収益もない。そして、15億円という価格は甲社資本金の5割にも達し、甲社にとって非常　　35
に高い金額であることからすれば、ACは貸付けを行う際に、債権の回収可能性等について検討する必要があった。それにもかかわらず、ACはこれをしていない。そのため、ACには過失が認められる（428条1項参照）。

　エ　乙社が倒産しているため、甲社は乙社から15億円の貸　　40
付債権の返済を受けられなくなっており、15億円の「損害」が認められる。また、上記任務懈怠により、本件貸付けが行われているため、任務懈怠と損害の間に因果関係が認められる。

オ　よって，423条1項の要件をみたす。　　　　　　　　　45
(3)　以上より，上記請求は認められる。
2　次に，HはACに対し，429条1項の責任追及をすることが
できないか。
(1)　ACは甲社の取締役であるため「役員等」にあたる。
(2)　では，任務懈怠はあるといえるか。任務懈怠とは法令定　50
款違反行為をいうと解される（355条参照）。
　　ア　本件貸付けは，15億円と「重要な財産の処分」（362条
　　　4項1号）にあたるが，取締役会で適切な手続を経てお
　　　り，362条4項1号違反はない。
　　イ　取締役は会社に損害を与えないようにする善管注意義　55
　　　務（330条・民法644条）を負っている。取締役であるA
　　　は15億円もの金銭を，事業活動をほとんど行っておらず，
　　　収益の見込みがない乙社に対して，無担保で貸し付けて
　　　おり，このような貸付けがなされれば，債権回収が困難
　　　となって甲社に多額の損害が生じることは容易に想像で　60
　　　きる。したがって，Aに善管注意義務違反が認められ，
　　　任務懈怠があるといえる。
　　ウ　Cについては，Aに上記貸付けを行わせたことが監視
　　　義務（362条2項2号）に反したとして，任務懈怠が認
　　　められる。　　　　　　　　　　　　　　　　　　　　65
(3)　362条2項の責任は，会社の経済社会に占める地位およ
び取締役の職務の重要性から，第三者保護のため取締役に
課された法定責任と考えられる。そのため，「悪意又は重
大な過失」は，任務懈怠につき存すれば足りると解する。
　　本件では，乙社はACらに少なくとも重大な過失が認め　70
られる。
(4)　362条2項に定められている責任の上記性質から，「損
害」とは直接損害，間接損害をいうと解される。本件では，
甲社は返済を受けられなくなることによる株価の下落とい
う間接「損害」を被ったと考えられる。　　　　　　　　75
(5)　もっとも，株主であるHも「第三者」に含まれるか。　　　➡問題提起

論「第三者」の範囲（429条）
　　　間接損害の場合には，株式会社が取締役等から損害賠償
　　を受ければ，株主の損害も補填される。また，取締役等の
　　責任追及としては代表訴訟（847条）が認められているか
　　ら，株主に独立の損害賠償請求権を認める必要がない。さ　80
　　らに，株主が「第三者」にあたるとすれば，取締役に二重
　　の責任を負わせることになるため，妥当でない。
　　　そこで，株主は「第三者」に含まれないと考える。　　　➡規範
　　したがって，本件Hは「第三者」に含まれない。
(6)　よって，Hは，ACに対し，429条1項の責任追及するこ　85　➡あてはめ
とができない。

　　　　　　　　　　　　　　　　　　　　　　　　　以上

本問の題材は，2012（平成24）年の司法試験を改題したものであり，会社法の基本的な理解および事例をふまえた分析力と論述力を問うものである。以下は，法務省が公表した出題趣旨を参考にしている。

全体として，会社法の条文を的確に理解し，これを摘示することも求められている。

本件貸付けが利益相反取引（会社法365条1項，356条1項2号）に該当することを指摘しつつ，ACそれぞれ423条3項各号により任務懈怠が推定されることをふまえ，あてはめをすることが求められている。そのうえで，株主Aによる責任追及としては甲社に対する提訴請求および株主代表訴訟（847条）について，監査役Fによる責任追及としてはその提訴権限（386条1項）について，それぞれ条文を摘示しつつ論述することが求められている。

論点

1　株主代表訴訟
2　「第三者」の範囲（429条）

答案作成上の注意点

1　株主代表訴訟について

1　株主代表訴訟総論

本件貸付けにより，甲社は15億円の債権を回収できず，15億円の損害がでています。

そのため，この貸付けを行った代表取締役と貸付けに賛成した取締役に対して甲社が責任を追及することが考えられます。そこで考えられるのが，株主代表訴訟です。

取締役等の会社に対する責任は，本来は，会社自身が追及すべきものです。しかし，取締役等間の同僚意識などからその責任追及が行われない可能性があり（訴え提起の懈怠の可能性），その結果，会社ひいては株主の利益が害されるおそれがあります。そこで，会社法は，個々の株主に会社に代わって，会社のために，みずから取締役等に対する会社の権利を行使し，訴えを提起することを認めました。

取締役等の第三者に対する責任	
悪意・重過失の対象	会社に対する任務懈怠
損害の範囲	直接損害＋間接損害
「第三者」の範囲	株主は含まない（含む説もある）
不法行為責任（民709）との関係	競合する
時効期間	民法166条
履行遅滞の時期	履行の請求を受けた時

2　株主代表訴訟の原告適格

株主代表訴訟の原告適格は，原則6か月前から引き続き株式を有する株主です。Hは甲社の株式を6か月前から引き続き有する株主といえるため，原告適格が認められます。

3　監査役の会社代表

Fは甲社の監査役です。386条1項は，「監査役設置会社が取締役……に対し……訴えを提起す

る場合」（同条項1号）および「監査役が監査役設置会社を代表する」（同条項柱書）と定めています。甲社は監査役会設置会社です。また，本件は後述のとおり，取締役であるACに対する請求ですので，「取締役……に対し……訴えを提起する場合」にもあたります。

　　したがって，本件では，Fは386条1項1号に基づき訴えを提起することができます。この条文はややわかりにくい場所にあるため，日頃の勉強から意識し，論文ではしっかりと指摘することが重要です。

4　任務懈怠

　　取締役は会社に対して善管注意義務を負い（330条，民法644条），また，法令・定款・株主総会の決議を遵守し，会社のために忠実にその職務を行うという忠実義務を負うことになるから（会社法355条），これらの義務に違反すれば任務懈怠になります。

　　そして，取締役が利益相反取引をした場合には，会社法356条1項の取締役，会社が利益相反取引をすることを決定した取締役，利益相反に関する取締役会の承認の決議に賛成した取締役については任務懈怠が推定されます（423条3項1号から3号まで）。

　　利益相反取引とは，①取締役が自己のため，または第三者のために会社と取引する場合（直接取引）と②会社が取締役以外の第三者との間で会社と取引する場合（間接取引）のことをいいます。

　　利益相反取引にあたった場合，当該取締役はその取引について重要な事実を開示して，取締役設置会社では取締役会の承認を得なければなりません（356条1項2号，3号，365条1項）。この趣旨は，利益相反取引において，取締役が，みずから会社を代表するときはもちろん，他の取締役が会社を代表するときであっても，当該取締役自身または第三者の利益を図るために会社の利害を害するおそれがあり，そのような事態を防止する点にあります。

　　また，直接取引には，取締役がみずから当事者として行う場合のみならず，他人の代理人・代表者として行う場合も含まれます。

　　本件では，甲社の取締役であるBは，本件貸付けの相手方である乙社の唯一の株主であり，Bは乙社と同一視することができます。そのため，本件貸付けは，Bが「自己……のため」にした取引として直接取引（「356条第1項第2号……の取引」）にあたります。

　　本件で任務懈怠を認定する際には，本件行為が利益相反行為にあたることを認定し，ACのそれぞれにつき423条3項各号により任務懈怠が推定されることをふまえ，あてはめをすることが必要です。

5　423条のその他要件

　　423条の要件は，任務懈怠，過失，損害，任務懈怠と過失との間の因果関係です。これらの要件をすべてあてはめてください。

　　本件では，乙社が倒産しているため，甲社は乙社から15億円の貸付債権の返済を受けられなくなっており，15億円の「損害」が認められます。また，上記任務懈怠により，本件貸付けが行われているため，任務懈怠と損害の間に因果関係が認められます。

　　また，本件において，乙社は事業活動をほとんど行っていません。加えて，乙社にはさしたる資産や収益もありません。そして，15億円という価格は，資本金30億円の甲社にとって非常に高い金額であるといえるでしょう。そうだとすると，ACは，貸付けを行う際に，債権の回収可能性等について検討する必要があったといえます。それにもかかわらず，ACはこれをしていません。そのため，ACに過失が認められます（428条1項参照）。

　　したがって，423条の要件をみたします。

2　429条に基づく責任追及について

1　「第三者」の範囲（429条）

　　Hは甲社の株主であるため，Hの有する甲社の株式の価値が下落したことを損害として，429条1項に基づく責任を追及することが考えられます。

　　本件では，429条1項の「第三者」に株主があたるかということが論点になります。重要論点

ですので，しっかり論じることができるようにしておきましょう。今回，株主は「第三者」にあたらないという説で答案を作成しました。以下，上記論点について，少し説明をします。

間接損害の場合は，株式会社が取締役等から損害賠償を受ければ，株主の損害も補填されます。しかも取締役等の責任追及としては代表訴訟（847条）が認められているから，株主に独立の損害賠償請求権を認める必要がないともいえます。そのため，これらを根拠として，直接損害の場合にかぎって株主は「第三者」に含まれるとする見解があります。

しかし，代表訴訟を提起するためには，公開会社の場合，6か月の株式保有期間の要件をみたさなくてはなりませんし（847条1項本文），株主には担保提供が命じられることもあります（847条の4第2項）。

また，株式会社に対する責任は，たとえば訴訟上の和解によって免除される可能性もあるから（850条1項），かりに代表訴訟が提起できたとしても，これによって株主の間接損害が完全に回復されない場合も十分に想定されます。

そのため，株主は，間接損害についても会社法429条1項の責任を追及することができると考えることもできます。

株主が第三者に含まれるか否かについて，結論はどちらでもかまいません。理論的にしっかりと論述をすることが大切です。

2　その他の注意

答案作成上の注意としては，任務懈怠のあてはめの際に，「上述どおり」などといった，423条の任務懈怠と同様に考える旨の記載をしないようにしましょう。423条3項は，株式会社の役員等に対する責任追及の場面における任務懈怠を推認した規定です。429条1項の任務懈怠を検討する際には，慎重に論じることが必要です。

【参考文献】

試験対策講座・会社法8章11節①【1】・【2】，③【1】(1)・(2)・(3)。全条解説・会社法356条②2，423条②1，3，429条②1，2。

第31問 B　代表訴訟，取締役の対第三者責任

　　公開会社かつ大会社であるA株式会社（以下「A社」という）は，子会社であるB株式会社（以下「B社」という）の株式の51パーセントを保有している。B社は，2000年，ニューヨーク証券取引所の会員となった。ニューヨーク証券取引所は，2019年，B社が不正確な定期報告書をニューヨーク証券取引所に提出したことなどを認定し，米国証券取引委員会規則（以下「本件規則」という）違反を理由にB社に対して100万米ドルの課徴金を課し，B社は同額を納付した。そのため，A社の保有するB社の株式の株価が大幅に下落した。B社は，A社から米国において証券取引業を営むことを許された唯一の子会社で，その代表取締役は，A社の専務取締役Yが兼任しており，実質的にはA社のニューヨーク支店というべき会社であった。なお，平成5年には，同業のC株式会社（以下「C社」という）が同種の違反により多額の課徴金を課されるという事件があり，報道等によって広く認知されていた。C社の事件を受け，A社には，「B社がニューヨーク証券取引所に提出する定期報告書について提出前にA社の取締役らの承認を取りつけなければならない」との内規が設けられていた。

　　この内規に従って，YがA社取締役として定期報告書の内容について承認していた場合，6か月前から継続してA社株式を有するXには，A社取締役Yとの関係で会社法上どのような保護が与えられるか。また，C社の事件にもかかわらずこのような内規が設けられておらず，Yが本件規則に対する違反行為を認識していなかった場合はどうか。

【解答へのヒント】

　設問前段について，親子会社と責任追及という点が問題となると，会社法847条の3をまずは思いつくかもしれませんが，本問は親会社たるA社の取締役たるYとの関係でのXの保護を考える場面であり，同条の適用場面とは異なります。本件規則違反自体はB社取締役としての責任ですが，これをA社取締役たるYへの責任追及の理由として用いることはできるのか，YがB社代表取締役であるという事情等を利用できないかについて，考えてみましょう。

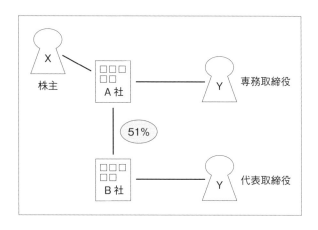

第1　設問前段について
1　まず，Xの保護としては，A社取締役たるYに対して，
株主代表訴訟による損害賠償請求をして，A社財産の回
復を図るという手段が考えられる（会社法847条1項。
以下「会社法」法名省略）。　　　　　　　　　　　　　5
　それでは，本問においてA社取締役たるYの任務懈怠
責任（423条1項）が認められるか。親会社の取締役が
子会社の業務行為から発生した損害について任務懈怠責
任を負うかが問題となる。
　(1)　たしかに，親会社と子会社は別法人であり，子会社　10
　　の業務に関する責任はもっぱら子会社取締役にある。
　　よって，子会社の取締役の業務執行の結果，子会社さ
　　らに親会社に損害が生じた場合でも，親会社の取締役
　　は責任を負わないのが原則である。
　　　しかし，親会社と子会社の特殊な資本関係にかんが　15
　　み，親会社取締役が実質的に子会社の意思決定を支配
　　したと評価しうる場合であって，かつ，親会社取締役
　　の指図が親会社に対する善管注意義務（330条・民法
　　644条）に違反する場合は，任務懈怠責任が生じると
　　解する。　　　　　　　　　　　　　　　　　　　　20
　(2)　これを本問前段にみると，B社は「実質的にはA社
　　の……支店というべき」会社であり，また取締役はA
　　社の取締役でもあるYが兼任する状況のもと，不正確
　　な定期報告書を提出した業務に関し，Yは内規に基づ
　　いて提出を承認しているので，Yが，実質的にB社の　25
　　意思決定を支配していたと評価できる。
　　　また，本問前段でYの承認の内容には本件規則に違
　　反する不正があるため，A社に対する善管注意義務違
　　反も認められる。
　(3)　よって，Xは，A社に書面等でYの責任を追及する　30
　　訴え提起を請求したにもかかわらずA社が60日以内に
　　提起しない等の要件をみたせば，株主代表訴訟を提起
　　する手段を採ることで保護される（847条1項，3項）。
2　次に，Xの保護としては，X自身の損害につき，B社
　取締役たるYに対して損害賠償請求するという手段を採　35
　ることが考えられる（429条1項）。
　(1)　まず，Yに「悪意又は重大な過失」が認められるか，
　　その対象が，429条1項の法的性質と関連して問題と
　　なる。
　　　429条1項の責任は，第三者保護のために法が特別　40
　　に認めた責任であると解する。そこで，任務懈怠につ
　　いて悪意・重過失があれば足りると解する。
　　　これを本問前段にみると，Yには不正確な定期報告
　　書を提出した点に任務懈怠があり，また，この点に重

【右欄注記】
■問題提起
論親会社取締役の責任追及

■規範

■あてはめ

■問題提起
論役員等の対第三者責任──429
条1項の責任の性質
■規範

■あてはめ

過失も認められる。　　　　　　　　　　　　　　45

(2)　次に，本件においてXに生じた損害は，いわゆる間接損害である。そこで，間接損害が429条1項の「損害」に含まれるかが問題となる。

> 同条項が法定責任であると解すれば，損害の範囲を広く解して，第三者の保護を図るべきである。そこで，「損害」に間接損害も含まれると解する。　　　　50

したがって，本件では，「損害」が認められる。

(3)　よって，XはYに対し損害賠償請求するという手段を採ることで保護される。

第2　設問後段について　　　　　　　　　　　　55

1　まず，A社取締役たるYに対し株主代表訴訟を提起する手段が考えられる。

(1)　そこで，例外的にB社の本件規則違反を理由としてYに任務懈怠責任を問えないか，前段の規範にあてはめて検討する。　　　　　　　　　　　　60

本設問後段でも，A社・B社両者の関係から，YがB社の意思決定を実質的に支配していたとも評価しうる。

しかし，Yは，A社取締役として，B社に承認等の具体的な指示等をしたという事情はなく，Yの指図がA社に対する善管注意義務に違反するとはいえない。　65

よって，B社の本件規則違反を理由に任務懈怠責任を問うことはできない。

(2)　もっとも，A社取締役としてのYに対しては，以下のように内部統制システム構築義務についての任務懈怠責任が認められる。　　　　　　　　　　70

> 大会社の取締役には，企業集団の業務の適正を確保する体制を構築する義務がある（362条5項，同4項6号，会社法施行規則100条1項5号）。そのため，このような体制を適切に構築し，運用しないと，取締役に任務懈怠責任が生じると解する。　　　　75

本件では，10年以上前に同種の規則違反でC社に課徴金が課されたうえ，それは周知の事実であったのだから，同種の違反を防止するためになんらかの措置をとるべきであったといえる。しかし，Yは内規の整備等の措置を何らとっておらず，上述の体制を適切に構築・運用していたとはいえない。　　　　　80

(3)　よって，前段と同様にYに対して株主代表訴訟を提起する手段を採ることでXは保護される（847条1項，3項）。

2　さらに，前段と同様に，B社取締役としてのYに対し　85損害賠償請求するという手段を採ることでもXは保護される（429条1項）。

以上

右欄注記:
- ➡問題提起
- 論 役員等の対第三者責任──「損害」の範囲
- ➡規範
- ➡あてはめ
- ➡問題提起
- ➡あてはめ
- ➡問題提起
- 論 内部統制システム
- ➡規範
- ➡あてはめ

本問は，東京地判平成13年1月25日判時1760号144頁をベースとするものである。

財産的損害を回復するための取締役に対する責任追及の手段は，株主代表訴訟を提起するという手段と，会社法429条1項により損害賠償請求するという手段があげられる。前段は，この2点について検討するなかで，親子会社であることをふまえて，株主代表訴訟を提起する場合に生じる問題点に現場で対応してもらう力を試す問題である。後段は，会社法で大会社の取締役に課された，業務の適正を確保するための体制の整備（348条3項4号・4項）に関する論点を問うものである。

論点

1　親会社取締役の責任追及
2　役員等の対第三者責任(1)429条1項の責任の性質　(2)損害の範囲
3　内部統制システム

答案作成上の注意点

[1]　親会社取締役の責任追及について

まず，前提として，Xが株主代表訴訟で追及できるのは，YがA社に対して負う任務懈怠責任のみです。Yは両社の取締役を兼任していますが，本件規則違反自体はB社取締役としての責任であり，これをA社の株主代表訴訟で追及することはできません。

「責任」の検討に際しては，本問がいわば法人格を通り越して責任追及をしようとしているという特殊性を念頭におく必要があります。法人格否認の法理については濫用および形骸化のいずれの要件もみたさないことが明白なので，省略していますが，答案構成の段階でこの論点を抽出できることは必須のレベルに属するものといえます。次に，子会社の業務行為について親会社取締役に責任追及できるかにつき，ベースとなった裁判例を知らなくとも，原則として責任を負わないという点は導くことができるでしょう。

[2]　役員等の対第三者責任について

他方，取締役の第三者に対する責任を追及するうえでは，B社取締役としてのYの責任を追及することになります。この際，XはA社株主であってB社株主ではないことから，Xが429条1項の「第三者」にあたるか否かは問題になりません（江頭・株式会社法512頁参照）。

[3]　内部統制システムについて

設問後段では，いわゆる内部統制システムの構築責任が問題になります。取締役などの責任を追及する際に，内部統制システムの構築義務違反を利用するという手法は，裁判例（大阪地判平成12年9月20日判時1721号3頁〔判例シリーズ57事件〕，名古屋高金沢支判平成17年5月18日判時1898号130頁）や，最高裁判例に登場し（最判平成21年7月9日判時2055号147頁〔会社法百選52事件〕。会社法350条に基づく不法行為の損害賠償請求を主張した事案），重要性を増しています。日ごろ取締役と接触のない従業員の不祥事について取締役の責任を追及するといったケースで問題となっています。

内部統制システムの具体化について善管注意義務違反の有無を判断するにあたって，経営判断原則の適否が問題となりますが，裁判例の多くはこれを肯定しています（会社法百選109頁参照）。

【参考文献】
試験対策講座・会社法8章4節[6]【1】(3)，12節[1]【1】。判例シリーズ57事件。全条解説・会社法348条[2]3，429条[2]，847条。

　発行済株式総数100万株の甲株式会社（以下「甲社」という）は，例年，株主に対して１株あたり３円の配当を行ってきたが，今年度は業績が不調で，今期は分配可能額がなかった。そこで，甲社の定時株主総会では，株主に対して，配当を行わない旨の決議が行われ，配当は行われなかった。

　しかし，甲社は，この決議に先立って，出席しても質問権を行使しないよう約束させる目的で，株主のうち，各10万株を保有するAら大株主５人に対して，それぞれ30万円分の商品券を交付していた。なお，甲社は，種類株式を発行していない。

　甲社がAらに対してした商品券の交付について，会社法上どのような問題があるか論ぜよ。

【解答へのヒント】

　甲社は，分配可能額がないにもかかわらず，大株主５人に対して商品券を交付しています。形式的に配当というかたちをとっていなければ財源規制違反とはならないのでしょうか。

　また，大株主５人だけに商品券を交付することは他の株主との関係で何か問題とならないでしょうか。

　さらに，甲社は，定時株主総会で質問権を行使しないように約束させる目的で商品券を交付しています。このような行為を禁止する条文がなかったでしょうか。

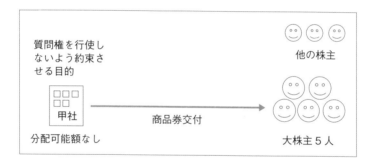

答案例

第1　違法配当該当性について
 1　まず，甲社がAら5人の大株主に対して商品券を交付（以下「本件交付」という）した決算期においては，分配可能額（会社法461条2項柱書。以下「会社法」法名省略）がなかったのであるから，甲社においては，今期は，「剰余金の配当」（同条1項8号）をすることはできないはずである。そうすると，本件交付が「配当」にあたる場合には，本件交付は違法ということになる。では，本件交付は「配当」にあたるか。「配当」の意義が問題となる。

> (1)　この点につき，法が「剰余金の配当」につき厳格な規律を要求している趣旨は，会社債権者保護や会社財産の堅固性を確保することにあることからすれば，461条1項8号にいう「配当」は，その趣旨に照らして実質的に捉えられるべきである。
>
> 　すなわち，分配可能額がない場合に，他に取引相手であるなどの別の利害関係を有しない株主に対して，従来の配当額と同額の財産を交付することは，実質的には配当と同視しうるものとして，「配当」にあたるというべきである。

　(2)　本件では各10万株の株式を有するAらに対してのみ会社財産から30万円分の商品券を交付しているところ，これは1株あたり3円という例年の配当額と同額の財産である。
　　　そして，Aらは甲社の株主であるという点以外に甲社との間で特に利害関係を有するものではないことからすれば，本件交付は，実質的には配当と同視しうるといえ，「配当」にあたる。
　(3)　よって，本件交付は461条1項8号に反し，違法である。
 2　この場合，分配可能額を超える金銭等の交付を受けたAらと，当該行為を行った業務執行者は，連帯して，交付された商品券の帳簿価額に相当する金銭を甲社に支払う義務を負う（462条1項）が，業務執行者については，その職務を行うについて注意を怠らなかったことを証明したときは，この義務を負わない（同条2項）。
 3　さらに，債権者代位権（民法423条以下）の特則として，甲社の債権者は，株主であるAらに対し，Aらが交付を受けた金銭等の帳簿価額に相当する金銭を，当該債権者が甲社に対して有する債権額の範囲内で直接支払わせることができる（463条2項）。
第2　株主平等原則との抵触について
 1　次に，甲社がAら5人に対して行う商品券の贈与契約および交付が，甲社の他の株主との関係で株主平等原則（109条1項，454条3項）に反し，違法とならないか。

右欄注記：
- ➡問題提起
- 論「配当」の意義
- ➡規範
- ➡あてはめ
- ➡問題提起

(1)　株主平等原則とは，会社は，株主としての資格に基づ　45
　　　　く法律関係について，株主をその有する株式の内容およ
　　　　び数に応じて平等に取り扱わなければならないという原
　　　　則をいう。

論株主平等原則

　　(2)　本問の商品券の贈与契約および交付は，前述のとおり
　　　　実質的には剰余金の配当にあたるところ，株主としての　50
　　　　資格に基づく法律関係について，特定の大株主のみを特
　　　　別に優遇し利益を与えるものであるから，株主平等原則
　　　　に反し，違法となる。

➡あてはめ

　2　そして，株主平等原則は，少数派株主を保護する趣旨に
　　　よる株式会社の基本原則であり，強行法規的な性格を有す　55
　　　るものであるから，この原則に反する贈与契約は，無効と
　　　なる。
　　　　そこで，甲社としては，Aらに対して，商品券について
　　　無効な行為に基づく原状回復請求（民法121条の2第1
　　　項）をすることができる。　　　　　　　　　　　　　　　60
第3　利益供与該当性について
　1　次に，出席しても質問権を行使しないよう約束させる目
　　　的で，甲社が，Aら大株主へ商品券を交付したことは，利
　　　益供与の禁止（120条）に反し，違法とならないか。
　　(1)　まず，「株主の権利の行使に関し」（120条1項）とい　65
　　　　えるか。

➡問題提起
論株主の権利行使に関する利
　　益供与

　　　　120条1項の趣旨は，広く会社財産の浪費を防止する
　　　　とともに，企業経営の健全性を確保する点にあるから，
　　　　「株主の権利の行使に関し」とは，株主権の不行使をも
　　　　広く含むと解する。　　　　　　　　　　　　　　　　70

➡規範

　　　　本問では，株主総会に出席しても質問権（314条参
　　　　照）を行使しないよう約束させる目的で商品券が交付さ
　　　　れているので，「株主の権利の行使に関し」といえる。

➡あてはめ

　　(2)　また，商品券は，実質的には金銭と同様に利用ができ
　　　　る財産であるから「財産上の利益」にあたる。　　　　75
　　　　　さらに，商品券の交付は，「供与」にあたる。
　　(3)　よって，甲社が，Aらに商品券を交付したことは，利
　　　　益供与の禁止に反し，違法となる。
　2　そして，供与を受けたAらは，受けた財産上の利益を甲
　　　社に返還しなければならない（120条3項前段）。　　　80
　　　　また，利益供与に関与した取締役として法務省令で定め
　　　る者は，会社に対して，連帯して，供与した利益の価額の
　　　相当額を支払う義務を負う（120条4項本文）。
第4　さらに，本件ではいずれも法令違反があって任務懈怠が
　　　認められるので，故意または過失があれば，甲社取締役など　85
　　　の役員等は，甲社に生じた損害を賠償する責任を負う（423
　　　条1項）。

　　　　　　　　　　　　　　　　　　　　　　　　　　以上

出題趣旨

　違法な剰余金の配当，株主平等原則，利益供与等はどの基本書でも取りあげられている基本的な事項である。そこで，前記事項の確認および横断的な問題に対する訓練をしていただきたく，本問を出題した。

論点

1　「配当」の意義
2　株主平等原則
3　株主の権利行使に関する利益供与

答案作成上の注意点

① 財源規制の問題について

　本問で甲社は，分配可能額がないにもかかわらず，Aら5人の大株主に対してそれぞれ30万円分の商品券を交付しています。剰余金の配当については，当該行為の効力発生日における分配可能額の範囲内でされなくてはならない，と定められていますが（会社法461条1項8号），必要な手続を履践していないなど，形式的には剰余金の配当というかたちをとっていないとしても，実質的には本問交付が財源規制に反し違法となるのではないか，との問題意識を的確に答案に表現する必要があります。その際，剰余金の配当に厳格な財源規制を設けた法の趣旨を丁寧に記述することができれば，論証を説得的に展開することができるでしょう。

② 株主平等原則違反について

　本問で甲社は，他の株主には商品券を交付せず，Aら5人の大株主に対してのみそれぞれ30万円分の商品券を交付しています。そこで，これが株主平等原則との関係においても問題になることをまず端的に指摘する必要があります。ここで，株主平等原則に反する贈与契約が109条に反して無効であるという点と，株主平等原則に反する配当が454条3項に反する違法配当になるという点は，理論的には異なるものであることに注意する必要があります。

③ 利益供与について

　本問で甲社は，定時株主総会で配当を行わない決議を滞りなく成立させるために，Aら5人の大株主に対して，出席しても質問権（314条参照）を行使しないよう約束させる目的で，それぞれ30万円分の商品券を交付しています。本問との関係では，この商品券の交付が株主の権利行使に関し財産上の利益を与えたものであるか否かを，120条1項のそれぞれの要件にあてはめれば，十分でしょう。

【参考文献】
試験対策講座・会社法5章1節③【5】(2)・④，9章3節。全条解説・会社法109条②2，5(2)，120条②2，462条②2，463条②2。

第33問 A 事業譲渡，「重要な財産の処分」

　甲株式会社（以下「甲社」という）は資本金5000万円，総資産10億円の会社であり，製造業を営んでいる。甲社の代表取締役であるXは，営業不振のため遊休施設となった甲社の主要工場の土地・工場建物・機械器具などの事業財産の全部（総額5億円相当）を，貸しビル業を営む乙株式会社（以下「乙社」という）に，取締役会決議・株主総会決議を経ることなく独断で譲渡した。2社代表取締役は本件譲渡時，Xが独断で本件譲渡を行っていることを知っていた。このとき，甲社は当該譲渡の無効を主張できるか。ただし，甲社は，取締役会および監査役設置会社であり，会計参与および会計監査人はおかない株式会社とする。

【解答へのヒント】

1　無効を主張できるかと問われているので，無効を主張できる会社法の法律構成として，まずは法令違反の検討を行うことになります。Xが独断で甲社事業財産の全部を乙社に譲渡してしまったことに法令違反はないでしょうか。事業譲渡の条文を検討してみましょう。

2　上記に加えて，本件事業譲渡対象は総資産10億円の甲社にとって5割もの価格たる総額5億円相当です。このような大きな価格の財産をXが独断で処分することにも問題がありそうです。

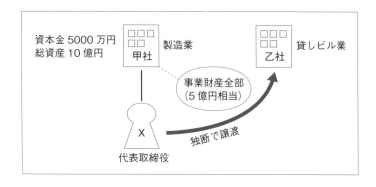

答案例

1　本問では，甲社の代表取締役Xは，乙社に対し，株主総
会決議を経ることなく独断で，甲社の主要工場の事業財産
の全部を譲渡している。

　それゆえ，当該譲渡が「事業の全部の譲渡」（会社法467
条1項1号。以下「会社法」法名省略）にあたれば，甲社　5
は467条1項柱書・309条2項11号に違反するとして当該譲
渡の無効を主張できそうである。

　そこで，当該譲渡は事業譲渡といえるか，467条1項1
号にいう事業譲渡の意義が問題となる。

➡問題提起
論 事業譲渡の意義

(1)　この点，21条以下の事業譲渡と同一に解することによ　10
って，法解釈の統一性，安定性が保たれる。

　また，事業の譲受人にとって事業活動の承継があるか
否かによって，総会の特別決議が必要か否かの判断が明
確になり，取引の安全に資する。

　そこで，事業譲渡とは，一定の営業目的のため組織化　15

➡規範

され，有機的一体として機能する財産の全部または重要
な一部を譲渡し，これによって，譲渡会社がその財産に
よって営んでいた事業的活動の全部または重要な一部を
譲受人に受け継がせ，譲渡会社がその譲渡の限度に応じ
法律上当然に21条に定める競業避止義務を負う結果を伴　20
うものをいうと解する。

(2)　本問で譲渡会社である甲社は製造業を営んでいるのに
対し，譲受会社である乙社は製造業とは異なり貸しビル
業を営んでおり，譲渡会社がその財産により営んでいた
事業的活動の全部または重要な一部を譲受人に受け継が　25
せたとはいえない。したがって，当該譲渡は事業譲渡と
はいえない。

➡あてはめ

(3)　よって，甲株式会社は，467条1項柱書・309条2項11
号に違反するとして当該譲渡の無効を主張できない。

2　そうだとしても，本問では5億円相当の財産が，取締役　30
会決議を経ることなく譲渡されており，これが「重要な財
産の処分」（362条4項1号）にあたれば，甲社は362条4
項1号に違反するとして当該譲渡の無効を主張できそうで
ある。

(1)　そこで，当該譲渡は「重要な財産の処分」にあたるか，35
「重要な財産の処分」の判断基準が問題となる。

➡問題提起
論「重要な財産の処分」の判断基準

　　ア　この点，「重要な」という概念は，相対的なもので
あって，すべての会社にとって共通の画一的基準があ
るわけではなく，個別的具体的に決するほかない。

　　　そこで，「重要な財産の処分」にあたるか否かは，　40

➡規範

①当該財産の価額，その会社の総資産に占める割合，
②当該財産の保有目的，③処分行為の態様，および④
会社における従来の取扱い等の事情を総合的に考慮し
て判断すべきである。

　　　　①当該財産の価額は5億円相当であり，同社の総資 あてはめ
　　産10億円の5割を占める。また，②当該財産の保有目
　　的は，同社の本業たる製造業を営むことにあったとい
　　える。さらに，③当該処分行為の態様は，同社の主要
　　工場の土地・工場建物・機械器具などの営業財産の全
　　部の譲渡であり，その営業のため通常行われる取引と
　　はいえない。
　　　このような事情を総合的に考慮して判断すると，当
　　該譲渡は「重要な財産の処分」にあたるといえる。
　イ　よって，当該譲渡は362条4項1号に違反する。
(2)　そうだとして，甲社は当該譲渡の無効を主張できるの 問題提起
　　か。取締役会決議を欠く代表取締役の行為の効力が問題 取締役会決議を欠く代表取締役の行為の効力
　　となる。

　　　ア　代表取締役は包括的代表権を有しており（349条4
　　　　項），取締役会決議を欠いてもそれは内部的意思決定
　　　　を欠くだけで，対外的にみれば取引は代表取締役の代 規範
　　　　表権の範囲内でなされたものといえる。
　　　　このことから，当該行為の効力は原則として有効と
　　　解する。
　　　　もっとも，相手方が悪意または有過失の場合には，
　　　会社の犠牲においてその者を保護する必要はない。
　　　　そこで，相手方が悪意または有過失の場合には，民
　　　法93条1項ただし書の類推適用により当該行為は無効
　　　になると解する。

　イ　本件では，乙社代表取締役は本件譲渡当時，Xが独 あてはめ
　　断で本件譲渡を行っていることを知っていたので，当
　　該行為は無効となる。
(3)　よって，甲社は362条4項1号に違反するとして当該
　　譲渡の無効を主張できる。

　　　　　　　　　　　　　　　　　　　　　　　　　　以上

事業譲渡の意義については，平成18年司法試験論文式試験民事系科目第1問でこの論点が正面から問われており，しっかりと論証を準備したうえであてはめを丁寧に行うことが求められる。また，「重要な財産の処分」の意義に関して判例（最判平成6年1月20日民集48巻1号1頁〔判例シリーズ68事件〕）がでているのでおさえてほしい。

論点

1 事業譲渡の意義
2 「重要な財産の処分」の判断基準
3 取締役会決議を欠く代表取締役の行為の効力

答案作成上の注意点

① 考えられる甲社の主張の法律構成について

甲社が当該譲渡の無効を主張する根拠としては，問題文の「取締役会決議・株主総会決議を経ることなく」との部分からもわかるように，会社法467条1項1号，362条4項1号が考えられます。ただ，決議を経ない行為の効力については争いがあり，必ずしも無効とはならないことから，問題提起を工夫する必要があります。なお，467条1項1号と362条4項1号については，前者から論じるべきでしょう。判例（前掲最判平成6年1月20日）の立場に立てば，前者に該当する行為の範囲のほうが狭いからです。

② 事業譲渡の意義について

本問の行為が467条1項1号の事業譲渡にあたるかについては，判例・学説いずれの立場に立つにせよ，きちんと理由を述べてください。判例の立場に立った方は，単に21条以下の事業譲渡と統一して解釈すべきと論じている答案が多かったのですが，21条以下の事業譲渡と同一と解することにより，総会決議の要否を決する明確な基準（事業活動の承継の有無）が得られ，取引安全に資すると論じてください。学説の立場に立つ方は，467条が株主保護を目的とするのに対し，21条以下の事業譲渡は営業の譲受人保護を目的とするという理論的な理由のほか，会社の実質的所有者たる株主に譲渡の可否を決する機会を多く与えるべきであるという理由があると説得力が増します。

判例の立場に立った場合，あてはめが問題となります。本問の譲受人乙社は貸しビル業を営んでいるのだから，事業活動の承継はないとあてはめるのが無難です。

③ 「重要な財産の処分」の判断基準について

その次に，362条4項1号の「重要な財産の処分」にあたるかを論じることになります。ここは，上記判例がでているので，判例を意識して「重要な財産の処分」の規範定立ができるとよかったです。判例を知らなかった場合でも，自分なりに規範を定立することが必要です。いきなりあてはめをしてしまうことのないよう注意してください。「重要な財産の処分」にあたるとして，本問でXは取締役会決議を経ていないので，この行為の効力が問題となります。判例の立場・権利濫用説のいずれを採ってもかまいませんが，説得的な理由づけが必要です。また，当然に無効となるかのように論じてしまった場合はしっかりと復習しておきましょう。

【参考文献】
試験対策講座・会社法8章4節④【2】(1)・⑤【4】(2)，14章2節①【2】(2)。判例シリーズ68事件。全条解説・会社法362条③2(1)，467条②1，3。

第34問 A　合併比率の不公正

　株式会社A社（以下「A社」という）は，株式会社B社（以下「B社」という）の総株主の議決権の60パーセントを有する株主であるが，A社およびB社は，A社を存続会社，B社を消滅会社として合併をすることとなった。

　A社およびB社は，ここ10年間ほど1株当たりの純資産額も1株あたりの配当もほぼ同じであったが，合併契約書におけるB社株主に対するA社新株の割当てに関する事項（合併比率）は，B社株式3株に対してA社株式1株の割合となっている。なお，合併交付金はない。

　B社の株主総会においては，総株主の議決権の70パーセントを有する株主が合併に賛成，総株主の議決権の30パーセントを有する株主が合併に反対であり，合併契約書は承認された。

　B社の株主であるXは，合併比率が不当だと考えているが，株主総会における合併契約書の承認の前後を通じて，どのような手段を採ることができるか。

【解答へのヒント】

　A社およびB社は，ここ10年間ほど1株あたりの純資産額も1株あたりの配当もほぼ同じであったにもかかわらず，B社株式3株に対してA社株式1株の割合という，B社株主にとって不利な合併比率で合併しています。B社株主であるXは，このような不利益を回避するためにどのような手段を採ることができるでしょうか。合併契約書の承認の後については，更に合併の効力発生前と後に分けて検討する必要があります。また，複数の手段が考えられる場合には，それらの関係についても論じる必要があります。

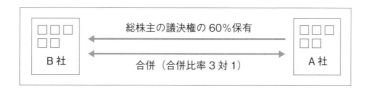

第1　合併契約書の承認の前について

1　まず，Xは，本件合併に関する情報を収集するべく，B社に対し，本件合併契約書の閲覧等を請求するという手段を採ることができる（会社法782条3項，1項1号。以下「会社法」法名省略）。 5

　　また，Xは，合併比率の不当性を確認するための資料を得るべく，B社に対し，会計帳簿等の閲覧または謄写（433条1項），計算書類等の閲覧等（442条3項）を請求するという手段を採ることができる。

2　次に，Xは，投下資本を回収するべく，B社に対し，本 10 件合併に反対する旨を事前に通知し，株主総会決議に反対することで（785条2項1号イ），自己の株式を「公正な価格」で買い取ることを請求するという手段を採ることができる（同条1項柱書）。

第2　合併契約書の承認の後かつ合併効力発生前について 15

1　本件株主総会において，B社の親会社（2条4号）であるA社が議決権を行使していると思われる。そこで，Xは，B社に対し，承認決議の取消しの訴えを提起するという手段を採ることができるか（831条1項3号）。

(1)　まず，A社はB社の総株主の議決権の60パーセントを 20 有する株主であるところ，「特別の利害関係を有する者」にあたるか。同文言の意義が問題となる。

　　ア　831条の趣旨は，株主総会決議の公正を保持する点にある。そこで，「特別の利害関係を有する者」とは，決議の公正を害するような者をいうと解する。具体的 25 には，株主としての資格を離れた個人的利害関係を有する者をいうと解する。

　　イ　これを本件についてみると，A社は，B社と合併契約を結ぼうとしており，株主としての資格を離れた個人的利害関係を有する者といえるため，「特別の利害 30 関係を有する者」にあたる。

(2)　次に，A社およびB社は，ここ10年間ほど1株あたりの純資産額も1株あたりの配当もほぼ同じであるから，合併交付金もないまま，B社株式3株に対してA社株式1株の割合とする合併比率は，A社を不当に有利に扱う 35 ものであり，B社に著しく不利な条件といえる。

　　そうすると，決議の成立により少数株主に著しい不利益が及ぶといえるため，「著しく不当な決議」がされたといえる。

(3)　したがって，承認決議に取消事由があるため，Xは， 40 上記手段を採ることができる。

2　そして，本件合併は有効な株主総会決議（783条1項）を欠く点で法令違反があり，B社株主に不利な合併比率により「株主が不利益を受けるおそれ」があるから，Xは本

→問題提起

論「特別の利害関係を有する者」の意義

→規範

→あてはめ

件合併の差止請求（784条の2第1号）およびこれを本案 45
とする合併差止仮処分（民事保全法23条2項）という手段
を採ることができる。
　第3　合併契約書の承認の後かつ合併効力発生後について
　1　Xは，A社に対して，合併比率の不当を理由として，合
　　併無効の訴えを提起するという手段を採ることができるか 50
　　（828条1項7号）。
　⑴　まず，3対1の合併比率は不当であるということが合
　　　併の無効事由となるか，明文がないため問題となる。 ➡問題提起
🔲合併の無効原因事由
　　　ア　無効の訴えの趣旨は，法的安定性を図る点にあるた
　　　　め，無効事由は重大な瑕疵に限定するべきである。 55 ➡規範
　　　　　また，合併比率が不当であっても，合併に反対する
　　　　株主には，株式買取請求（785条1項）により投下資
　　　　本を回収する途が認められているため，重大な瑕疵と
　　　　まではいえない。
　　　イ　そのため，合併比率が不当であることは，無効事由 60 ➡あてはめ
　　　　にはならない。
　⑵　そうだとしても，前述のように，本件では承認決議に
　　　取消事由があるところ（831条1項3号），このような事
　　　由が合併の無効事由にならないか。 ➡問題提起
🔲取消事由のある承認決議と
合併の無効原因事由
　　　ア　この点について，前述のとおり，無効事由は重大な 65
　　　　瑕疵に限定すべきところ，本件では合併は株主に重大
　　　　な影響を与えるため，株主総会の特別決議（783条1 ➡規範
　　　　項，309条2項12号）による承認を欠くことは，重大
　　　　な瑕疵であるといえる。
　　　イ　そのため，承認決議に取消事由があることは，合併 70
　　　　の無効事由になる。
　⑶　したがって，Xは，上記手段をとることができる。 ➡あてはめ
　2　次に，承認決議に取消事由がある以上，決議の取消しの
　　訴えも提起できるところ，上記無効の訴えといずれの手段
　　を採るべきか。 75 ➡問題提起
🔲総会決議取消しの訴えと合
併無効の訴えとの関係
➡規範
　　　法的安定性を図るために画一的な処理の手段として無効
　　の訴えが設けられたことから，合併の効力発生後は，合併
　　無効の訴えによるべきと解する。
　　　もっとも，決議取消しの訴えの提訴期間（831条1項）
　　を超えて，取消事由を，無効事由として主張することはで 80
　　きないと解する。
　3　さらに，Xは，株主代表訴訟（847条1項，3項，5項，
　　423条1項）や，解任（339条1項，854条）を通じて，B
　　社取締役等の責任を追及するという手段を採ることができ
　　る。 85
　　　　　　　　　　　　　　　　　　　　　　　　　　以上

　本問は，旧司法試験2002（平成14）年度第１問を題材とした。以下，法務省より公表の出題趣旨である。

　「本問は，親会社が子会社を吸収合併するに当たり，合併比率を不当と考える子会社の少数株主が，自己の権利の保護を図るために会社法上利用しうる手段に関するものである。

　具体的には，少数株主に認められる合併比率の不当性等を知るための情報の収集方法，少数株主の株式買取請求権の内容，合併比率の不当性と合併無効の訴えにおける無効事由との関係，子会社の合併承認決議における親会社の議決権行使と株主総会決議取消事由との関係等に関する理解を問うている。」

論点

1　「特別の利害関係を有する者」の意義
2　合併の無効原因事由
3　取消事由のある承認決議と合併の無効原因事由
4　総会決議取消しの訴えと合併無効の訴えとの関係

答案作成上の注意点

1　合併契約書の承認の前について

1　合併契約書の承認の前においては，合併比率の不当性等を知るための情報収集をすることが考えられます。ここはやや細かいですが，それぞれの条文を探せるようにしておきましょう。
2　また，合併に反対する株主は，投下資本回収の手段として，株式買取請求権を行使できますが，そのためには，合併契約の承認決議に株主総会に先立って，当該合併に反対する旨を会社に通知し，かつ，その株主総会で，実際に反対の議決権を行使することが必要です（会社法785条２項１号イ，797条２項１号イ，806条２項１号）。そこで，Xは，後に株式買取請求を行使できるようにするため，合併契約書の承認の前に当該合併に反対する旨を会社に通知しておく，という手段を採ることができます。

2　合併契約書の承認の後かつ合併効力発生前について

1　承認決議の取消しの訴え
　本件株主総会において，B社の親会社（２条４号）であるA社が議決権を行使していると思われます。そこで，Xは，B社に対し，承認決議の取消しの訴えを提起するという手段を採ることが考えられます（831条１項３号）。
　ここでは，A社が特別利害関係人にあたるかどうか，著しく不当な決議がされたかどうかなどについて，問題文のどのような事実をどのように評価してあてはめをしているのかをしっかり示すことが重要になります。
2　合併の差止請求
　承認決議の取消しの訴えが認容されたとしても，それだけでは本件合併を止めることはできません。そこで，合併の差止請求およびこれを本案とする合併差止仮処分の申立て（民事保全法23条２項）という手段を採ることが考えられます。
　差止請求は，合併が①法令または定款に違反しており，②消滅会社または存続会社の株主が不利益を受けるおそれがある場合に認められます（会社法784条の２，796条の２，805条の２）。
　そして，合併比率が不公正であることは，法令または定款の違反には含まれないと解されています。

もっとも，株主総会決議に取消事由がある場合には，取消判決が確定する前であっても，合併に法令違反があるとして，差止事由とすることができると解されます。

③ 合併契約書の承認の後かつ合併効力発生後について

1　合併比率の不公正と合併無効事由

　合併の効力発生後においては，Xは，合併無効の訴え（828条1項7号）を提起することが考えられます。

　ここで，合併の無効事由については明文がないため，合併比率の不公正が合併の無効事由となるかということが問題となります。

　この点について，多数説は，合併比率の不公正自体は合併無効事由とはならないが，株主総会の合併承認決議において，特別利害関係を有する株主が議決権を行使したために著しく不公正な合併比率が承認された場合には，決議取消事由となり（831条1項3項），その瑕疵が合併無効事由となると解しています。

　裁判例（東京高判平成2年1月31日資料版商事法務77号193頁〔判例シリーズ85事件〕）は，「合併比率の不当又は不公正ということ自体が合併無効事由になるものではない」としていますが，上記多数説を否定するものではないと考えられています。

2　決議取消しの訴えと合併無効の訴えとの関係

　合併承認決議に取消事由があった場合に，合併の効力発生後における決議取消しの訴えと合併無効の訴えとの関係が問題となります。

　一般に，株主総会の決議に取消事由があっても，取消判決が確定しないかぎり決議は有効です。しかし，組織再編を承認する総会決議に取消事由がある場合に，まず決議を取り消さないと組織再編の無効原因にならないとすれば，無効の訴えの提訴期間に間に合わなくなってしまいます。そこで，多数説は，組織再編の承認決議に取消事由があるときは，決議の取消判決を待つまでもなく，組織再編の無効事由として主張できるとします。

　そして，合併の効力発生後は，承認決議の瑕疵はもっぱら組織再編の無効の訴えによって争うべきであり，原告が決議取消訴訟を提起した後に組織再編の効力が生じたときは，原告は組織再編の無効の訴えに変更すべきである（民事訴訟法143条）と解しています。

　これは，決議取消しの訴えは組織再編の無効の訴えに吸収されるという考え方です（吸収説）。この考え方に立った場合，更に決議取消しの訴えの提訴期間が3か月とされていること（会社法831条1項）との関係が問題になります。

　この点については，当該規定の趣旨を重視し，組織再編の無効の訴えにおいても，決議取消し事由を組織再編の無効事由として主張できるのは，決議後3か月以内にかぎられるとする見解もある一方で，法文（828条1項7号から12号まで）を重視し，組織再編の効力発生後6か月以内に主張すれば足りるとする見解もあります。

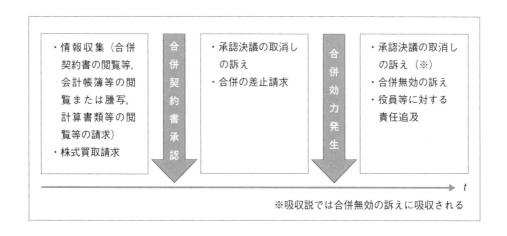

3 役員等に対する責任追及

　Xは，株主代表訴訟（847条1項，3項，5項，423条1項）や，解任（339条1項，854条）を通じて，B社取締役等の責任を追及するという手段を採ることができます。この点は少し気づきにくかったかもしれませんが，役員等に対する責任追及は司法試験でも頻出なので，しっかりと確認しておきましょう。

【参考文献】
試験対策講座・会社法14章2節②【7】。判例シリーズ85事件。全条解説・会社法828条②5⑶。

第35問 A　交付欠缺，変造前・変造後の署名者の責任

　　Aは，2020年4月1日，Bに対し，同年5月31日を満期日とする約束手形を振り出した。Bは，同年4月10日，白地式裏書の方式で，この手形に裏書人（第1裏書人）として署名したうえ，Cに手渡すべく，この手形をBの使用人Dに託した。ところが，Dは，無断でこの手形の満期日の記載を「2020年6月30日」と書き換えたうえ，Cに手渡さないまま，同年6月10日，この手形にみずから裏書人（第2裏書人）として署名し，これをEに譲渡した。Eは，2020年7月1日，この手形を支払のために呈示したが，Aによりその支払を拒絶された。
1　Eは，Bに対し，手形上の責任を追及することができるか。
2　Eは，Dに対し，手形上の責任を追及することができるか。

【解答へのヒント】

1　小問1について

　　まず，EがBに対して手形上の責任を追及する根拠としては何が考えられるでしょうか。Bは裏書人という地位にあるので，担保責任が根拠になりそうです。そして，担保責任の追及をするには，その責任の発生および遡求要件の具備が必要になりますが，充足しているでしょうか。

　　その際には，BがCに対して交付していないという事実やDの書換えと上記要件との関係に留意してください。

2　小問2について

　　Dに対しても，小問1同様に担保責任の追及が問題になりそうですので，上記要件を充足するか否かを検討してください。そうとはいえ，本問のDは，裏書譲渡を受けた者ではありませんが，それでも担保責任を追及できるのでしょうか。

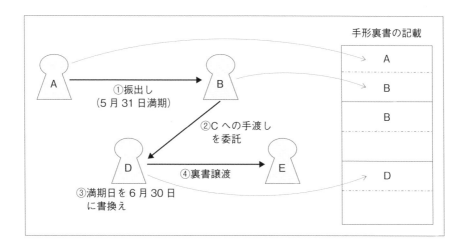

第1　小問1について

　　Eは，Bに対し，裏書人の担保責任（手形法77条1項1号・15条1項。以下法名省略）を追及することが考えられる。

1　まず，上記責任を追及するためには，Bに上記責任が発生していることが必要である。　　　　　　　　　　　　　　　5

⑴　ここで，Bは手形に裏書人として署名したものの手形をCに交付していないため，Bに上記責任が発生していないのではないか。いわゆる交付欠缺の場合に裏書人の担保責任が発生するかが問題となる。　　　　➡問題提起

論交付欠缺

　　　この点について，民法上，債権債務関係を発生させる　10
　　法律行為の大半は契約であることから，手形行為も手形
　　の授受という方式によって行われる契約であると考え，
　　交付欠缺の場合には，手形債務は発生しないと解する。　➡規範

　　　したがって，Bに上記責任は発生しないとも思える。

⑵　もっとも，常にこのように解したのでは，手形取引の　15
　　安全を害し妥当ではない。そこで，手形取引の安全を図
　　る法律構成が問題となる。　　　　　　　　　　　　　　➡問題提起

論権利外観法理

　　　この点について，有効に手形債務を負担したかのよう
　　な権利外観を有責的に作出した者は，その権利外観を信
　　頼した者に対して手形債務を負担しなければならないと　20
　　考える。

　　　そこで，①外観の存在，②外観作出の帰責性，および　➡規範
　　③外観に対する信頼がある場合には，手形債務が発生す
　　ると解する。そして，②については，手形の作成や署名
　　をしただけでは帰責原因としては不十分であるから，署　25
　　名者が相当な保管上の注意を欠いた場合に認められ，③
　　については，手形の流通の迅速・確実を図るため，善意
　　無重過失で足りると考える。

　　　本件では，Bが担保責任を負うかのごとき外観が存在　➡あてはめ
　　し（①充足），Bは，容易に裏書譲渡しうる白地式裏書　30
　　の方法で署名した手形を使用人Dに託したのみで，相当
　　な保管上の注意を欠いており，このような外観作出につ
　　き，帰責性も認められる（②充足）。

⑶　よって，Eが，Dが無権限で裏書譲渡した事情につき
　　善意無重過失で手形を取得した場合には（③），Bの上　35
　　記責任が発生する。

2　次に，Eが上記責任を追及するためには，EがBとの関
　　係で遡求要件をみたしている必要がある。ここで，Eが支
　　払呈示をしたのは，変造後の満期である2020年6月30日を
　　基準とした支払呈示期間内（77条1項3号・38条1項）の　40
　　同年7月1日であるが，変造前の満期である同年5月31日
　　を基準とする支払呈示期間を徒過している。そこで，かか
　　る場合にも，Eは，変造前の署名者であるBとの関係で遡
　　求要件をみたしたといえ，上記責任を追及できるか。手形

が変造された場合の署名者の責任の扱いを検討する。 45

　　　この点について，変造前の署名者は，不用意な余白や抹消されやすい記載があるなどの帰責事由がないかぎり，原文言に従って責任を負い，変造後の文言による責任を負わない（77条1項7号・69条後段）。

論変造後の署名者の責任

　　これを本件についてみると，満期日についてはすでに手形に記載されており，Bに帰責事由はみあたらない。そうすると，Bは変造前の満期の記載に従った責任しか負わず，変造前の満期日を基準とすると，EはBとの関係で遡求要件をみたしていない。 50

➡あてはめ

3　よって，Eは上記責任を追及できない。 55

第2　小問2について

　　Eは，Dに対し，裏書人の担保責任を追及することが考えられる。

1　まず，上記責任を追及するためには，Dに上記責任が発生していることが必要である。ここで，DE間の裏書の論理的前提となるBD間の裏書は存在していない。そこで，かかる場合にもDに上記責任が発生するか。権利移転行為たる裏書にも，担保責任の局面において，債務負担に関する手形行為独立の原則（77条2項・7条）の適用があるかが問題となる。 60

65

➡問題提起
論手形行為独立の原則の裏書への適用の適否

　(1)　この点について，無権利者が裏書をした場合に担保責任を認めないとすると，手形の流通性が大きく損なわれる。また，同原則が裏書にも適用されないとすると，7条の存在意義が小さくなりすぎてしまい妥当でない。

　　　そこで，裏書にも同原則の適用があると解する。 70

　　　そして，同原則は，手形取引の安全という政策的理由から認められたものであるので，善意の手形取得者のみが同原則により保護されると解する。

➡規範

　(2)　したがって，Eが善意なら，Dに上記責任が発生する。

➡あてはめ

2　次に，Eが上記責任を追及するためには，EがDとの関係で遡求要件をみたしている必要がある。 75

　　　ここで，Dは変造後の署名者であるため，変造後の文言による責任を負う（77条1項7号・69条前段）。そのため，Dとの関係では，満期日は同年6月30日であり，Eはその支払呈示期間内である同年7月1日に支払呈示をすませているため，遡求要件をみたす。 80

3　よって，Eは上記責任を追及することができる。

以上

85

本問は，旧司法試験2002（平成14）年度第2問を題材とした。以下，法務省より公表の出題趣旨である。

「本問は，手形法に関する基本的知識を前提として，問題に示された事例について，どのような法的問題が生じているのかを明らかにし，事例への具体的当てはめを通じて，各当事者に対する手形責任を問いうる法律構成の検討を求めるものである。具体的には，裏書人の責任発生の要件，変造手形に係る署名者の責任，遡求権保全の要件，手形行為独立の原則等に関する理解に基づき，手形上の権利の存否および帰属に関する具体例に対する応用力を問うものである。」

論点

1　交付欠缺
2　権利外観法理
3　変造後の署名者の責任
4　手形行為独立の原則の裏書への適用の適否

答案作成上の注意点

1　はじめに

民法や会社法と異なり，手形法の理解を深めて解答まで書く機会は少なく，各論点への知識はあっても，どのような構造で解答したらいいのか迷ってしまうことも多いと思います。この問題および答案例は，裏書人への担保責任追及の書き方の参考になりますので，この機会に解答の書き方を固めてください。

具体的には，裏書人の担保責任を追及するためには，担保責任自体の発生および遡求権保全の要件を充足することが必要になりますので，これをみたすのかという大枠のなかで議論を展開すると，まとまりのある解答になります。参考にしてみてください。また，遡求権保全は忘れやすい点でもあるので，意識しておきましょう。

2　手形理論

1　本問では，BがCに交付することを企図してDに手形を渡していますが，実際にはCのもとには渡っていません。そこで，このような場合でもBに裏書の効果のひとつである担保責任（手形法15条1項）の発生が認められるかが問題となります。

ここでは，基本書等で，手形を振り出したものの交付していないときに，手形債務は発生するのか，という議論として説明されるものが，手形行為のひとつである裏書の場面で聞かれています。一見するとわかりにくくなっていますが，基礎的かつ重要な論点ですので，学説をしっかりと整理しつつ理解を深めていきましょう。

2　各学説の見解

この手形行為または手形に関する権利義務関係についての議論（手形理論）は，主として，①手形行為とはどのような法律効果か，②手形行為は手形の交付があるまでは成立せず，手形上の権利義務関係は発生しないのかという点にあります。

（1）交付契約説

この説は，①手形行為は，手形行為者とその相手方との手形の授受によって行われる契約と解し，②手形行為者が手形を作成・署名するとともに相手方に交付してはじめて手形行為が成立し，手形上の権利義務関係が生ずると考えるもので，本答案例の採用する見解です。

(2) 発行説

この説は，①手形行為は単独行為であり，この意思表示は特定の相手方に対する一方的意思表示であるとし，交付契約説同様に②手形の交付があるまでは手形上の権利義務関係は発生しないとの立場をとります。交付契約説との相違としては，本説は手形行為を契約と捉えないので，相手方の受領能力（民法98条の2）や承諾の意思表示（民法527条）を要しないという点があげられます。なお，②につき，手形の交付ではなく手形の任意の手放しによって手形行為が成立するとの見解（修正発行説）もあります。

純粋な発行説に従えば，本問における結論は交付契約説と同じですが，修正発行説によれば，BはDに対して渡すことを目的として手形を手放しているので，権利義務関係は発生すると考えられます。

3 権利外観法理

交付契約説および純粋な発行説に立った場合，交付がない時には署名者は手形上の責任をいっさい負担しないことになります。そうすると，当該手形を取得した第三者は善意取得（16条2項）によっても保護されないことになります。というのも，善意取得とは，あくまで権利の帰属面における瑕疵を治癒させるだけであって，権利の発生面を治癒するものではないからです。

そうだとすれば，善意の第三者の保護に欠け，手形の流通促進にとって不都合な結果となってしまいます。そこで，妥当性を図るべく，権利外観法理によって例外的に署名者に責任を負わせることが考えられます。その際には，外観作出の帰責性は署名したことによる帰責性では足りず，手形保管の帰責性まで要することおよび外観への信頼は善意無重過失で足りることには留意しましょう。

③ 変造前後の署名者の責任

本件において，Dが手形満期を5月31日から6月30日に書き換えており，これは変造にあたります。変造とは，手形債務の内容を決する手形上の記載に，他人が無権限で変更を加えることをいい，手形行為の主体を偽る偽造とは異なり，手形行為の内容を偽る行為をさします。

この変造が，遡求権保全の要件との関係で問題となります。というのも，支払呈示期間内（77条1項3号・38条1項）に支払呈示をすることが遡求権保全に必要ですが，Eが呈示したのは7月1日であり，Dの書換え前を基準にすると支払呈示期間外となりますが，書換え後を基準とすれば支払呈示期間内となり，遡求権保全の要件を充足することになるからです。そこで，変造の前後いずれを基準とすべきかという論点が浮上してくることになります。

そして，この扱いは，相手が変造の前の署名者か後の署名者かによって扱いが異なります。まずは，変造前の署名者，つまり，Bに対する責任については69条後段の適用があり，「変造前ノ署名者ハ原文言ニ従ヒテ責任ヲ負フ」としているので，Bは振出人であるAが手形に示した文言に則った責任を負うことになります。

具体的には，満期は5月31日を基準と解することになるので，5月31日から6月2日までの期間に支払呈示されたものについてのみBは責任を負うことになります。したがって，7月1日に支払呈示をしているEは遡求要件を充足せず，Bは担保責任を負うことはないという結論へいたります。

続いて，変造後の署名者，つまり，Dに対しては，69条前段の「変造後ノ署名者ハ変造シタル文言ニ従ヒテ責任ヲ負ヒ」とあるので，Dによって変造された後の文言が基準になります。そうだと

すれば，本問では，6月30日から7月2日までの期間に支払呈示していればEは遡求要件を充足するところ，実際に7月1日に支払呈示をしているので，同要件を充足することになります。

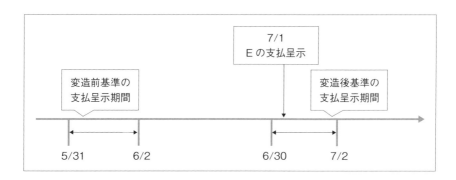

④ 手形行為独立の原則

　本件において，DE間の裏書譲渡は行われていますが，BD間の裏書譲渡はされていないので，DからEへの裏書は適法な裏書人でないDによってされたものにすぎません。そうすると，DE間の裏書譲渡も無効なのでDへの責任追及は認められないとも思えます。そこで，手形行為独立の原則によって，この責任追及が例外的に認められないかを検討する必要が生じます。

　そもそも，手形行為独立の原則（77条2項・7条）とは，同一手形上の各手形行為はそれぞれ独立して効力を生じ，論理的前提となった他の手形行為の実質的効力の有無によって影響を受けないとする原則をいいます。そして，その趣旨を，一般私法上の原則に照らすと先行行為が無効であれば，それを前提とする後行行為も無効となるところを，手形取引の安全ひいては手形の流通保護のために法が政策的に認めた特則であると解する見解（政策説）と，特則ではなく，手形の性質上，前提となる行為が無効であっても，債務を負担するという文言的行為から生ずる当然の結果と解する見解（当然説）が主張されており，前者が通説的見解といえます。

　そして，7条に「手形債務ノ負担ニ付キ」との規定があり，同原則は，債務負担の局面での適用が想定されています。しかし，本問は裏書譲渡という権利移転を内容とする手形行為であるので，ただちに同原則の適用対象だと断ずることができません。その適用の可否は，前述した同原則の趣旨および裏書の担保的効力の理論根拠に対する見解によって結論が異なることになります。まず，裏書の担保的効力の根拠については手形の流通確保の観点から法が認めた責任とする見解（法定効果説）および裏書人の意思表示によるものだとする見解（意思表示説）があります。同原則の趣旨の理解も2つあるので，2×2で4つの立場がありうるわけです。

　いずれも通説的な立場である政策説＋法定効果説を前提とする場合には，同原則は手形の流通確保を目的とする特則と解されるとともに，裏書の担保的効力もまた手形の流通確保の観点から認めたものとなるので，裏書に同原則を適用することはその趣旨にかなうものであるといえ，裏書への適用が肯定されることになります。

【参考文献】
試験対策講座・商法・手形小切手法6章2節②，4節③，5節⑤【1】・【2】，6節①【2】，9節②【2】。
条文シリーズ・商法・手形法小切手法7条②2，15条②，38条②。

第36問 A　手形行為と民法の意思表示規定，裏書の連続

　大阪市内で電化製品販売業を営むY株式会社（以下「Y社」という）の代表取締役Aは，デジタルカメラの某人気機種を安値で大量に調達しようと考え，何度か取引をしたことのある「東京都内に本店のあるZ株式会社の大阪支店営業部長甲山一郎」と自称する人物（以下「B」という）に対し，売主を探してきてほしい旨の依頼をしたところ，Bから，「Y社振出しの約束手形を所持していると仲介者として行動しやすい。売主との話がついたら返すから，取りあえず貸してほしい。」と言われたため，取引銀行から交付されていた統一手形用紙を用いて，その振出人欄に「Y社代表取締役A」と記名して銀行届出印ではない代表者印を押捺し，手形金額欄に「3,000,000円」と記入したものを，受取人欄，満期欄及び振出日欄を空白にしたまま，Bに交付した。

　ところが，Bは，その受取人欄に「Z社大阪支店」と記入して満期欄と振出日欄も補充し，裏書人欄に「Z社大阪支店長甲山一郎」と記名捺印したうえ，これを割引のため，受取人欄，満期欄および振出日がBによって記入されたことにつき善意の金融業者Xに裏書譲渡し，その割引代金を持ったまま姿をくらました。その後の調査により，東京都内にZ社は実在するものの，同社には，大阪支店はなく，甲山一郎という氏名の取締役や従業員もいないことが判明した。

　XがY社に対して手形金の支払を請求した場合，この請求は認められるか。

【解答へのヒント】

1　Bから裏書譲渡を受けたXのY社に対する手形金支払請求が認められるためには，Xが適法な権利者であることが必要となります。そこで，権利者であることを立証する必要がありますが，必ずしも容易ではないので，権利者であることを推定させるしくみとして裏書の連続があります。これが認められるでしょうか。

2　かりに，権利者であることの推定がされたとしても，受取欄や満期日等の記載がないままでも権利者と認められるのでしょうか。さらには，あくまでAはBに仲介者としての活動の円滑性のために本件手形を振り出しているにすぎませんが，この事実は，Xが適法な権利者であることと，どのような関係にあるのでしょうか。

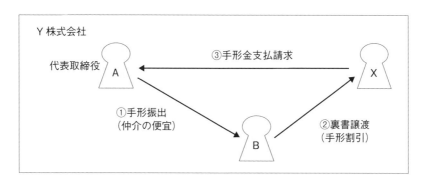

第1　Xは手形の占有者であるところ、「裏書ノ連続」が認められれば、Xは手形上の権利者であると推定され（手形法77条1項1号・16条1項。以下「手形法」法名省略）、この推定が覆らないかぎり、Y社に対して手形金の支払を請求することができる。　　　　　　　　　　　　　　　5

　　ところが、手形面上、受取人は「Z社大阪支店」であり、裏書人は「Z社大阪支店長甲山一郎」であって、完全には一致していない。そこで、このような場合にも「裏書ノ連続」が認められるか。「裏書ノ連続」の判断基準が問題となる。

■問題提起
■裏書の連続の判断基準

　1　「裏書ノ連続」の資格授与的効力は裏書の記載の連続という外形的な事実に着目したものであるから、「裏書ノ連続」の有無は、手形の記載から形式的・外形的に判断すべきである。　　　　　　　　　　　　　　　　　10

■規範

　　　もっとも、裏書人とその直前の受取人や被裏書人の記載は完全に一致する必要はなく、社会通念上同一人をさすといえれば「裏書ノ連続」は認められると解する。そして、15多義的記載がある場合には、2つの記載を比較対照して、多義的内容のうちのどちらかが一義的内容の記載に一致するかを判断すべきである。

　2　これを本件についてみると、受取人欄と裏書人欄の記載20を比較対照すれば、両者は社会通念上、「Z社大阪支店」という同一人をさすものといえる。

■あてはめ

　3　したがって、「裏書ノ連続」が認められ、Xは手形上の権利者であると推定される。

第2　そうだとしても、Xが無権利者であると認められれば、25上記推定は覆され、Xは上記支払請求できないことになる。

　1　まず、本件手形は、手形要件である満期、受取人および振出日（75条3号、5号、6号）の記載欄が空白のまま振り出されている。そこで、当該手形は手形要件を欠き無効30（76条1項本文）とならないか。商慣習上認められる白地手形と無効な手形の区別の基準が問題となる。

■問題提起
■白地手形と無効手形の区別
　（補充権の存否）

　　（1）　白地手形と無効な手形は客観的な外観がまったく同一である以上、両者を区別するためには当事者の主観的意思によらなければならない。

　　　　そこで、両者は当事者間における補充権の付与の合意35の有無により区別すべきと解する。

■規範

　　（2）　Aは、本件手形を、Bが仲介者として行動しやすいようにするために、いわゆる見せ手形として交付したのであって、両者に補充権を付与するとの合意はなかったといえる。そうすると、本件手形は無効であり、Xの上記40請求は認められないとも思える。

■あてはめ

　2　もっとも、常にこのように解したのでは、手形取引の安全が害され妥当でない。そこで、手形取得者を保護する法律構成が問題となる。

■問題提起
■権利外観法理

（1）　権利外観法理のもと，白地手形の外観をもった手形に　45
署名しこれを交付した者は，これを帰責事由として，善
意無重過失によりこれを取得した者に対し，補充された
文言に従い責任を負うと解する。

➡規範

（2）　Y社代表取締役Aは白地手形の外観をもった手形に署　50
名してこれを交付しているため，外観作出につき帰責性
が認められる。そして，Xは上記外観につき善意無重過
失であり，上記請求をなしうる。

➡あてはめ

3　Aは本件手形を見せ手形として振り出したのであり，手
形債務を負担する意思を有していなかったところ，Aの振
出しはBとの通謀虚偽表示として民法94条1項により無効　55
とならないか。手形行為に民法の意思表示に関する一般原
則が適用されるかが問題となる。

➡問題提起
論手形意思表示

手形行為は書面性，文言性，形式的行為性を有する法律
行為であるから，手形行為者が手形であることを認識しま
たは認識すべくして署名した場合には，意思表示に瑕疵が　60
あっても手形行為は有効に成立し，意思表示の瑕疵は人的
抗弁にとどまると解する。

➡規範

したがって，上記通謀虚偽表示の事情はYB間の人的抗
弁にとどまり，Aの上記振出しは有効である。

➡あてはめ

4　そうだとしても，Y社は，Xが「債務者ヲ害スルコトヲ　65
知リテ」（77条1項1号・17条ただし書）手形を取得した
として，Xに上記人的抗弁を主張して手形金支払請求を拒
めないか。同文言の意義が問題となる。

➡問題提起
論手形法17条ただし書の害意
　　の意義

（1）　17条本文の趣旨は，手形の流通促進の見地から手形所
持人を保護するという政策目的のため，債権譲渡におけ　70
る抗弁承継の一般原則（民法468条1項）を修正し，抗
弁を切断する点にある。そして，手形取得者が保護に値
しない場合には一般原則に戻り，手形抗弁はそのまま引
き継がれるべきであり，この点につき規定したのが手形
法17条ただし書である。　75
そこで，「債務者ヲ害スルコトヲ知リテ」とは，政策
的保護に値しない主観的事情を有していることをいう。
具体的には，所持人が手形を取得するにあたり，手形の
満期において，手形債務者が所持人の直接の前者に対し，
抗弁を主張して手形の支払を拒むことは確実であるとい　80
う認識をもっていた場合をいうと解する。

➡規範

（2）　これを本件についてみると，Xが無効手形であること
につき善意無重過失であり，当該認識を有していなかっ
たといえる。

➡あてはめ

5　よって，Xの上記請求は認められる。　85

以上

本問は,旧司法試験2006(平成18)年度第2問を題材とした。以下,法務省より公表の出題趣旨である。

「本問は,受取人欄,満期欄及び振出日欄を空白にしたいわゆる見せ手形を交付した場合について,振出しの名義人が手形上の責任を負うかどうかを問うものである。具体的には,受取人欄,満期欄および振出日欄の記載を欠くこと,振出しの名義人が手形債務を負担する意思を有していたとはみられないこと等の事実が手形上の責任の発生ないし手形所持人による権利の取得にどのような影響を与えるかについて整合的な論述をすることが求められる。」

論点

1 裏書の連続の判断基準
2 白地手形と無効手形の区別(補充権の存否)
3 権利外観法理
4 手形意思表示
5 手形法17条ただし書の害意の意義

答案作成上の注意点

① はじめに

第35問は裏書人への担保責任追及の答案の書き方として参考になると示しましたが,本問は振出人への手形金支払請求の場面であり,また少し違うので,こちらの場面での解答の書き方を身につけるようにしてください。

本問では,Xの請求が認められるためにXが適法な権利者であることが求められます。そこで,まずは,適法な権利者であることを推定させる「裏書の連続」を検討することになります。そして,それが認められる場合には推定を覆す事情があるかを検討し,認められない場合には裏書の連続以外で権利者であることを立証できるか検討することになります。

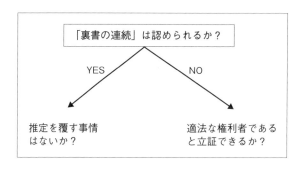

② 裏書の連続

1 裏書および裏書の連続の意義

まず,裏書には①権利移転的効力,②担保的効力,③資格授与的効力の3つの効力が認められています。具体的には,①権利移転的効力とは,裏書人の有する手形上のいっさいの権利が被裏書人に移転する(手形法14条1項)ことをいい,②担保的効力とは,被裏書人およびその後の譲受人に対して支払を担保する義務を負うことをいい,いずれも法律行為としての裏書の行為の効果です。一方で,③資格授与的効力は,有効な裏書が権利移転的効力を有することを背景として,

被裏書人として記載された者は，その裏書により権利を取得したものと推定されることをいい，裏書の記載という事実に認められる効力です。

そして，裏書の連続，換言すれば受取人から最後の被裏書人にいたるまでの各裏書の記載が間断なく続いている場合には，手形の占有者が適法な権利者と推定されることになります（16条1項1文）。各裏書の有する資格授与的効力の集積の結果，権利行使の際に占有者が権利者と推定されると考えられています。

2 裏書の連続の判断基準

被裏書人と裏書人の記載が完全に一致している場合には，何ら問題なく，裏書の連続が認められ，ひいては手形の占有者が権利者として推定されることになります。しかし，本件のように被裏書人と裏書人の記載が完全には一致しないときに，いかなる判断基準で裏書の連続を判断するべきかが問題になります。いずれにしても，裏書がでてきたときには，その記載を図等にすることをお勧めします。というのも，実際に書いてみないと，被裏書人と裏書人が一致しているか否かが容易にはわからないからです。

裏書の連続について，通説は，裏書の資格授与的効力は裏書の連続という外形的事実に着目したものであるから，手形の記載から形式的・外形的に判断するべきであり，記載以外の事実関係をしん酌するべきではないとしています。本件では，被裏書人が「Z社大阪支店」であり，裏書人が「Z社大阪支店長甲山一郎」となっているので，裏書人がZ社大阪支店または甲山一郎のいずれとも読め，一致しないとも思えます。

しかし，このような多義的記載の場合には，2つの記載を比較対照して，多義的内容のうちどちらかが一義的内容の記載に一致するかを判断すべきと解されています（最判昭和30年9月30日民集9巻10号1513頁〔手形小切手百選50事件〕）。そうだとすれば，本件の場合には，裏書人を被裏書人と対応するように，乙社大阪支店と解するべきといえ，裏書の連続が認められることになります。

③ 白地手形と無効手形

裏書の連続が認められる以上，Xは適法な権利者と推定されることになるので，これ以降の議論は，この推定を覆す事情が認められるか否かという点になります。そこで，最初に着目するのが，Aの振り出した手形に必要的記載事項である受取人，満期および振出日（75条3号，5号，6号）が示されていないという事実です。というのも，この記載のない手形は無効（76条1項本文）であり，Xの適法な権利者であるという推定が覆ることになるからです。

そうとはいえ，商慣習上，白地手形というものが認められています。これは後日その手形の取得者をして補充させる意思で，ことさらに手形の全部または一部を未記載のまま手形行為をした手形をいいます。この白地手形にあたる場合には，手形要件を欠いていても無効とはならないので，本件手形が白地手形なのか，無効手形なのかの判断基準が問題となります。

この基準については，いくつかの学説がありますが，手形の記載自体から白地手形なのか無効手形なのか判断することは通常困難ですので，判例も当事者が補充権を付与する契約を結んだか否かという主観的事情によって判断するとの見解を示しています（大判大正10年10月1日民録27輯1686頁）。

こうすると，第三者のあずかり知らない事情によって手形の有効性が左右されることになりかねないので，権利外観法理によって第三者の保護を図ることも忘れないでください。

④ 手形行為と民法の意思表示規定

次に，Xの手形金請求に対するY社の主張として，AはBの便宜のために見せ手形として振り出しているにすぎないことに着目します。というのも，このような取引は民法の一般原則に照らせば虚偽表示にあたり，本件振出は無効になると考えられるからです。とはいえ，手形行為には通常の取引と異なる定型性等の性質があるので，当然に民法の意思表示規定が適用されるとはいえません。そこで，手形行為へ民法の意思表示規定が適用されるのかが問題となります。

この論点については，全面適用説や修正適用説，適用排除説，二段階創造説など数多くの見解が

主張されていますが，判例は適用排除説に立っています。具体的には，手形行為者が手形であることを認識して署名または記名捺印した以上，錯誤その他の事情により手形債務負担の意思がなかった場合でも，手形行為は有効に成立し，人的抗弁にとどまるとして（最判昭和54年9月6日民集33巻5号630頁〔手形小切手百選6事件〕）おり，答案例もこの立場によっています。この見解に従えば，Aの虚偽表示は人的抗弁にとどまり，原則としてBには主張できても，Xには主張できないことになります。

⑤ 人的抗弁の切断

上述したとおり，虚偽表示との主張は，あくまで人的抗弁にすぎないので第三者に対して主張することは原則認められません（17条本文）。しかし，これは債権譲渡の一般原則を手形の流通促進という政策的観点から，修正したものです。なので，この政策的保護に値しない，「債務者ヲ害スルコトヲ知リテ」（同条ただし書）にあたるもの，具体的には，所持人が手形に取得にあたり，満期または権利行使の時において債務者が所持人の前者に対し抗弁を主張することが確実であるとの認識を有していた場合には，例外的に，人的抗弁は切断されず，主張できることになります。

また，人的抗弁の切断の及ばない範囲としては，ⅰ手形的流通方法によらない取得，ⅱ期限後裏書による取得，ⅲ二重無権の抗弁など固有の経済的価値を有しない場合があります。人的抗弁の扱いは，手形を考えるうえで非常に重要な議論ですので，セットで理解を深めておきましょう。

⑥ おわりに

本問では，裏書の連続や民法の意思表示規定の適用など，多くの論点が問われており，各論点の位置づけ方が難しかったように思いますので，答案例を参考に頭の整理をつけておくことをお勧めします。また，どの論点も手形法においては重要な論点ですので，多くの学説が主張されているものもありましたが，自説からの議論を展開できるようにしておいてください。

【参考文献】
試験対策講座・商法・手形小切手法6章3節②【4】・【6】・【7】，4節②【1】，6節①【2】，7節②【3】・【4】・【5】・【6】，14節②【3】。条文シリーズ・商法・手形法小切手法16条②2(2)，17条②2(6)。

約束手形が原因関係の支払のために授受された場合，原因関係の無効または消滅が手形関係に及ぼす影響について触れつつ，次の場合の法律関係について論ぜよ。
1　AがBに手形を振り出した場合のAB間
2　AがBに手形を振り出してBがCに裏書により譲渡した場合のAC間

【解答へのヒント】
1　小問1について
　　AB間の原因関係が無効または消滅した場合，手形関係も無効または消滅しないでしょうか。また，手形関係が無効または消滅しないとしても，原因関係の無効または消滅を理由としてAはBからの手形金請求を拒めないでしょうか。
2　小問2について
　　①AB間の原因関係だけが無効または消滅した場合，②BC間の原因関係だけが無効または消滅した場合，③両方が無効または消滅した場合の3つに分けて考えてみましょう。

【小問2について】

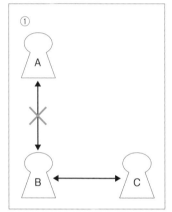

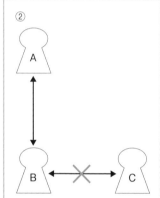

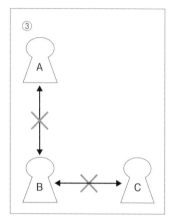

答案例

第1　小問1について
1　本設問において，AはBに原因関係の支払のため約束手形を振り出したのに，AB間の原因関係は無効または消滅をきたしている。

　　そこで，AはBに対して手形金の支払を拒めないか，原因関係の無効または消滅は手形関係にいかなる影響を及ぼすかが問題となる。5

→問題提起
論手形の無因性

(1)　たしかに，手形行為は原因関係に基づきなされるから，手形関係と原因関係とは密接不可分の関係にある。

　　そうであれば，原因関係の無効または消滅により，手形関係も無効・消滅となるとも考えられる。

　　しかし，手形面上から知りえない原因関係の無効または消滅によって手形関係も無効・消滅するとすれば，手形を取得した第三者は不測の損害を被る。

(2)　手形法は「単純ナル約束」（75条2号。以下「手形法」法名省略）や「裏書ハ単純ナルコトヲ要ス」（77条1項1号・12条1項前段）と規定し，手形上の権利は原因関係と切り離された抽象的な金銭債権であることを予定している。

　　そこで，原因関係の無効または消滅は手形関係に影響を及ぼさないと解する（手形行為の無因性）。20

→規範

→あてはめ

(3)　本設問では，原因関係の無効または消滅があっても，Bは有効な振出に基づく手形上の権利者である。

　　したがって，AはBに対して手形金の支払を拒めないとも思える。25

2　しかし，手形が原因関係の支払のために振り出されたのに，原因関係が無効または消滅の場合にBの手形金請求を認めることは，実質的にみて公平とはいえない。

(1)　むしろ，受取人は，振出人との間で，法律上の原因なくして手形を不当に利得しているといえ，手形金の支払を受ければ不公平な結果となる（民法121条の2第1項参照）。30

　　そこで，原因関係の無効または消滅は，受取人に対する人的抗弁（77条1項1号・17条）となると考える。

(2)　なお，原因債権が時効により消滅した場合も，公平の観点から，人的抗弁となると考える。35

3　よって，AはBに対して人的抗弁をもって手形金の支払を拒める。

第2　小問2について
1　本設問において，AB間で原因関係の無効または消滅があった場合，前述した手形行為の無因性により，AC間の手形関係は無効または消滅とはならない。40

　　また，Cに害意がないかぎり，AB間の人的抗弁も切断される（77条1項1号・17条本文）。

したがって，AはCに対して原則として手形金の支払を
拒めない。 45 ➡️原則

2 それでは，AB間には原因関係が存在するが，BC間に原
因関係の無効または消滅がある場合はどうか，後者の抗弁
が問題となる。

➡️問題提起
論 後者の抗弁

(1) たしかに，この場合も，前述した手形行為の無因性か
ら，手形関係に影響を及ぼさないので，所持人は依然と
して手形上の権利者である。 50

また，原因関係の無効または消滅は人的抗弁事由であ
るから，原因関係の当事者においてのみ主張しうる（人
的抗弁の個別性）。 55

そうであれば，振出人は，受取人が所持人に対して主
張しうる抗弁を援用できないから，所持人に対して手形
金の支払を拒めないのが原則である。

しかし，所持人の権利行使を認めても，結局受取人は
所持人に不当利得返還請求できるから，迂遠である。 60

(2) 裏書の原因関係が無効または消滅したときは，その後
上記手形を保持すべき何らの正当な権原を有しないこと
になり，手形上の権利を行使すべき実質的理由を失った
ものである。

そこで，自己の形式的権利を利用して振出人から手形
金の支払を求めようとすることは権利の濫用（民法1条
3項）に該当し，振出人は，77条1項1号・17条ただし
書の趣旨に徴し，所持人に対して手形金の支払を拒むこ
とができると解する。 65 ➡️規範

(3) よって，この場合は，AはCに対して手形金の支払を
拒める。 70 ➡️あてはめ

3 さらに，AB間にもBC間にも原因関係の無効または消滅
がある場合はどうか，二重無権の抗弁が問題となる。

➡️問題提起
論 二重無権の抗弁

(1) たしかに，手形行為の無因性および人的抗弁の個別性
から，振出人は，受取人の有する人的抗弁を援用できず，
みずからが受取人に対して有する人的抗弁は所持人に害
意なきかぎり対抗できないのが原則である。 75

しかし，上記原則論を貫くと，請求の循環が生じ，迂
遠な解決を余儀なくされ，妥当でない。

(2) 思うに，人的抗弁の切断の趣旨は，手形取引の安全の
ために，手形取得者の利益を保護する点にある。 80

そうだとすると，手形金の支払を求める何らの経済的
利益を有しないものと認められる所持人は，このような
抗弁切断の利益を享受すべき地位にはない。

したがって，振出人は，受取人に対して有している人
的抗弁を所持人に対抗できると解する。 85 ➡️規範

よって，この場合も，AはCに対して手形金の支払を
拒める。 ➡️あてはめ

以上

　手形関係が原因関係に及ぼす影響については論点（「支払のために」等の論点）もまとまって出題されるため理解している受験生は多い。しかし，その逆の原因関係が手形関係に及ぼす影響については，一論点として書くことはあっても論点がまとまって出題されることは少ない。また，手形の無因性は人的抗弁の問題を生じさせる。そのため，手形法の横断的理解を問うのに格好の素材である。そこで，一度理解し，整理していただきたく出題した。なお，二重無権の抗弁について，判例（最判昭和45年7月16日民集24巻7号1077頁〔手形小切手百選35事件〕）と同様の判断を示した裁判例（甲府地判平成17年11月18日裁判所ウェブサイト）がある。

論点

1　手形の無因性
2　後者の抗弁
3　二重無権の抗弁

答案作成上の注意点

1　はじめに

　本問では，手形の無因性についての説明が要求されています。ですから，無因性の根拠条文（手形法75条2号，77条1項1号・12条1項前段）には当然触れなければなりません。

2　小問1について

　原因関係の無効・消滅が手形関係に及ぼす影響については，無因性を貫くことの不都合性を示したうえで人的抗弁により手形金請求を拒むことができる，という流れを端的に論じてください。なお，答案例は，原因債権が事項により消滅したときの論点についても一言触れていますが，細かいところですから，復習の際に確認しておけば十分でしょう。

3　小問2について

　小問2は，「無効または消滅」が，①AB間の原因関係である場合，②BC間の原因関係である場合，および③AB間とBC間の両方の原因関係である場合が考えられます。これらすべて場合において，手形の無因性が出発点になることはしっかりと示してください。

　そのうえで，①では，AのBに対する人的抗弁がCのもとでは切断されること，という人的抗弁の切断という基本的な理解（17条本文）を示せば足ります。なお，「害意」（17条ただし書）の意味については，本問では直接問われていないのですから，かりに触れるとしても，長々と論じて，バランスを失することのないように注意してください。

　②は，いわゆる後者の抗弁という論点であり，BのCに対する人的抗弁をAは主張することができないが（人的抗弁の個別性），不都合性を示したうえで，判例・通説の立場に従って，権利濫用の抗弁を主張することができるという立場に立てば十分でしょう。

　③は，いわゆる二重無権の抗弁（二重欠缺の抗弁）の問題です。本問では，書くことが多いのですが，この論点も比較的有名なものですから，触れることができるようにしましょう。

【参考文献】
試験対策講座・商法・手形法小切手法6章1節③，7節④。条文シリーズ・商法・手形法小切手法1編1章手形総説⑤2，17条②4。

第38問 B　善意取得，支払免責

1　AはBに約束手形を振り出し，BはCに上記手形を裏書譲渡したところ，DがCのもとからこれを盗み取った。DはみずからをCであると詐称し，当該手形をEに裏書譲渡した。Eは満期においてAに手形金を請求しうるか。AがEの請求に対し支払をなした場合，Aは免責されるか。なお，EはDがCではないことについて知っていた。またAは支払時にEが無権利者であることを容易に証明することができた。

2　上記の事案において，Cから手形を盗み取ったDはEにこれを裏書譲渡せずに，みずからをCであると詐称し，満期においてAに手形金請求をなした。Aが支払をなした場合に免責されるか。なお，Aは支払時にDが無権利者であることを容易に証明することができた。

【解答へのヒント】

1　小問1前段について

本件ではEがAに対して支払請求をしていますが，Eの手形はDがCから盗んだものであり，承継取得はできません。そのため，善意取得できないかを検討する必要があります。本件では，無権利者DがCと称して当該手形をEに譲渡しています。このような場合にも，善意取得をすることができるかを考える必要があります。

2　小問1後段について

後段は，Eが善意取得の要件をみたさない場合に，Aが善意支払できないかが問題となります。条文の要件を丁寧に解釈することが重要になります。

3　小問2について

本件では，小問1と異なり，AがみずからをCと称したDに支払をしています。そのため，このような場合にも，善意支払の要件をみたすかを検討する必要があります。かりに，適用されるとした場合，要件についてどのように解釈するかも考えてください。

(1)

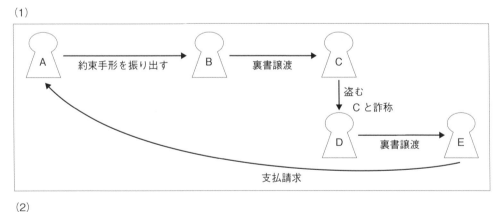

(2)

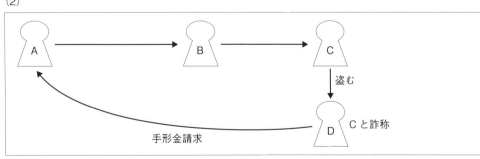

第1　小問1前段について

1　本件では，手形の盗取者であるDの裏書は無効であって，Eは手形上の権利を承継取得しえない。

　それゆえ，Eは満期においてAに手形金を請求しえないのが原則である。　　　　　　　　　　　　　　　　　5

2　しかし，Eが手形上の権利を善意取得（手形法77条1項1号・16条2項。以下法名省略）すれば，手形金を請求しうることとなる。

　そこで，DがみずからをCであると詐称しているような同一性の欠缺の場合にも善意取得しうるか，手形の善意取　10得によって治癒される瑕疵の範囲が問題となる。

➡問題提起
論善意取得の適用範囲

(1)　この点，16条2項は同条1項を受けて規定されており，裏書の連続による形式的資格に基礎をおくことから，無権利者からの譲受けの場合にのみ善意取得が認められるとする見解がある。　　　　　　　　　　　　　　15

　しかし，16条2項の「前項ノ規定ニ依リ其ノ権利ヲ証明スルトキ」という文言からは，裏書の連続は信頼の対象ではなく，善意取得の単なる効果主張要件にすぎないとも解しうる。

(2)　思うに，無権代理，同一性の欠缺などの瑕疵も，無　20権利の瑕疵と同じく，手形記載の外形からはわかりにくく，善意取得によって治癒する必要がある。

　また，「事由ノ何タルヲ問ハズ」という文言からは，無権利者からの譲受けに限定されないのが自然である。

　したがって，治癒される瑕疵の範囲は，譲受人側の裏　25書の無効をきたすいっさいの場合に及ぶと解する。

➡規範

(3)　本件で，EはDがCではないことについて知っているため，悪意といえる。

➡あてはめ

　よってEはAに対し，手形金を請求することはできない。

第2　小問1後段について　　　　　　　　　　　　　　　30

1　本件では，Eが善意取得しないため，AがEの請求に対し支払をなしても，無権利者への支払として免責されないのが原則である。

2　しかし，善意支払（77条1項3号・40条3項）の要件をみたせば，Aは免責されることになる。　　　　　　　35

(1)　まず，本件手形は，形式的に判断して「裏書ノ連続」（40条3項後段）という客観的要件をみたす。

(2)　次に，Aは，「悪意又ハ重大ナル過失」がないこと（40条3項前段）という主観的要件をみたすか，悪意・重過失の意味が条文上明らかでなく問題となる。　　　40

➡問題提起
論支払免責における悪意・重過失の意味(1)

　裏書の連続する手形の所持人は権利者と推定され（16条1項），振出人は支払を強制されるのであり，訴訟になれば振出人のほうで所持人の無権利を証明する必要があり，その証明なきかぎり振出人は敗訴せざるをえない。

そうだとすれば，常に所持人の無権利を知っているだ
　　けで免責されないとするのは振出人の保護に欠け，ひい
　　ては支払の迅速性・確実性を確保しえない。　　　　　　　　　　　45

　　　したがって，悪意とは，所持人が無権利であることを
　　容易に証明して支払を拒みうるのにあえて支払ったこと
　　を意味し，重過失も，容易に証明して支払を拒みうるの
　　に拒まず支払ったことにつき重過失があることを意味す　　　　　50
　　ると解する。

　　　本件で，Aは支払時に，Eが無権利者であることを容
　　易に証明することができたため，これを証明して支払を
　　拒みうるのにあえて支払ったといえ，悪意である。　　　　　　55

　⑶　よって，Aは免責されない。

第3　小問2について

1　本件では，Dは盗取者であり無権利者であるから，Aは
　Dに対して支払っても免責されないのが原則である。

2　しかし，ここでも善意支払（77条1項3号・40条3項）　　　　60
　の要件をみたせば，Aは免責されることになる。

　　　ところが，小問1と異なり，Aは，みずからをCである
　　と称したDに支払をなしており，最終の被裏書人Cと所持
　　人Dの同一性を欠缺している。

　　　そこで，最終の被裏書人と所持人の同一性の欠缺等の場　　　　65
　　合にも，40条3項が適用されるか問題となる。

　⑴　40条3項の趣旨は，権利外観への信頼を保護し，手形
　　　の円滑な決済を図ろうとする点にある。

　　　　そして，手形の円滑な決済という見地からすれば，無
　　　権利者の場合も同一性の欠缺等の場合も手形面上からそ　　　　70
　　　のような事情を知りえないことに相違はないから，区別
　　　して扱う合理的理由はない。

　　　　したがって，無権利者の場合だけでなく，同一性の欠
　　　缺等の場合にも，40条3項は適用されると解する。

　⑵　よって，Aは40条3項の適用により免責されうる。　　　　　75

3　そうだとして，同一性の欠缺等の場合，悪意・重過失の
　意味を小問1後段と同様に解するかが問題となる。

　⑴　思うに，裏書の連続によっては推定されない同一性等
　　　につき疑いがある場合には，手形所持人が証明すること
　　　を要し，振出人は支払を拒むことができる。　　　　　　　　　80

　　　　そうであれば，この場合，特に悪意・重過失の意味を
　　　緩和して保護を図る必要はないといえる。

　　　　したがって，同一性の欠缺の場合，悪意・重過失とは
　　　小問1後段と同様に解すべきではなく，通常のそれを意
　　　味し，16条2項の悪意・重過失と同様に解する。　　　　　　　85

　⑵　本件で，EはDがCではないことについて知っている
　　　ため，悪意といえる。

　⑶　よって，Aは免責されない。　　　　　　　　　　以上

　　　　　　　　　　　　　　　　　　　　　　　　　　　　→規範

　　　　　　　　　　　　　　　　　　　　　　　　　　　　→あてはめ

　　　　　　　　　　　　　　　　　　　　　　　　　　　　→問題提起
　　　　　　　　　　　　　　　　　　　　　　　　　　　　論支払免責の適用範囲

　　　　　　　　　　　　　　　　　　　　　　　　　　　　→規範

　　　　　　　　　　　　　　　　　　　　　　　　　　　　→あてはめ
　　　　　　　　　　　　　　　　　　　　　　　　　　　　→問題提起
　　　　　　　　　　　　　　　　　　　　　　　　　　　　論支払免責における悪意・重過
　　　　　　　　　　　　　　　　　　　　　　　　　　　　　失の意味⑵

　　　　　　　　　　　　　　　　　　　　　　　　　　　　→規範

　　　　　　　　　　　　　　　　　　　　　　　　　　　　→結論

　善意取得と支払免責の適用範囲などの問題点は手形法における基本問題である。このような基本問題については基本部分からの正確な論述を心掛けることが重要であり，このことを確認していただきたく出題した。

論点

1　善意取得の適用範囲
2　支払免責の適用範囲
3　支払免責における悪意・重過失の意味
　(1)　手形所持人が無権利の場合における悪意・重過失の意味
　(2)　最終の被裏書人と所持人の不一致の場合における悪意・重過失の意味

答案作成上の注意点

　本問は，小問1，2とも基本的な問題であるといえます。ただ，本問は書くことが多いので，論点間のバランスには気をつけましょう。

　まず，小問1前段では，Eは無権利者から手形を取得しているので，手形上の権利を承継取得できず，手形金請求できないのが原則であることを出発点として，善意取得の問題を論じる必要があります。善意取得の適用範囲という論点にはすぐに気づくと思います。しかし，気づいたからといってすぐに飛びつくのではなく，なぜその論点を書く必要があるのか指摘しましょう。このような指摘ができている答案はきわめて印象がよいのですが，実際そのような答案は少ないです。

　次に，小問1後段でも，小問1前段でEが手形上の権利を取得できない場合，Aは免責されないのが原則であることを出発点として，善意支払の問題を論じる必要があります。そして，手形法40条3項の悪意・重過失の意味を論じましょう。

　さらに，小問2でも，無権利者への支払をしても免責されないのが原則であることを出発点として，40条3項の適用範囲の問題を論じる必要があります。そして，支払免責肯定説に立つ場合，悪意・重過失の意味を小問1後段と同様に解しうるかについて，手形債務者の受ける不利益の違いに着目して論じる必要があります。悪意・重過失の意味につき，通常の意味の悪意・重過失と解するか，小問1後段と同様に解するかは，どちらでもよいでしょう。

　本問のような基本的問題では，なぜその論点を本問で論じるのかという指摘，論述の充実度，および論点間のバランスが勝負の分かれ目になるでしょう。

【参考文献】
試験対策講座・商法・手形小切手法6章6節①【3】(3)，8節①【3】。条文シリーズ・商法・手形法小切手法16条②3，40条②3。

第39問 c 白地手形と無効手形の区別

Aは約束手形用紙に手形金額，満期日以外の手形要件を記載したうえで署名し，Bに当該書面を交付した。
1 100万円以内の手形金額と2020年3月1日から6か月以内の日を満期として補充するという合意のもと，AはBに交付したが，Bが金額「200万円」，満期日「2020年2月1日」と補充して，Cに裏書譲渡した場合，Cは，Aに手形金の支払を求めることができるか。なお，CはBの合意違反について悪意であった。
2 後日Aが金額と満期日はみずから補充するという合意のもと，AはBに交付したが，Bが金額「200万円」，満期日「2020年2月1日」と補充して，Cに裏書譲渡した場合，Cは，Aに手形金の支払を求めることができるか。なお，CはBが補充権限なく作成した手形であることにつき善意・無重過失であった。
3 1の事例につき，Bが満期日を補充したのではなく，支払期日欄の「　年　月　日」との記載部分に線を引いて抹消したうえで，Cに裏書譲渡し，Cが2020年2月1日にAに対して支払呈示した場合，Cは，Aに手形金の支払を求めることができるか。なお，Cは無権限抹消の事実につき善意・無重過失であった。

【解答へのヒント】
　まず，小問1と小問2を考えましょう。小問3は応用問題ですので，難易度があがります。
1 小問1について
　まず，手形が有効に成立しているか考えましょう。そのうえで，記載が欠けていた場合にも，白地手形として有効にならないか，補充権の発生根拠から考えてください。
　次に，Bが記載した内容は，ABの合意の範囲を越えています。この点の処理が重要です。
2 小問2について
　本件でも，原則から考える必要があります。まず，手形が有効か検討してください。
　かりに，無効手形とした場合には，無効手形の不都合を指摘し，それを解決する法律構成を検討する必要があります。
3 小問3について
　本設問は応用問題です。小問1，小問2と矛盾がないように，論理的に論じるようにしましょう。

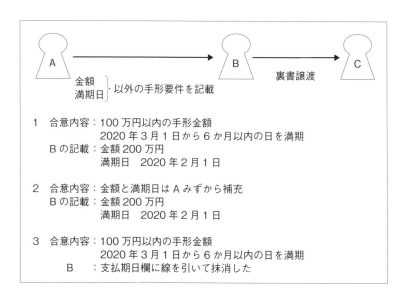

第1　小問1について

1　本件では，Cが，Aに手形金の支払を求めることができ
るためには，手形が有効に成立している必要がある。

　　ところが，本件手形は，手形金額，満期（手形法75条2
号前段，3号，以下法名省略）の記載を欠く無効手形とも　　5
思える（76条1項）。

　　他方，商慣習法上，有効な白地手形が認められている。

　　そこで，本件手形は無効手形か白地手形か，両者の区別
は，その白地を補充する権利（補充権）の存否に関わって
くるので，補充権の発生根拠が問題となる。　　　　　　　　10

　（1）　思うに，客観的な外観がまったく同一でありながら，
　無効手形と白地手形とを区別するには，客観的な外観以
　外の当事者の主観的意思によらなければならない。

　　　そこで，補充権は白地手形行為者とその相手方との補
　充に関する合意によって発生すると解する（主観説）。　　15

　（2）　本件では，AB間で補充に関する合意があるので，補
充権が発生し，白地手形である。

2　もっとも，Bは，合意内容に違反して，金額「200万円」，
満期日「2020年2月1日」と補充している。

　　そうすると，白地手形行為者Aは，本来ならば，合意内　　20
容の範囲内で手形債務を負担すればよく，この範囲外にお
いては手形責任を負う必要はない（物的抗弁）。

　　しかし，白地手形行為者が白地手形の不当補充をすべて
の手形取得者に対抗できるとすれば，手形取引の安全が著
しく害される。　　　　　　　　　　　　　　　　　　　　25

　　そこで，77条2項が準用する10条は，手形取引の安全を
図るために，白地手形行為者は，あらかじめなした合意と
異なる補充がなされた場合にも，この事実につき悪意・重
過失のない手形取得者に対しては，不当補充をもって対抗
できず，現に記載される内容に従って手形債務を負担しな　　30
ければならない旨を定めたものと解する。

3　よって，Cは，合意違反の事実につき悪意・重過失があ
るため，100万円以内の手形金額と2020年3月1日から6
か月以内の日を満期とする合意内容の範囲内で，Aに手形
金の支払を求めることができる。　　　　　　　　　　　　35

第2　小問2について

1　本設問では，小問1と異なり，後日Aみずからが補充す
る合意にすぎず，AB間で補充に関する合意があるとはい
えないので，補充権は発生せず，無効手形である。

　　それゆえ，Cは，Aに手形金の支払を求めることができ　　40
ないのが原則である。

2　しかし，これでは，外形上有効な手形を取得した者がい
っさい保護されなくなり，手形取引の安全を著しく害する。

　（1）　そこで，善意の第三者は，権利外観法理によって保護

➡問題提起

論白地手形と無効手形の区別
　　　（補充権の存否）

➡規範

➡あてはめ

論白地手形の不当補充

➡あてはめ

されると解する。

　　すなわち，①ある者が有責的に権利外観を作りだした
こと（帰責原因），②真実らしい権利外観，および③そ
の外観への信頼（善意・無重過失，10条参照）の要件が
存在する場合に，第三者は保護されると解する。

➡規範

　(2)　これを本件についてみると，後日Aみずからが補充す
るという合意をしても，Bが白地部分を無断で記載する
ことは容易であり，①Aに帰責原因があるといえる。

　　また，Bが白地部分を記載したことにより，②真実ら
しい権利外観が存在するといえる。

　　Cは本件手形が，Bが補充権限なく補充した手形であ
ることについて，善意無過失であった。そのため，③を
みたす。

3　よって，Cは，現に記載されている内容に従って，に対
し手形金の支払を求めることができる。

第3　小問3について

1　本設問では，小問1と同様，AB間で補充に関する合意
があるので，補充権が発生し，白地手形である。

　　ところが，Bは，小問1と異なり，満期日を補充したの
ではなく，支払期日欄の「　年　月　日」との記載部分に
線を引いて抹消している。

　　そこで，支払期日欄の抹消行為があった場合，いかなる
法律構成により第三者を保護すべきかが問題となる。

➡あてはめ

➡問題提起
論 無効手形を白地手形と信頼
した者の保護

　　10条は，前述のように，手形取引の安全を図るため，合
意違反の事実につき悪意・重過失のない手形取得者に対抗
しえないと特に定めたものと解する。

　　そして，支払期日欄の抹消された手形は，抹消により支
払呈示があった日を満期とする一覧払手形の外観を呈する
（76条2項）こととなっている。

　　そうだとすると，支払期日欄の抹消行為といえども，合
意違反の外観を呈する点において，不当な満期補充と同視
できる。

　　したがって，支払期日欄の抹消行為があった場合，10条
の類推適用により第三者を保護すべきと解する。

➡規範

2　よって，Cは，Bの無権限抹消の事実につき悪意・重過
失ではないため，現に記載されている内容に従って，Aに
手形金の支払を求めることができる。

➡あてはめ

　　　　　　　　　　　　　　　　　　　　　　　　以上

45

50

55

60

65

70

75

80

85

　今回は，白地手形についての基本的な理解ができているかを確認していただきたく出題した。小問2の無権利者の補充については，弥永先生の『リーガルマインド手形法・小切手法』の白地手形の項で，ケースとして記述されているので，各自参照してほしい。

　なお，小問3について記述した文献はみあたらないが，不当補充につき，条文・趣旨をおさえ自分なりの見解が示せれば十分であろう。

論点

1　白地手形と無効手形との区別（補充権の存否）
2　白地手形の不当補充
3　無効手形を白地手形と信頼した者の保護

答案作成上の注意点

　小問1，2は，白地手形における基本的な問題であるといえます。小問3は応用問題であり，自分なりに矛盾なく処理できれば十分です。このような問題の場合，点数の差は，応用問題ではなく，むしろ基本的問題でつきます。まずは，小問1，2について十分な論述ができることが大切です。

　まず，小問1は，白地手形と無効手形の区別について，規範を立てて論じることが必要不可欠です。小問1に関しては明らかに手形法10条の問題であるため，論じる必要はないと考える方もいるかもしれませんが，白地手形はあくまで商慣習法上認められたものであり，白地手形そのものについて明文はない以上，やはり，これについては論じなければなりません。そして，合格答案となるためには，①Cが手形金の支払を求めることができるためには，手形が有効に成立している必要があるという大前提を指摘すること，②白地手形と無効手形の区別について自説の規範を明確に立てていること，②そのうえで10条にあてはめていることが必要です。

　次に，小問2では，主観説に立てば本件手形は無効となります。その点を指摘し，無効手形である以上，手形上の請求は認められないという原則を示したうえで，修正として権利外観理論（または10条類推適用）に触れるという流れがよいでしょう。したがって，主観説に立ち合格答案となるためには，①無効手形であることを指摘し，②権利外観の規範を立ててあてはめをしている必要があります。折衷説では，本件手形は白地手形となり，小問1と同様の処理をすることになります。

　最後に，小問3のひとつの理想的答案構成は，①白地手形であることを指摘，②支払期日欄を抹消し，一覧払手形になっていることを指摘，③②の行為が10条の不当補充にあたる点を指摘，④本件を10条で処理という流れです。ただ，本設問は応用問題であり，小問1，2との整合性を考慮したうえで，10条で処理できれば十分です。

【参考文献】
試験対策講座・商法・手形法小切手法6章14節②【3】・④【6】。条文シリーズ・商法・手形法小切手法10条②3・5(6)。

第40問 A　名板貸人の責任

　　甲は，第三者所有の店舗を賃借りして「甲商店」という商号で営業をしていたが，これを廃業し，店舗賃貸借契約を解除した。その後，甲の従業員であった乙が，当該店舗の所有者と新たに賃貸借契約を締結し，そのままになっていた店舗を利用して，甲に了解を求めることなく「甲商店」という商号で同種の営業をしている。
1　甲の廃業後に甲の営業であると思って「甲商店」と取引をした丙は，甲に対し取引上の債務の弁済を求めることができるか。なお，甲は，乙が「甲商店」という商号を使って，自己が以前使用していた店舗において同種の営業を行っていることを認識してはいたが，かねてより犬猿の仲であった乙に対して「甲商店」という商号を使うのをやめるよう伝えたところで，乙は従わないであろうし，むしろ後々面倒なことになるだけだと考え，何らの行動も起こしていなかったものとする。
2　甲は，乙に対しその商号の使用の差止めを請求することができるか。

【解答へのヒント】
1　小問1では，丙は，「甲商店」と取引したとの認識を有しているにすぎず，「甲商店」の営業主体がだれであるかということは関知していなかったように思われます。このような丙を保護するための規定がどこかになかったでしょうか？甲がすでに廃業しているという点も本問の大きなポイントです。
2　小問2では，根拠条文を特定し，小問1と同様に処理しましょう。

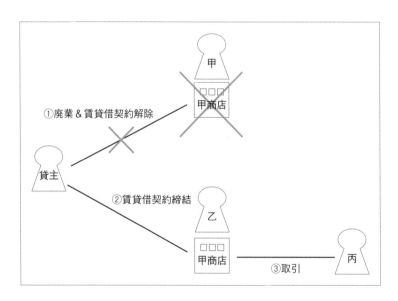

第1　小問1について
1　丙は，乙と取引をしたにすぎず，乙と別人格である甲に
　対し弁済を求めることはできないのが原則である。
2　しかし，これでは，甲の営業であると思って取引をした
　丙の取引の安全を害する。　　　　　　　　　　　　　　　　　5
　　そこで，商法（以下法名省略）14条の適用により，例外
　的に，甲に対し弁済を求めることができないか。甲はすで
　に廃業しており，「商人」ではないため，同条を直接適用
　することはできない。しかし，同条を類推適用することは ➡問題提起
　できるのではないか。　　　　　　　　　　　　　　　　　10 論商法14条類推適用の肯否
　⑴　14条の趣旨は，名板貸人が営業主体であるとの虚偽の
　　外観作出に帰責性ある名板貸人の犠牲のもとに，当該外
　　観を正当に信頼した第三者を保護する点にある（表見法
　　理）。
　　　そして，かつて商人であった者についても，廃業の事 15
　　実が明らかでないため，第三者が，その者が営業主体で
　　あると信頼する可能性があるから，同条の趣旨が妥当す
　　る。
　　　そこで，「商人」以外の要件をみたせば，同条を類推 ➡規範
　　適用することができると解する。　　　　　　　　　　　20
　　　以下，他の要件をみたすか検討する。
　⑵　まず，乙は甲が営業をしていた当時と同じ「甲商店」
　　という商号で同種の営業をしているから，「自己の商号
　　を使用して営業……を行う」にあたる。
　⑶　次に，乙は甲の了解を求めることなく営業しているた 25 ➡問題提起
　　め，甲に明示の許諾はない。そこで，かかる場合にも 論「許諾」の意義
　　「許諾」があるといえるかという点が問題となる。
　　　この点について，前述の14条の趣旨からすれば，虚偽
　　の外観作出に帰責性があれば名板貸人に責任を負わせる
　　べきであるから，「許諾」は明示的なものにかぎらず， 30 ➡規範
　　黙示的なものでもよいと解する。
　　　本件について検討するに，甲は，乙が，自己の使用し ➡あてはめ
　　ていた店舗を利用し，同じ商号で同種の営業を行ってい
　　ることを知っていた。そして，甲は，これを知ったうえ
　　で面倒事になるのを避けるべく黙認していた。ゆえに， 35
　　甲は，黙示的に，乙の「甲商店」という商号を用いた営
　　業を「許諾」していたといえる。
　⑷　そうだとして，丙に「誤認」があるといえるか。 論「誤認」の意義
　　　ここで，重過失は悪意と同視すべきであるから，「誤 ➡結論
　　認」とは善意無重過失をいうと解する。　　　　　　　　40
　　　これを本件についてみると，丙は甲の営業だと思って ➡あてはめ
　　取引しており，善意である。また，甲の従業員であった
　　乙が，そのままの店舗で「甲商店」と同一の商号を用い
　　ているところからすれば，丙に重過失があったとはいえな

い。
　　　そのため，丙に「誤認」があるといえる。　　　　　　　　　45
　　　また，本件債務は「取引によって生じた債務」である。
　⑸　したがって，14条を類推適用することができる。
　3　よって，丙は，甲に対し取引上の債務の弁済を求めるこ
　　とができる。　　　　　　　　　　　　　　　　　　　　　50
第2　小問2について
　　甲は，12条2項により，乙に対し商号の使用の差止めを請
　求することが考えられる。本件において，甲はすでに廃業し
　ており，「商人」ではないため，同条項を直接適用すること
　はできない。そうだとしても，同条項を類推適用することは　　55
　できないか。

　1　前述のように，かつて商人であった者も，14条の類推適
　　用により責任を負わされるおそれがあるので，その使用を
　　差し止める必要がある。
　　　そこで，廃業者が，廃業前の商号を使用されている場合　　60
　　には，12条2項を類推適用することができると解する。
　2　本件について検討する。
　⑴　まず，乙があえて「甲商店」という同一の商号で同種
　　　の営業を行っていることからすれば，乙には営業主体を
　　　誤認させる「不正の目的」（12条1項）があるといえる。　　65
　⑵　次に，「甲商店」という商号は，甲の営業であると
　　　「誤認されるおそれのある……商号」といえる。
　⑶　さらに，甲は，乙に廃業前の商号を使用されている。
　3　よって，12条2項類推適用により，甲は，乙に対し商号
　　の使用の差止めを請求することができる。　　　　　　　　　70
　　　　　　　　　　　　　　　　　　　　　　　　　　以上

→問題提起

論商法12条2項類推適用の可否

→規範

→あてはめ

本問は，旧司法試験1994（平成６）年度第２問を題材としたものである。

本問では，名板貸人の責任に関する規定や商号使用差止請求に関する規定を用いて適切に問題解決を図ることが求められている。

論点

1　商法14条類推適用の肯否
2　「許諾」の意義
3　「誤認」の意義
4　商法12条２項類推適用の可否

答案作成上の注意点

1　小問１——名板貸人の責任

1　問題解決へのアプローチ

丙が取引した相手は，甲ではなく乙です。契約は丙乙間で成立することになりますから，丙が甲に取引債務の履行を請求することは，原則としてできません。しかし，これでは，丙の取引安全に対する期待が害されてしまいます。第三者である丙にとって，「甲商店」の営業主体が甲ではなく乙になったということは，まさに知る由もないことであるといえるでしょう。そして，同じ場所で，同じ商号で，同種の営業をしているのですから，依然として，甲が「甲商店」を営業していると考えてしまうのも決して不思議ではありません。しかしながら，甲が「甲商店」を営業しているという外観は虚構であって，内実を伴ってはいないのです。それゆえ，丙は，虚偽の外観を信頼して取引を行った，ということになります。

2　表見法理と名板貸人の責任

虚偽の外観を信頼して取引を行った者の保護というのは，会社法や商法にかぎらず，民法などにおいても問題となります。もっとも，民法には民法特有の解決手段があり，商法には商法特有のそれがある，といったわけではありません。あくまでこれらは陸続きの話であって，民事法分野に通底する，ある考え方に基づいて解決を図っていくことになっています。それが，いわゆる表見法理です。

(1)　表見法理の概要

表見法理とは，真の権利者に，自分以外の者が権利者であるかのような外観が存在すること

について帰責性があるときは，その外観を正当に信頼した第三者は保護されるべきである，とする考え方です（山本敬三・民法講義Ⅰ）。①外観の存在，②外観の存在に対する帰責性，③外観に対する信頼という表見法理の３つの構成要素は，しっかり頭に叩き込んでおきましょう。

(2) 名板貸人の責任

　　名板貸人の責任に関する規定（会社法９条，商法14条）は，上述した表見法理に基礎をおく規定であるといえるでしょう。本問では，商人・商号に関係するトラブルの解決が要求されており，なおかつ，虚偽の外観を信頼した第三者の保護が問題となっています。これらのことから，商法14条の適用により問題解決をしていくという方針を立てることができるはずです。

(3) 商法14条の類推適用

　　甲はすでに廃業しており，「商人」にあたりません。ですから，14条の直接適用はできません。

　　そうだとしても，同条の類推適用はできないでしょうか。商人が，廃業後に，自己の商号を使用して営業を行うことを他人に許諾した場合において，同条を類推適用し，当該商人に当該他人との取引から生じた債務を弁済する責任を負わせることができるかが論点となります。

　　結論としては，肯定するのが妥当だと思われます。その結論にもっていくための論述としては，答案例で示されている，趣旨──→趣旨妥当──→類推適用肯定，といったようなシンプルかつコンパクトなもので問題ありません。本問はいわゆる現場思考型論点ですから，これくらい書けていれば十分だと思われます。

　　現場思考型論点に直面したときは，ひとまず，条文の趣旨・根拠や権利の性質などにさかのぼってみましょう。そして，そこから演繹的に考えていけば，いちおうの答えには辿り着けるはずです。近年の試験でも，やはり現場思考を求められる場面は多く，そういった場合への対処法を心得ておくことはきわめて重要です。ですから，本問を通して現場思考型論点への対応力を磨いてほしいと思います。

(4) あてはめ

　　14条類推適用が理論的に可能であるとしても，「商人」以外の要件をみたさなければ，これによって本問における問題の解決を図ることはできません。

　　さしている内容が不明瞭であったり，広範にすぎたりするような文言は，解釈をしたうえであてはめを行わなければなりません。同条についてみるに，「許諾」「誤認」の意義は一見して把握できず，不明瞭ですから，これらの文言の意義は論点となり，解釈を示す必要がでてきます。「許諾」の意義については，表見法理の構成要素②から考え，黙示的なものも含まれると解する（最判昭和43年６月13日民集22巻６号1171頁〔商法百選13事件〕）筋が有力でしょう。「誤認」に関しては，表見法理の構成要素③から，善意かつ無重過失と考えるのが一般的だと思われます（最判昭和41年１月27日民集20巻１号111頁〔商法百選12事件〕）。ただ，これらはあくまで細かな論点ですから，学説や裁判例などに則った解釈をしなければあまり点が入らない，というわけではありませんし，むしろそのようなことはそれほど求められていません。妥当な結論から逆算し，条文の趣旨などから自分なりの解釈を示すことができれば問題ないでしょう。

2 小問２──商法12条２項類推適用

　　商号使用差止請求については，商法12条２項に規定されています。もっとも，小問１の場合と同様，甲が「商人」にあたらない以上，同条項の直接適用はできません。そのため，類推適用の肯否を検討していくことになります。ここでも，小問１と同様，条文の趣旨から考えていくのがベターです。簡潔な論述を展開し，妥当な結論に結びつけることができれば，それで十分合格ラインに到達すると思われます。

【参考文献】
試験対策講座・商法・手形小切手法３章４節②【3】，⑦。判例シリーズ88事件。

♠伊藤　真（いとう　まこと）

　1958年東京で生まれる。1981年、大学在学中に1年半の受験勉強で司法試験に短期合格。同時に、司法試験受験指導を開始する。1982年、東京大学法学部卒業、司法研修所入所。1984年に弁護士登録。弁護士としての活動とともに、受験指導を続け、法律の体系や全体構造を重視した学習方法を構築する。短期合格者の輩出数、全国ナンバー1の実績を不動のものとする。

　1995年、憲法の理念をできるだけ多くの人々に伝えたいとの思いのもとに、15年間培った受験指導のキャリアを生かし、伊藤メソッドの司法試験塾をスタートする。現在は、予備試験を含む司法試験や法科大学院入試のみならず、法律科目のある資格試験や公務員試験をめざす人たちの受験指導のため、毎日白熱した講義を行いつつ、「一人一票実現国民会議」および「安保法制違憲訴訟の会」の発起人となり、社会的問題にも積極的に取り組んでいる。

　「伊藤真試験対策講座〔全15巻〕」（弘文堂刊）は、伊藤メソッドを駆使した本格的テキストとして受験生のみならず多くの読者に愛用されている。他に、「伊藤真ファーストトラックシリーズ〔全7巻〕」「伊藤真の判例シリーズ〔全7巻〕」「伊藤真新ステップアップシリーズ〔全6巻〕」「伊藤真実務法律基礎講座」など読者のニーズにあわせたシリーズを刊行中である。

（一人一票実現国民会議 URL：https://www2.ippyo.org/）

伊藤塾
〒150-0031　東京都渋谷区桜丘町17-5　03(3780)1717
https://www.itojuku.co.jp

商法【新伊藤塾試験対策問題集：論文②】

2020（令和2）年6月15日　初版1刷発行

監修者　伊藤　　真

発行者　鯉渕　友南

発行所　株式
　　　　会社　弘文堂　　　101-0062　東京都千代田区神田駿河台1の7
　　　　　　　　　　　　　TEL　03(3294)4801　　振替　00120-6-53909
　　　　　　　　　　　　　https://www.koubundou.co.jp

装　丁　笠井　亞子
印　刷　三美印刷
製　本　井上製本所

©2020 Makoto Ito.　Printed in Japan

ISBN978-4-335-30422-4

伊藤塾試験対策問題集

●予備試験論文

伊藤塾が満を持して予備試験受験生に贈る予備試験対策問題集！
過去問と伊藤塾オリジナル問題を使って、合格への最短コースを示します。
合格者の「思考過程」、答案作成のノウハウ、復習用の「答案構成」や「論証」など工夫満載。出題必須論点を網羅し、この1冊で論文対策は完成。

1	刑事実務基礎	2800円	6	民法[第2版]	2800円
2	民事実務基礎[第2版]	3200円	7	商法	2800円
3	民事訴訟法	2800円	8	行政法	2800円
4	刑事訴訟法	2800円	9	憲法	2800円
5	刑法	2800円			

●論文

司法試験対策に最適のあてはめ練習ができる好評の定番問題集！
どんな試験においても、合格に要求される能力に変わりはありません。問題を把握し、条文を出発点として、趣旨から規範を導き、具体的事実に基づいてあてはめをし、問題の解決を図ること。伊藤塾オリジナル問題で合格に必要な能力を丁寧に養います。

1	刑事訴訟法	3200円	5	民事訴訟法	3200円
2	刑法	3000円	7	行政法	3200円
4	憲法	3200円			

●短答

短答式試験合格に必須の基本的知識がこの1冊で体系的に修得できる！
伊藤塾オリジナル問題から厳選した正答率の高い良問を繰り返し解き、完璧にマスターすれば、全範囲の正確で確実な知識が身につく短答問題集です。

1	憲法	2800円	4	商法	3000円
2	民法	3000円	5	民事訴訟法	3300円
3	刑法	2900円			

新 伊藤塾試験対策問題集

●論文

合格答案作成ビギナーにもわかりやすい記述試験対策問題集！
テキストや基本書で得た知識を、どのように答案に表現すればよいかを伝授します。
法的三段論法のテクニックが自然に身につく、最新の法改正に完全対応の新シリーズ。
「伊藤塾試験対策講座」の実践篇として、効率よく底力をつけるための論文問題集です。

1	民法	2800円	2	商法	2700円

弘 文 堂

＊価格（税別）は2020年5月現在

伊藤真試験対策講座

論点ブロックカード・フローチャートなど司法試験受験界を一新する勉強法を次々と考案し、導入した伊藤真が、全国の受験生・法学部生・法科大学院生に贈る、初めての本格的な書き下ろしテキスト。伊藤メソッドによる「現代版基本書」！

- ●論点ブロックカードで、答案の書き方が学べる。
- ●フローチャートで、論理の流れがつかめる。
- ●図表・2色刷りによるビジュアル化。
- ●試験に必要な重要論点をすべて網羅。
- ●短期集中学習のための効率的な勉強法を満載。
- ●司法試験をはじめ公務員試験、公認会計士試験、司法書士試験に、そして、大学の期末試験対策にも最適。

憲法[第3版]	4200円
行政法[第4版]	3300円
刑法総論[第4版]	4000円
刑法各論[第5版]	4000円
スタートアップ民法・民法総則	3700円
物権法[第4版]	2800円
債権総論[第4版]	3400円
債権各論[第4版]	4400円
親族・相続[第3版]	2800円
商法〔総則・商行為〕・手形法小切手法[第3版]	4000円
会社法[第3版]	4000円
刑事訴訟法[第5版]	4200円
民事訴訟法[第3版]	3900円
労働法[第4版]	3800円
倒産法[第2版]	3500円

―――― 弘文堂 ――――

＊価格（税別）は2020年5月現在

伊藤真の判例シリーズ

厳選された重要判例の読み方・学び方を、伊藤メソッドを駆使して伝授！
各判例は、論点と結論、事実、裁判の経緯、判決の流れ、学習のポイント、
判決要旨、伊藤真のワンポイント・レッスン、等の順にわかりやすく解説。
試験に役立つ学習書に徹した伊藤真による初めての判例ガイド、誕生！

憲法[第2版]	3800円
民法[第2版]	3500円
刑法[第2版]	3500円
行政法[第2版]	3800円
刑事訴訟法	3800円
民事訴訟法	3500円
商法	3500円

伊藤真の条文シリーズ

法律の学習は、条文に始まり条文に終わる！　基本六法を条文ごとにわかり
やすく説明する逐条解説シリーズ。条文の意味・趣旨、解釈上の重要論点、
要旨付きの関連判例をコンパクトに整理。「事項索引」「判例索引」の他に、「条
文用語索引」で検索機能も充実。基礎的な勉強に、受験に、そして実務でも
役立つ伊藤メソッドによるスーパー六法。

民法Ⅰ【総則・物権】	3200円
民法Ⅱ【債権・親族・相続】	3200円
商法・手形法小切手法	2700円
憲法	3000円
刑法	3300円
民事訴訟法	2800円
刑事訴訟法	3100円

伊藤真の全条解説 会社法

平成26年改正をふまえた会社法の全条文をオールマイティにわかりやすく解説。
全ての条文に、制度趣旨、定義、口語訳、論点、関連判例、重要度ランク、
過去問番号が入り、さらに引用条文・読替条文の内容をダイレクトに付記。
実務書として学習書として、安心して利用できる便利なコンメンタール。6400円

弘　文　堂

＊価格(税別)は2020年5月現在